东亚文化之都·泉州论坛丛书

东亚文化之都·泉州建设发展委员会 编

物与人：
安溪铁观音人文状况调查与研讨实录

王铭铭　孙　静 ◎ 编著

厦门大学出版社　国家一级出版社
XIAMEN UNIVERSITY PRESS　全国百佳图书出版单位

图书在版编目(CIP)数据

物与人:安溪铁观音人文状况调查与研讨实录/王铭铭,孙静编著.—厦门:厦门大学出版社,2016.1
(东亚文化之都·泉州论坛丛书)
ISBN 978-7-5615-6279-6

Ⅰ.①物… Ⅱ.①王…②孙… Ⅲ.①茶文化-研究-安溪县 Ⅳ.①TS971.21

中国版本图书馆 CIP 数据核字(2016)第 254993 号

出 版 人	蒋东明
责任编辑	薛鹏志
封面设计	李嘉彬
印制人员	朱 楷

出版发行	厦门大学出版社
社　　址	厦门市软件园二期望海路 39 号
邮政编码	361008
总 编 办	0592-2182177　0592-2181406(传真)
营销中心	0592-2184358　0592-2181365
网　　址	http://www.xmupress.com
邮　　箱	xmupress@126.com
印　　刷	泉州刺桐印务有限公司

开本　720mm×1000mm　1/16
印张　14
插页　4
字数　230 千字
印数　1～3 000 册
版次　2016 年 1 月第 1 版
印次　2016 年 1 月第 1 次印刷
定价　48.00 元

本书如有印装质量问题请直接寄承印厂调换

厦门大学出版社
微信二维码

厦门大学出版社
微博二维码

东亚文化之都·泉州论坛丛书
编委会

编　委：许礼哲　吴少锋　陈健鹰　林育毅　丁毓玲

执行编辑：

王丽明　王　珊　王铭铭　出宝阳　李仁东
李世杰　陈江平　陈建中　郑梅聪　林丽珍
赵守通　金志森　周子澄　郭焕昆　黄宝玲
龚万全　曾淑娟　曾福志　谢伯辉

东亚文化之都·泉州论坛丛书

总　序

　　文化是活的生命,持久的生命力有赖于其影响力。2013年9月,泉州与韩国光州、日本横滨共同当选首届"东亚文化之都",代表中国文化与世界对话。

　　泉州因"海丝"而繁盛,多元文化在此交相辉映。泉州是海上丝绸之路重要的起点城市,宋元时期,这里帆樯云集,是马可·波罗笔下描绘的东方第一大港。泉州古城完整而长久地保留着中华传统,几乎每条小街小巷都蕴含着闽南文化独特的韵味。泉州以"和而不同"的中国智慧,包容世界各大宗教,让青砖白石、红墙翠瓦的各色殿堂庙宇共同扎根于古城的宽街窄巷中。千百年来的泉州城,中原文明与海洋文明、工商文化与农耕文化、儒道释与亚非欧宗教和谐相处、共生共荣,成为中外文化交流融合的典范。"活态"的南音、南拳、南戏,有着直撼人心的艺术魅力,堪当国际交流的"大使",镌刻着中华民族和"海丝"沿线各国人民友好交往的永恒记忆。

　　泉州内蕴的城市精神,不断升华着文化的境界与品位。富有区域特色的泉州文化,孕育了泉州人豪迈拼搏、包容豁达、吃苦耐劳、乐观向上的性格,塑造了"躺下去是洛阳桥,站起来是东西塔"的气概。勇立改革开放潮头的泉州人,敢闯敢试,创造出"泉州模式"、"晋江经验",以弘扬传统、融合创新的全新气魄,保持经济总量连续17年领跑福建,民营经济风生水起,谱写出一首首"敢为天下先"、"爱拼会赢"的时代乐章。从这里出海闯荡南洋的泉州人,带回东南亚的海洋气息,助推侨乡的贸易投资,珍藏于泉州华侨历史博物馆的一件件展品,诉说着一个个艰辛创业、回报家乡的故事,饱含着海外游子的爱国情怀。在今天,948万泉州籍华侨华人,约900万祖籍泉州台湾同胞、76万旅港旅澳同胞,续写着血浓于水的动人诗篇,踊跃在"一带一路"建设中当好桥梁和纽带。

文化与经济的潜移默化、良性循环,更推动着泉州向前发展。"东亚文化之都"光环映照的不仅仅是泉州的荣耀,更是沉甸甸的使命与责任。按照国家文化部"扩大开放、提升交流、留下遗产、造福民众"的总要求,泉州立足于融合传统与现代,构筑经济与文化协调共进的新型发展模式,着力增强文化自信,重塑现代城市精神,以历久弥新的泉州文化书写"泉州品牌"、"泉州故事"和"泉州价值"的时代内涵。2015年9月,泉州建设"东亚文化之都"的5年规划(2015—2020年)出台,绘就"古城—古港—新区—全域联动"美好前景,不仅有了路线图,也有了时间表。梳理泉州一路走来的历史脉络,正是有幸经历千年文化与时俱进的锤炼,砥砺前行继而厚积薄发,方才成就今日泉州的蓬勃激扬。

"东亚文化之都·泉州论坛丛书"由东亚文化之都·泉州建设发展委员会办公室总协调,结集出版相关学者的访谈、讲话、论文及有关著述。学者们走进泉州、深入泉州,以独特的视角、理性的笔触,追溯泉州历史文化的深厚积淀,畅论文化传承发展的路径,展望文化之都建设的远景,篇篇锦绣,足以为资政之鉴。

纵览人文之光,放飞"海丝"梦想。如今,中央提出"一带一路"的伟大战略构想,描绘了与世界各国共建共享的蓝图愿景,为我们开启了重振丝路辉煌的新征程。在大航海时代之前,敢为天下先的泉州人率先走向海洋,开辟航线;在21世纪全球化的今天,更广阔的舞台已搭起,新的精彩长卷正在铺开,泉州被赋予了建设21世纪海上丝绸之路先行区的光荣使命,让我们发挥"东亚文化之都"和"海丝先行区"的叠加效应,以经济滋养城市的躯体,以文化茁壮城市的灵魂,凝聚海内外泉州人的力量,演绎"创新、智造、海丝、美丽、幸福"的现代化泉州的新传奇。

是为序。

东亚文化之都·泉州建设发展委员会
2015年12月

致 谢

本书基于的研究和学术研讨活动,受到"东亚文化之都·泉州"建设发展委员会、福建省安溪县政府、中国社会与发展研究中心(北京大学费孝通中心)、福建省闽南文化发展基金会等机构资助,也受到廖皆明、陈木根、谢文哲、王连茂、丁毓玲、吴宝炼等乡贤的帮助,特此致谢。

序 言

◇ 王铭铭

2013年7月,我受安溪县政府之邀,带几位徒弟去该县实地考察,之后这两年来,我接着配合地方政府组织一场茶的人文学国际研讨会,邀请安溪乡贤廖皆明、陈木根、谢文哲诸先生来北大畅谈其对物质文化与生态文明的看法,在这过程中,还指导了一篇关于安溪铁观音的人类学硕士学位论文。

这本文集,可谓是对这些活动的"实录",记载这段时间实施的一项调查研究课题、举办的两次学术研讨活动及"制作"的一篇学位论文。

开头一篇"安溪铁观音人文状况调查报告",是集体之作,作者包括我和我的同行者罗杨博士,及博士生翟淑萍、黄雅雯、硕士生孙静。这几位徒弟,在其调查研究工作中实行团队作业。因时间并不充裕,我们的调查研究必须分工协作:我做课题的设计、人员的联络工作,带队做初期田野工作,孙静负责铁观音制作工艺之研究,翟淑萍负责作为农业之一部分的铁观音的历史之研究,黄雅雯负责铁观音的消费与品味之研究,罗杨负责铁观音与知识与神圣之间关系之研究。在书写报告之时,几位学徒也照样"分而治之",先各自写关于各自既已研究过的那部分内容;初稿提交给我时,文字已堆积到数十万言之多;之后,罗杨博士和我忍痛割爱,将之大为减缩,在必要的部分,有所补充,最后才成为一篇可供学术杂志发表的短篇报告。

接着是"中国茶的世界"国际研讨活动的纪要、讨论录音整理及相关新闻报道。这次国际研讨活动,是由中国社会与发展研究中心(北京大学费孝通研究中心)、"东亚文化之都·泉州"建设发展委员会主办,由安溪县人民政府承办,由政协安溪县委员会、福建省泉州海外交通史博物馆及安溪各大茶企协办。我充任会议的学术召集人,任务是邀请境内外专家学者到安溪参与茶业人文的研讨活动,并为之安排程序。境外应邀者最后成行而来的,有我在伦敦大学的老师、现任牛津大学万灵学院院士的巴大维(David Parkin)教授及师友伦敦经济学院的王斯福(Stephan Feuchtwang)先生,还有在不同阶段认识的学界新老朋友台湾的王秋桂、英国的罗兰(Michael Rowlands)、美国的戴木德(Frederick Damon)、加拿大的白瑾(Jean DeBernardi)、德国的范笔德(Peter Van Der Veer)、意大利的马力罗(Roberto Malighetti)、英国的石汉(Hans Steinmuller)、韩国的李廷德(Yi Jeong-Duk)诸教授,及由大阪国立民族学博物馆友人韩敏教授推荐的日本青年学者的河合洋尚(Hironao Kawai)博士。境内学者里,主要来自北京大学,其中,我的同事社会学系朱晓阳、渠敬东、周飞舟教授,中山大学人类学系陈志明教授,泉州海外交通史博物馆王连茂、丁毓玲教授,西南民族大学肖坤冰副教授,四川报业集团熊燕女士,都是故知;而我以前的学徒现任中国侨联研究人员的罗杨博士及中央民族大学何贝莉博士也应邀出席了会议(她们除了发表论文外,还给予我难得的会务协助)。

从会议纪要和讨论实录(感谢与会作报告并充任翻译的孙静、王超文、兰婕、黄志雄、蔡逸枫等同学根据录音整理出这一实录)中,可以清楚地看出与会学者的师友关于"中国茶的世界"的各自观点;这些讨论广泛涉及茶的历史、拥有的人文价值、形成的政治经济关系及所有这些在茶的生产、消费和文化展示之中的表现,多数直接涉及中国茶,但也有一些涉及到不同国家茶文化(如非洲、日本、韩国茶文化)的比较。

安溪铁观音在研讨会上被放在一个更宏观的文化与历史视野中考察。学者们指出,在历史中,中国茶扮演过重要角色。在其关于文人山水画中体现出来的"观"的讲演中,渠敬东教授没有直接涉及茶,但他在论述中阐明的心物关系,亦能说明茶的角色——这类物,似乎并接着天地(或如陈木根先生常说的,"汇集天地日月之精华"),且通过这种并接,创造出某种介于主体与客体之间的体会、认识、想象空间。而从社会学上的区隔概念出发,巴大维、肖坤冰两位教授合著的论文里阐述了茶的历史与文化中品味高低的区分。其研究表明,古代文人与茶的缘分不是偶然的,与其曾普遍有的"居高临下"文化身份有关。一些年前,我曾在一篇文章中描绘道,茶这类物先在先辈的文人天地境界中得以发育,而后,"俗化"为流行饮品,传播于区分夷夏的边界(长城)内外,到宋元,已潜移默化了长城之外的游牧民族,使之对于长城以内(尤其是南方)形成某种看不见的依赖性;而与此同时,被依赖的华夏板块,又未能驯养出堪作有效军事用途的马匹,为了抵御"夷狄",它不得已以茶易马,依赖"他者",增强"国防"[①]。范笔德教授的发言,不约而同地指向茶的这一"夷夏之辨"方向,他侧重考察近代中国茶与"洋夷"之间的关系,通过历史的陈述与社会学的解析描绘了一幅文化交流的政治经济学图景:清初中期,茶如何致使工业资本主义对农业中国产生依赖,而鸦片又如何被设计出来改变英国的不利地位。李廷德和合洋尚的论文,则可谓是范先生的茶之近代政治经济史的补篇,它们分别论述韩国和日本茶与茶道与中国茶与茶艺之关系,中国茶文化的"播化",及被"播化"的圈内(东亚)保持着的不同民族个性。

有过"光荣史"的中国茶,今日重现了其辉煌;而也正是与此同时,茶有了它的新处境。一方面,如周飞舟教授和石汉博士在会上分

---

① 王铭铭:《茶及其"他者"》,载王铭铭《心与物游》,桂林:广西师范大学出版社,2006年,第113~125页。

别以各自的研究指出的,茶身处农村发展进程,是农村的劳作传统与城乡的社会分工转变的"因子";另一方面,如白瑾、王秋桂、罗兰、熊燕等教授指出的,当下,茶似乎已不再被表达是乡村发展的环节,而已然成为被展示的文化,它高度商品化,但这一商品化却空前以商品自身的"文化化"为形式。

正是茶的这种"向前"(发展)与"向后"(文化化)追溯的双重性,让对茶文化的当下处境充满关怀的王连茂、陈志明、陈木根、谢文哲等学者与乡贤,焦虑地关注着铁观音生产和消费方式如何在新处境下回归于"传统"。

我和我的几位学徒组成的调查小组,正是在茶的这一处境下进入安溪的。

在我们开始调查之前数年,时任香港中文大学人类学系主任的陈志明教授,携其弟子丁毓玲(现为中国海外交通史博物馆馆长、教授),对安溪铁观音加以调查研究。之后,二位合作一篇题为"The promotion of tea in South China: Re-inventing tradition in an old industry"(《华南茶的推广:在旧产业中再发明传统》,2010年,发表于国际学术期刊 Food and Foodways, vol.18, pp.121~144)。约在同一时期(2006年),我以前的学徒张帆(现为德国马普社会人类学研究院博士研究生)也在泉州和安溪调查地方精英与茶文化,并于2010年在美国芝加哥大学人类学系完成一篇硕士学位论文,该文根据的是其对铁观音的调查,题为"Wenren tea: A Practice of Self-cultivation"(《文人茶:一种自我修养的实践》),文章将西方人类学有关身心修炼的理论运用于铁观音的品味之分析上,所提论点,针对的是当下的闽南品茶习俗。

我们自己的调查也涉及到传统再创造和茶与修身的关系,但它还有别的关怀。

我给课题下的定义是对茶当下所处的"人文状况"的研究。所谓"人文状况"与前面借他人之论述及的历史、政治经济及文化状况是密切相关的;但它却有所特指。基于一种物我相随的古代世界观,并受启发于民族学的关系论和结构人类学的宇宙论,我提出,人文状况特指人文世界中的人物、人神、人人关系状况。这些关系普遍存在于社会研究者调查的具体场所,是这些场所总体构成的"素材",它们在不同时代表现为不同情状,这些情状可称为"状况"。我认为,只有深入考察这些状况,人文学者方可真实把握其"被研究对象"的生活与观念。用哲学家海德格尔的概念来说,所谓的人文关系状况指的是一"物"(也可以是作为"己"的人或作为"它"的神)与"世界"之间关系的形貌[①]。所谓"状况"本亦即"世界"本身;没有与这个"世界"的关联,任何一"物"都不可能获得存在的意义。

把握人文(关系)状况,是把握任何社会共同体的整体性的必要方法;而即使我们研究的对象并非整个社会共同体(或者说,"地方世界"),而是具体之一人、一神、一物,要充分展开对其意义的诠释,都需考察其与所有关系的"关系状况"。

在安溪实地考察期间,从这一想法,我与我的调查小组引申出一个研究提纲,决定将铁观音这一物放置在更为广阔的人文关系世界中考察,努力通过对这项物的研究,关注其体现的人物、人神、人人关系状况。

之所以提出"人文状况"概念,是因我们心存一项现实关怀。若说诸如铁观音这样的"物"或"文化"今日存在着什么问题的话,那么,也可以说,问题与 GDP 形容的那些事有关。我们在一段相当长的时间里盲目追求现代化,并为之而割裂了物、神、人之间的纽带,以个人的利益来排斥其他存在者的利益。由于这一做法已成为人们接受以致信仰的"习俗"或"制度",其对于我们赖以生活的人文世界有严重伤害。在这一历史的处境下,我们所能作的,是以我们的语言分析和表达问题。所谓"人文(关系)状况"正是我们的语言,之所以提出它

---

① 海德格尔:《演讲与论文集》,孙周兴译,北京:三联书店,2006年,第17~195页。

来,是为了表明,割裂人文关系的人类中心主义发展观,有待我们加以反思。

我们想象中的良好的"人文状况",是"己"与"世界"的和谐相处关系。

传统上,安溪铁观音"混融"着人物、人神、人人关系,并从这些关系中获得其存在意义。在一个阶段里,这一传统出现了相当严重的断裂。过度种植、过度机械化、过度普及化,致使安溪铁观音出现严重的质量问题。直到近年,在一些具有敏锐观察、分析和反思能力的乡贤的引导下,地方上涌现了回归"传统铁观音"的潮流。什么是"传统铁观音"?可以想见,它指的是通过呵护铁观音"这棵伟大的植物",达成"传统的再创造",而我的理解是,这意味着守护铁观音所包含的所有关系,及守护这些关系构成的那个作为存在的内涵的"外在而内化的世界"。

不少安溪乡贤已意识到,从他们的乡土里生长出来"这棵伟大的植物",不仅是对于家乡人之内具有深刻意义,而且家乡之外也有着巨大贡献;他们中有的已替我们指出,正是"这棵伟大的植物",使身处山区的安溪人脱掉"扶贫县"的帽子,成为一个经济强县,有的则替我们指出,应从超出地方的意义上来理解"这棵伟大的植物",认识到它的"国家意义",看到它对于全国的经济与文化发展起到的巨大推动作用。

本书的第三部分,为"安溪铁观音与生态文明建设的地方经验"北大恳谈会实录,记载了来自安溪的廖皆明、陈木根、谢文哲诸先生对于其家乡茶业发展与人文—自然生态之间关系的看法。

安溪乡贤阐述了他们有关铁观音的地方价值与超地方意义的言论,这让人喜闻乐见。他们经由铁观音话语表达出的地方自豪感,含有地方精英"志在富民"的担当。在一定程度上,安溪地方精英可谓正在走出一条从干部身份重新转回乡绅身份的道路。在此前的数十年,传统乡绅已基本消失在地方的政治景观中,他们留下的"空缺"为缺乏文化认同的干部所填充,这就使本来富有文化风采的乡土社会出现了文化贫瘠化的现象;而安溪铁观音这一物,似乎有着它的特殊魔力,在它的感召下,乡绅重新涌现,使安溪的人文景观出现了此前数十年没有过的繁华局面。

与安溪乡贤交际,让我想到费孝通先生的两本名著,《中国士绅》(*Hsiao-Tung Fei*, *China's Gentry*, Chicago: University of Chicago Press, 1953)与《江村经济》(*Hsiao-Tung Fei*, *Peasant Life in China*, London: Routledge and Kegan Paul International, 1939),前者论述的正是传统中国介于文明上下之间的乡绅之重要社会角色,后者则取材于近代,表面上说的是农民中国的经济之变,实质上说的依旧是乡绅,只不过,这本书描绘的乡绅是为了适应近代西来的"工业权力"而基于传统文明秩序容纳西方技术文明的壮举。我接触的安溪乡贤给我留下的深刻印象是,他们为人上已恢复了传统乡绅的"道",知识结构上已兼合了现代技术与文化品位(举一个例子说,安溪铁观音无论是在制作工艺上还是在鉴定品饮上,都借鉴了法兰西葡萄酒业的生态与文化主张,而这点与乡贤近些年来在国际文化交流方面的建树有着密切关系),可谓是改革时代的"新乡绅"。

可以借巴大维老师在研讨会上提出的"高茶"与"低茶"之分,将安溪人有志于呵护的铁观音形容为"高茶";我相信,与安溪乡贤曾亲身考察的法国葡萄酒庄的"高酒"相互辉映,"高茶"融汇了铁观音传统制作工艺,与人们在铁观音过度商品化之后对于这一工艺的怀旧式恋香融合为一体,呼唤着那个远去的世界,等待着它的回归。

过去的若干年来乡贤与"高茶"的结合,对于安溪人文世界回归于天、地、人、神、万物的传统平和关系,发挥了巨大的推动作用,而正因为这一作用,昭示着铁观音的另一意义。

关于安溪铁观音的"另一意义",作为本书第四部分出现的一篇硕士学位论文从人类学的角度加以了透视。这项研究属闽南茶叶经济的个案研究,作为硕士学位论文2015年6月通过答辩。如作者孙

静(现为北京大学人类学专业博士研究生)所定义的,其研究目的是对这一经济事实做文化解释。论文选取的研究路径与作为"地方知识"的斗茶相关。如论文所述,在安溪,人们通过斗茶来定价,通过斗茶的文化衍生品茶王赛来实现教化和经济的功能。且不论茶王赛就是地方社区的文化创造,而且单就斗茶而言,其中便已嵌入了复杂的符号体系与意义。怎么理解对于制定茶价至关重要的斗茶之文化内涵呢?具体而言,当人们在表达"这个茶比那个茶好"的时候,人们到底在表达什么?论文指出,斗,指的是一种变动性、竞争性。斗茶,超越了美国著名人类学家格尔兹(Clifford Geertz)所论述的巴厘岛斗鸡表层的社会"关系",而将物置于中心。是茶的分类一直在变;是人们种茶、制茶的技艺一直在变。这个变的外部动力,于安溪茶来说,来自于20世纪以来的安溪茶叶贸易世家体系。就品种而言,铁观音比黄金桂好,实际上说的是,与铁观音有关的西坪镇王氏、魏氏的南洋外贸历史,而在黄金桂发源地罗岩村,人们对铁观音表现出不以为然的态度,因为在罗岩村被人们用以表达品味叙事是以虎邱镇的林氏家族贸易史构筑起来的。变的内部动因,则是由技艺的双重性构成的,尤其是当技艺能够实现人茶混融的时刻,恰恰是这泡茶在茶师傅手下成为艺术品的时刻,也是茶性为之显现的时刻。

广而论之,关于安溪铁观音的人文状况之研究,与我们在人类学这个行当里日日接触着的一些社会科学现实问题有关。

我们这个国度,似乎刚刚从缺乏"中庸"的大无畏人格中脱身而出;之前,不知出于何由,我们这个社会演化成了一个以"三不畏"为特点的"共同体"。

何为"三不畏"?这是相对古人说的"三畏"而言的。孔子说,"君子有三畏:畏天命,畏大人,畏圣人之言"[①]。在孔子本意中,"天命",概指上天之意志,用今天的话来说,就是指所谓"自然规律";"大人",

---

① 转引自杨伯峻:《论语译注》,北京:中华书局,1980年,第177页。

常被解释为"英明的君主",其实,可能指广义的"伟人",而圣人之言则指圣人的遗训。"三畏"指的是君子的"恐惧感",意思是说,君子都有三种害怕,即,害怕非人力量,害怕人格达到与天地形态相互辉映的大人物,害怕成圣之人的教诲。

在古人眼里,只有敬畏自然规律及"大人"和圣贤为模范的教诲,方为君子;而在当下,怕天命,怕"大人",怕圣人之言的,会遭受耻笑。在我们的现代性观念里,得到"景仰"的,除了那些切实值得敬畏之人(他们自身是"有畏之人")外,更多是"不知天命而不畏"者,及那些"狎大人,侮圣人之言"者。由是,以己身利益为中心、实用主义的个体主义,成为我们当下的价值;在我们多数人眼里,超越己身的"其他",只有得到个体的"选择"时,方获得意义。

这种别样的个体主义(它还是有别于近代西方的个体主义),与20世纪初以来种种运动的关系,那是一件常被谈论的事。运动的本来追求是造就一代自由个人。从20世纪中国的历史来看,对人们而言,似乎只有通过运动才意味着正当,因循守旧,意味着保留对天命、大人及圣人之言的"留恋",也意味着被历史淘汰。我私下想,运动(包括运动式的发展)除了造就一种自由个人的形象之外,更造就了一个社会学家所谓之"强国家、弱社会"的制度形态。所谓"强国家、弱社会",一方面的意思是"大国寡民",另一方面的意思则是,这个社会缺乏驾驭政治的"天命"和"圣人之言",就是说,缺乏规律和价值,并且,因"伟人"不再被理解为"人格达到与天地形态相互辉映的大人物",故缺乏人类学上说的宇宙论基础,他们制造了"信仰危机",自身也成了这种危机的表现形式。作为结果,我们这个时代,"社会"表现为以"常人"的为本。这种"常人社会"(它的出现就是乡绅一度退出历史舞台的背景)原本兴许是件好事,但由于缺乏前提条件,因此,变成了坏事。合乎人之事实的"人"之定义,范畴本应超越人自身而包括大自然母亲与文明,后者毕竟是人存在的前提。然而,由于我们多数是既信奉权力又"无所畏惧"的"东方个体主义者",因此,我们不仅

在定义"人"之本质时沦为庸俗的常人论者,而且还致力于发挥这一"理论"的巨大破坏力。时下,"革命"一词大抵已过时,但与之相通的行动却在继续,并且,这些行动已冲击到超出"社会"领域的那些范围了。对大自然的"革命"史无前例,使我们为了"生活",而通过将自然当作资源而破坏生活的根基(自然)本身。对于文明的破坏一样触目惊心。所谓"文明"是指古人发明的一套人赖以在其自身的野性与文化之间找到合适位置的方法,是一种处于文野之间的文质彬彬的文化状态,这种状态在上古中国表现为礼仪,其实质正是一种与个体与团体息息相关的,但是超越个体与团体的"三畏心态"之表达,具体表现为在仪式情景下人局部膺服于天、大人及圣人之言的举动。当下中国存在许多仪式,比如,我们的"饭局"就注重礼节和等级次序的安排,然而,种种的"局",似乎都只是为了让我们害怕比我们级别高的人而设的,这些人不代表"天命",亦非圣贤,兴许有人想称其为"大人",但因他们着实缺乏"绝地天通"的愿望,故,绝非"大人"。

"三不畏"问题之严重性,已引起广泛关注。我自己所处的社会科学界呢?这个"界"是以上所谓"各界"的组成部分,因此,其过去30年来的实践,亦自然有其"功德"。然则,相比而言,本来自诩为具备高度预见性的社会科学这个"界",在认识问题中却似乎远远地落到了现实自身的后面——作为研究现实的学问,社会科学宁愿选择被变动中的现实拖着鼻子走。

是什么原因致使中国社会科学滞后于中国社会的现实呢?

社会科学家已意识到,我们这个"界",自一开始在欧洲起源地便自我设定为国家现实部门的信息处理器,这无疑限制了它的视野拓展,而它在20世纪后半期的中国,社会科学则养成精于宣传、疏于反思的习惯,最终使知识成为现实的"寄生物",丧失了知识的品格。更有甚者,社会科学研究者对于"科学"两字前面的"社会"两字,不假思索,这就致使"社会科学"变得越来越缺乏其本应有的"社会属性",无论是在学术实践上还是在观念形态上,都成为"三不畏问题"的组成部分,甚至,可以说是"三不畏问题"的思想来源——社会科学借助"学术"制造既信奉权力又"无所畏惧"的"东方个体主义者",从而使自己成为反社会的社会科学。

若说社会科学之所以具有高度的破坏性,是因为它一向是在告诉我们,"什么都别怕",那么,如何创造一种"令人生畏"的社会科学,使之改变社会科学为了磨灭"三畏"而制造出来的种种"人性的幻象"?再造具备不同的世界观、人生观和社会观的知识体系,使之能够让我们意识到身处人与"其他"之间的重要性,从而构成我们的"社会性",是前提,而为了达成这一使命,对"社会"两个字加以重新"注解",拓展其概念的边界,使之在回到历史中实现未来,使之成为一种新的"天人会通",是必由之路。

在安溪,考察与铁观音相关的人文关系状况,让我们深感,我们在那里之所见所闻,充满着对于"社会"的有价值的诠释,这些诠释,固然还是围绕着人人关系如何构成和谐社会展开的,但至少部分是由于介于自然与文化之间的铁观音的作用,人们对于作为社会的关系有着远比现有社会科学广阔的看法,在他们的生活和观念里,关系不仅存在于人人之间,而且还存在人物与人神之间,对处理这些关系妥善与否,将深刻影响人自身的生活。因而,尽管安溪人也一度为了"脱贫致富"而不顾这种种关系的至关重要性,但随着情势的变化,那里与其所处的闽南文化区一道,比国内其他地方更早复兴了传统的三畏;那里,天地、圣人、神佛及其所有的"言语",似乎都比其他地方更富有感召力。

安溪铁观音的"另一意义"正在于此——在被再创造的传统种植与品饮、生产与消费、安居与流动的每个环节上,它都是似乎在告诫我们,复原远去的人生、世界与社会价值,对于生活、对于我们这个国家有多重要。

"自然物种之所以得到了选择,并不是因为它们'好吃',而是因

为它们'对思考有好处'。"①我从对安溪铁观音引申出的这些思想自身表明,这一物,可以让我们想到许多;所想到的,既有地方的,也有地方之外的。在铁观音成长的乡土,人们依旧在实践着它含有的一切关系,面对着围绕着它的一切状况,而我们的思索没有停止,至于人们的实践能与我们之所思所言形成什么关系,判断的权利,只能留给实践者。

参与铁观音人文状况调查的已毕业和在学的学徒,及我们从境内外请来的老师和友人,会后很久都不能忘却他们在安溪的经历。我的学徒们深知,他们的安溪之行,让他们学到太多,而又有更多还等待着他们去学习;参与国际研讨活动的专家学者十分感怀安溪地方政府、乡贤与百姓,对他们的热情款待,更感怀他们给予我们这个机会,用短短几天的时间见识了安溪的美丽山川与富有生机的万物,体会到由铁观音的"韵"带来的广义人文关系世界的底蕴,与睿智而朴实的乡贤毫无保留的畅谈。不同文化背景、不同代的学界之人,对于任何一物,都不可能轻易产生共识(其实,他们的使命恰恰是辩论);然而,他们在一点上,观点却不约而同:我们在铁观音之乡的相会,将使我们未来的研究得到丰厚的裨益;而我们要深深感谢给予我们相聚机会的安溪人。

王铭铭
2015 年 8 月 9 日

---

① 列维—斯特劳斯:《图腾制度》,渠敬东译、梅非校,北京:商务印书馆,2012 年,第 109 页。

目 录

安溪铁观音人文状况调查报告 ························· 1
  一、导　言 ··· 1
  二、安溪及其茶史 ··· 4
  三、铁观音的种植与制作工艺 ······························ 10
    （一）铁观音与周边之物 ·································· 10
    （二）铁观音与制作之人 ·································· 13
    （三）铁观音与信仰之神 ·································· 18
  四、铁观音的品饮 ··· 20
    （一）"茶配套" ··· 20
    （二）品位茶与人 ··· 22
    （三）茶敬天地神人 ·· 26
  五、安溪茶叶人文关系的历史考察 ······················· 30
    （一）詹敦仁：三山与三祠 ······························ 31
    （二）从茶亭到觉亭 ·· 34
    （三）乌龙：农夫、士族与神灵 ······················· 38
  六、结　语 ··· 42

"中国茶的世界"国际学术研讨会 ······················· 48
  一、会议纪要 ·· 48
  二、会议过程及概要 ··· 52

　　三、新闻报道 ··· 75

"安溪铁观音与生态文明建设的地方经验"北大恳谈会 ············ 83
　　一、主题发言 ··· 84
　　二、会议讨论 ··· 94

斗茶：闽南茶叶经济中的品味、技艺与宇宙观 ························ 115
　　一、导　论 ·· 115
　　　（一）研究的缘起 ··· 117
　　　（二）研究的路径 ··· 123
　　　（三）格尔兹的遗产：斗鸡 ··· 129
　　二、热闹的茶季，多样的品味 ·· 135
　　　（一）从品味到茶价 ·· 135
　　　（二）茶叶经济网络 ·· 139
　　　（三）失算：茶价的混乱 ·· 145
　　三、斗茶：竞争性展演 ·· 147
　　　（一）深描：斗茶 ··· 148
　　　（二）新社事：茶王赛 ··· 153
　　　（三）从社事到茶事 ·· 158
　　四、技艺的变迁 ··· 160
　　　（一）种法：从野生到栽培 ··· 161
　　　（二）制法：从树叶到茶叶 ··· 168
　　　（三）技艺与竞争 ··· 181
　　五、品味、技艺与宇宙观 ·· 183
　　　（一）神话、诗歌与历史 ·· 184
　　　（二）回到"斗茶" ··· 190
　　六、结　论 ·· 197
　　　（一）斗之以礼 ·· 197
　　　（二）种之以法　制之以法 ··· 199

安溪铁观音人文状况调查报告[①]

◈ 王铭铭　罗　杨　翟淑平　黄雅雯　孙　静

本报告围绕安溪铁观音展开实地调查,基于它所关涉的物、人、神三个层面,从工艺、品味和宇宙观的角度展开分析。将报告分为五个部分:第一,安溪的地理位置及它的茶史;第二,着重论述对铁观音种植与制作工艺的考察之所获,并论述铁观音这一"农作物"生产过程所蕴藏的人文关系类型;第三,对铁观音的饮品进行分析,将人文状况的视角当作分析"饮茶"活动的工具;第四,对安溪茶叶的人文关系进行历史考察,侧重从不同文化"亚传统"的特征,呈现铁观音生长的人物—文化土壤;第五,简要陈述调研的观念收获。

一、导　言

2013年7月至8月,北京大学人类学专业教授1名(王铭铭)、已毕业博士1名(罗杨)、博硕士生3名(翟淑平、孙静、黄雅雯),在安溪展开关于铁观音的调研。

我们的调研采用人类学的实地研究法,以所研究事项的"人文状况"为关注焦点。

实地研究法是人类学特有的一种调研方式,调查者在当地进行一段时

[①] 因为我们不是做农林科学范畴内的铁观音工艺解剖,也不是彻底变成一个喝了几十年茶的安溪人,而可以说只是试图理解当地人对铁观音的理解的人文学者,我们叙说的这种人文的、局外人对局内人的理解,必然给人一个与政治经济学分析全然不同的印象。

间的"参与观察"。具体而言,在一个多月的调查时段里,我们在以县政协、宣传部为主的党政机关工作人员的带领和引介下,先后深入到8个具有代表性的新老茶乡,重点考察了15家茶店,拜访了7处安溪历史文化胜地,此外还走访了一系列与茶有关的政府或民间机构,也去县志办等查阅和收集相关档案。我们实地观看、体验做茶的工艺流程、学习和模仿当地人如何泡茶,亲身经历安溪与茶有关的任何现象。在调研过程中,我们既借助数据统计等宏观方法,也通过地方精英的引介,如县政协的廖皆明主席、陈木根副主席、宣传部的谢文哲副部长等,对安溪与茶相关的各种人物做了大量访谈。我们着力以主位的观点,即现代人类学所谓的"文化持有者的内部眼光"来阐释这些材料,①而不是根据自身所身处的文化赋予的思维逻辑去重构被研究者的观念。

"人文状况",指发生在人与自然、人与人、人与神之间的关系的状况。这些关系是人联系他者的纽带——此处的他者既包括己身之外的他人,也包含不同于人类的其他存在,诸如自然中各种有生命的和无生命的物,广义上被归为神界的祖先、神、鬼。② 人通过与他者形成和维系这些关系,一方面,使自身具有了超越于人的属性,譬如安溪人喝下之前敬给神的那杯茶,因为茶中沾上了神的神性、德行和庇佑,人喝下茶如同把神的这些属性纳入自己体内。从现实意义上来说,人体中多了茶这种物;从超现实的意义上看,人分享了物中的神性,因此,通过茶这种物的中介作用,人超越了自身。另一方面,这些关系又对人形成约制,它使人意识到自己并非天上地下,唯我独尊,安溪绝大多数人是依靠铁观音这棵天赐神树养活,而人对于造就它的各种阴阳造化尚有诸多认识上的余地,恰是这些未知的余地使人意识到自身的局限,从而对它怀有一种宗教般的敬畏之心。这种超越性使人活得相对超然些,如同白开水里抓入一撮铁观音,生活有了"意思",也不那么孤独,与自己共存于这个世界的还有各种具有灵性的动植物以及祖先、神鬼;

---

① 马林诺斯基:《西太平洋的航海者》,梁永佳、李绍明译,北京:华夏出版社,2002年;费孝通:《从马林诺斯基学习文化论的体会》,引自费孝通《师承·补课·治学》,北京:三联书店,2001年,第129页。

② 王铭铭:《莫斯民族学的"社会论"》,《西北民族研究》2013年第3期。

而这种约制性使人不为所欲为。安溪县政府倡导喝铁观音,构建"和谐健康"的生活方式,所谓"和谐"便是人通过尊重自身与他者间的这些关系而实现对他者的尊重,使天、人、神三界"合"成一个完整的人文世界。

"人文关系"的概念拓展了一般社会科学对于"社会"的定义。在我们看来,社会不应只有人构成,因为人生在世不只是与他人发生联系,在某些时候,人与自然或人与神的关系比人与人之间形成的"社会关系"更加神圣,是更能代表"社会"内涵的现实和知识。同时,人文关系也拓展了"物"的内涵,使物具有了物性、人性和神性。对于"物质"的认识,现在的中国人往往采纳"唯物论"。"唯物论"是相对于在纯粹观念中分析人性的"观念论"的哲学革命。在"唯物论"下,物质不是简单的桌子、板凳这些看得见、摸得着的东西,而是指人一生下来,就存在于既定的社会历史条件中,人只能在这些给定的社会历史条件中开展他的生产生活,所以说人的存在是物意义上的存在而不是观念意义上的。① 因此,即使在我们以为如此唯物的定义中,物并不是物质的自然属性,而是指事物背后隐藏的社会历史关系。此外,正如上文提到的,人喝下那杯敬过神的茶,人既与物形成了社会关系,也通过这种物实现了物我一体,这说明人与物是可以互通的。在安溪这点给我们的感触犹深,安溪人总是告诉我们,人要向铁观音学习,也总喜欢探讨佳人与佳茗之间的共性。

"人虽然总是以自己拥有的精神性来区分自己和物质之间的'人物之别',但是,我们所标榜的精神性时常是以物质性来营造的。抽象的社会等级意识得到物化的表现,使物本身具备了'精神'内涵。这里所谓的'精神'是什么?我以为它恰是人通过'超越性的物'来定义'超越他人'的力量。我们要关注到对外在于人的'物'与内在于人的'人'之间的互为隐喻的等级化结合和变通,是文化创造的基本逻辑。"②

我们围绕安溪铁观音展开实地调查,基于它所关涉的物、人、神三个层面,从工艺、品味和宇宙观的角度展开分析。本报告即对此次调查与分析所

---

① 渠敬东:《社会理论中的马克思传统与中国当代社会学研究》,王铭铭《中国人类学评论》第 7 辑,北京:世界图书出版公司,2008 年,第 218 页。

② 王铭铭:《心与物游》,桂林:广西师范大学出版社,2006 年,第 85 页。

获的总结,包括以下部分:

第一部分,我们概要介绍安溪和它的茶史,为后面的论述作地方和历史的背景性铺垫。

第二部分,我们着重叙述我们对于铁观音种植与制作工艺的考察之所获,并论述铁观音这一"农作物"生产过程所蕴藏的人文关系类型。

第三部分,我们把重点放在铁观音的品饮分析上,同样将人文状况的视角当作是我们分析"饮茶"活动的工具。

第四部分,我们将对安溪茶叶人文关系进行历史考察,侧重从不同文化"亚传统"的特征,呈现铁观音生长的人物—文化土壤。

最后,我们将对调研的观念收获加以简要陈述。

二、安溪及其茶史

安溪位于福建省东南部,全县面积3057.28平方公里,人口约107万。它位于晋江西溪上游,东接南安县,西连华安县,南邻同安县,北毗永春县,西南与长泰县接壤,西北与漳平县交界。通山而达海,是闽东到闽西的必经之路,也是连接沿海与山区的枢纽,可谓是山海交通走廊。从安溪出发往厦门机场、晋江机场、厦门东渡港、泉州港,驱车都仅1个多小时即可抵达,漳泉肖铁路贯穿全境,省道、县道、乡道纵横交错,覆盖到各乡村。①

安溪地处戴云山东南坡,戴云山支脉从漳平延伸到县内,地势自西北向东南倾斜,海拔千米以上的山峰2934座。在自然地理上可分内安溪和外安溪。以湖头西缘的五阆山至龙门跌死虎山西缘为界,西部称内安溪,东部称外安溪。外安溪地势平缓,平均海拔300至400米,以低山、河谷盆地为主,夏季长而炎热,冬季短而无寒,年均气温20度左右,年降雨量1600毫米左右,适合种植粮食作物和经济作物。内安溪地势高峻,平均海拔600至700米,以山地为主,秋冷早,春来迟,年均气温17度,年降雨量1800毫米。由于内安溪常年云雾缭绕,土壤以酸性红壤和砖红壤为主,为铁观音的种植提供

---

① 安溪县地方志编纂委员会编:《安溪县志》,北京:新华出版社,1994年,第99页。

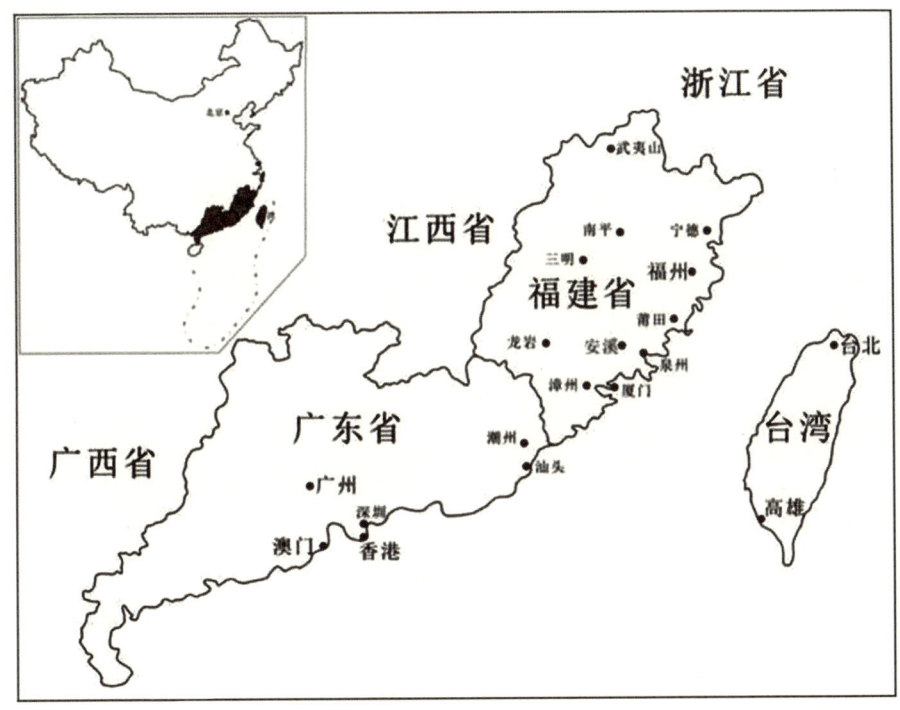

福建省政区图

了得天独厚的自然条件。

安溪历史悠久。周时为闽越地,秦时属闽中郡,汉初属会稽郡,后为冶县地,三国时属吴之建安郡,晋代为晋安郡,隋唐时为南安县地。唐咸通五年(公元864年)置小溪场。五代后周显德二年(公元955年)詹敦仁任小溪场场长,见此地地沃人稠,溪通舟楫,适宜置县,向清源军(泉州)节度使留从效申请获准,以小溪场和增割的南安属地正式置县,并以境内溪水清澈之意命名为清溪县。詹敦仁为首任县令。宋宣和三年(公元1121年)因避其与浙江睦洲清溪(方腊起义地)同名,另取溪水安流之意,改为安溪县,沿用至今。元、明、清三朝,安溪均隶属泉州路、泉州府。1912年,福建省分为东、南、西、北四区,设立闽海、厦门、汀漳、建安四道,安溪先后属南路区厦门道。1927年,实行省、县二级地方建制,安溪直属福建省。新中国建立后,安溪先后隶属泉州行署、晋江区专员公署、晋江公署、晋江地区行政公署。1986年,

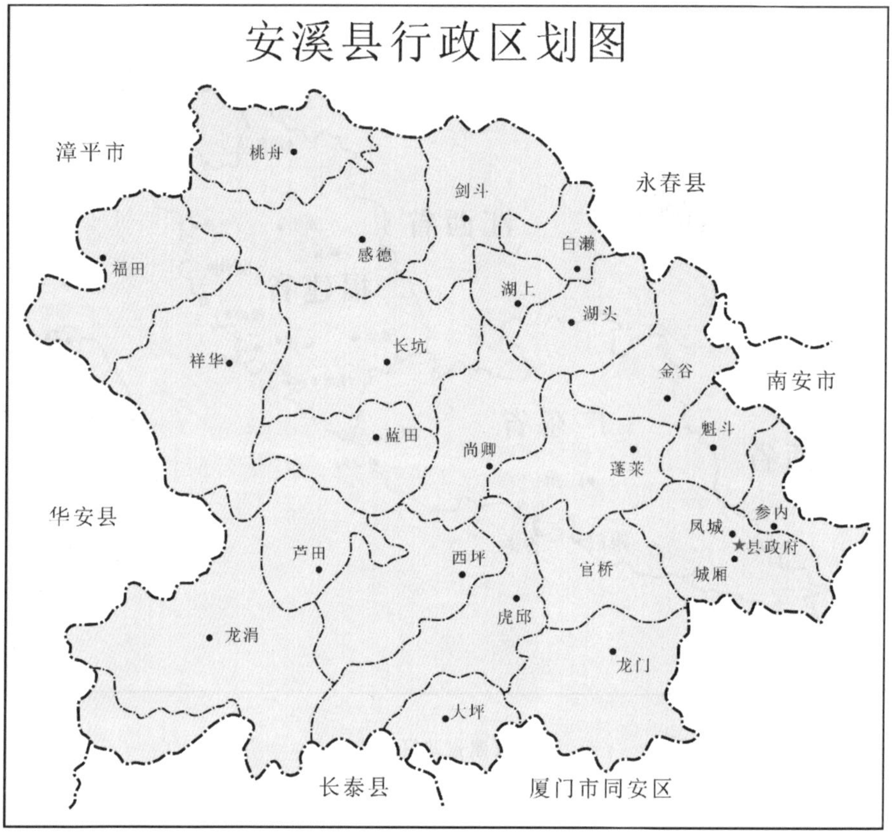

安溪政区图

晋江地区行政公署改为泉州市,安溪隶属泉州市至今。从置县至今,县治均设于凤城,其城三面环水背负凤山而得名。截至 2007 年,全县共设 24 个乡镇,458 个村。这些村镇各有特色,例如,尚卿乡、蓝田乡主要以藤铁制作业为主,湖头的米粉,官桥的豆干,龙涓在清时便是茶乡,西坪、大坪是安溪传统的产茶地,祥华、龙涓、感德是近期崛起的新茶乡,虎邱一直以来是茶苗培育基地。各个村镇的特色表明安溪这方土地上蕴藏着丰富的"亚传统"。

安溪的茶叶史,也是安溪的移民史、宗教史。安溪的很多大姓,多为唐末五代从荆楚、江淮入闽转而定居安溪。这些外来移民不仅带来中原的文化,也带来茶叶生产技术,詹敦仁前任的小溪场长官廖俨原籍河南光州汝南,也是南下士人中的一员,在此地先为官后隐居,其隐居好友韩偓留有诗

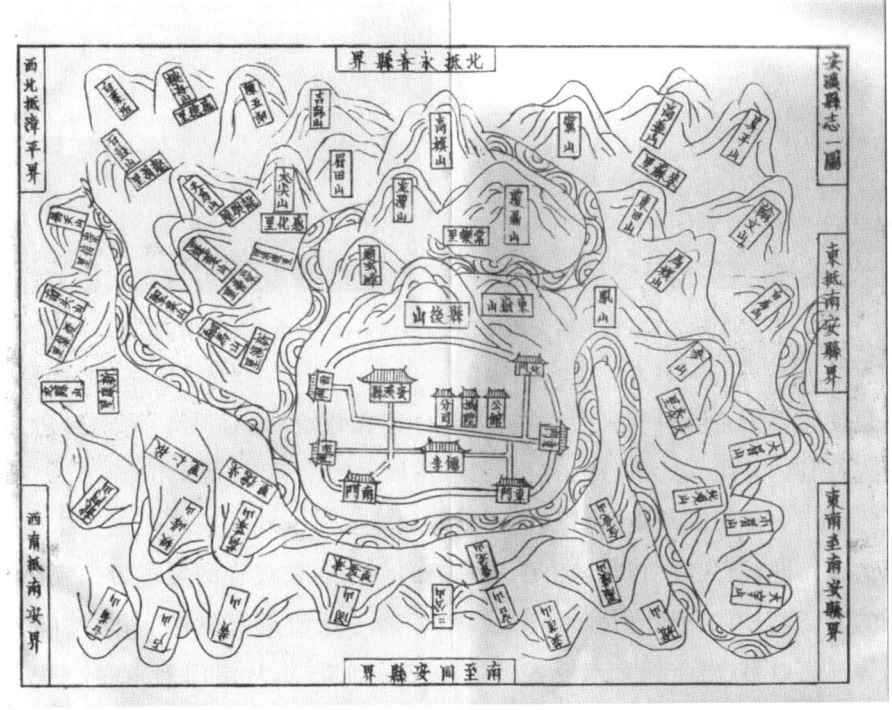

清康熙版《安溪县志》中的安溪地图

句"石崖觅芝叟,乡俗采茶歌",可见当时这里已有采茶业。佛教于公元755年传入安溪,至唐末,佛教在安溪已建有福海院、阆苑岩等一大批寺庙,道教在安溪已建有城隍庙、武庙等道观,五代时期,禅宗盛行于福建。"云雾山中出好茶",而"天下名山僧占多",加之佛教认为茶有"三德":提神静思、消食,以及使僧人清心寡欲,所以有"名山有名寺,名寺出名僧,名僧植名茶"之说。唐末安溪寺院及道观已有植茶、品茶的历史,阆苑岩历史上就以产白茶闻名,现存岩宇门联上刻有"白茶特产推无价,石笋孤峰别有天",是安溪茶史的重要史料。宋时,安溪的茶"名于清水,又名于圣泉",相传圣泉岩最早的茶是一位高僧所植,并向乡人传授种植茶叶的技艺。明嘉靖《安溪县志》载:"茶,龙涓、崇信出产多""安溪茶产常乐、崇善等里,货卖甚多"。龙涓是今天的龙涓乡,崇信里为今天的西坪、芦田、祥华、福田等地,常乐为今剑斗、白濑等地,崇善为今魁斗、金谷、蓬莱等地。可见,当时内安溪的很多山地丘陵已经植茶。明代安溪对中国茶叶的最大贡献还属乌龙茶采制工艺的发明,

今天安溪茶业的两大地标,左为中国茶都,右为中国茶博汇

这也使安溪的茶叶得到极大发展,一部分茶农开始创办茶号。清末民初,安溪人在县内外设立的茶号已有百余家,拓展了闽南、潮汕两大市场。[①]

外销史是安溪茶史的另一条线索。虽然安溪茶叶外销可追溯至宋元时期的泉州港,但从清初开始,由于乌龙茶的创制和铁观音的发现带来安溪茶叶的兴旺,安溪的茶叶便随西坪、大坪、罗岩等地的茶商与移民,从厦门、广州等通商口岸,出洋到东南亚各国。从安溪到厦门,从厦门到南洋,安溪人通过父—子、叔—侄、兄—弟等亲属关系的分支,通过出洋赠礼、回乡探亲等媒介,将连接安溪深山绝域茶园与南洋广阔天地的茶道搭建起来。这种"道"凝聚着血脉亲情,呈现着礼仪习俗,因此,在纯粹以经济之道通向东洋与西洋的闽北武夷茶轻易地被英国、日本所颠覆之时,这条茶道依然像安溪通往南洋的血管一样,源源不断地输送着人与茶。这条"道"中走出去的是一代又一代怀揣着对山外世界充满向往的安溪村人,他们似乎根深蒂固地保有闽南人那种一定要向外走的劲头,这条"道"中走回来的是祖祖辈辈出洋打拼,在近代民族—国家中被归类为"华侨""华人"的安溪人。安溪的茶叶总归脱离不开它的人文脉络。

安溪茶叶经历了民国战乱带来的低潮,在改革开放以前的计划经济时代,茶叶行业属于国家统购统销,安溪铁观音没有自己独立的品牌。1984年国内市场茶叶流通渠道全面放开,这成为安溪茶叶发展的分水岭。1985年,安溪仍然是福建省的"国家级贫困县",依托茶产业的发展,短短10年后,

---

① 凌文斌、李启厚、王文礼:《安溪茶叶大观》,香港:国际华文出版社,2002年。

1996年安溪被评为"福建省经济发展十佳县"。安溪铁观音发展成如今如此庞大的产业，地方政府的推动是具有主导作用的。根据《铁观音——安溪乌龙茶传统制作技艺》，30年来，安溪县政府对茶产业的引导大致经历了四个发展阶段：(1)"扩面积、提产量、增总量"；(2)"建基地、提品质、拓市场"；(3)"创优质、出精品、树品牌"；(4)"创建绿色、保护品牌、展示文化、提升层次"。① 在内、外两条线上，县政府着力推广安溪铁观音品牌：对内，2000年，安溪县委县政府组建"中国茶都"，整合和提升铁观音的整体市场，使它集经贸、文化、科研、检测、旅游为一体，经过几年运行，"茶都"已经有点不适应安溪茶业的发展，因为它缺乏孵化的功能，县政府又建立"茶博汇"，作为茶业的创业基地、研发基地、电子商务基地以及聚集全国茶类的载体；对外，县政府组织一系列安溪铁观音"走出去"的活动，例如，"安溪铁观音神州行""美丽中国行"，改变了铁观音"销南不销北"，在国内的茶市形成"无铁不成市""无铁不成店"的销售局面，甚至通过组织"香江行"，参加首届"香港国际茶展"，把安溪铁观音卖到了香港、美国、欧洲、非洲及中东等地。以观音为代表的茶业对安溪的社会民生起到举足轻重的作用，带动了茶叶生产、加工、销售、包装、机械制造、交通运输、餐饮旅馆、茶文化、茶配套、旅游等产业的发展。铁观音不仅行销全国，对其他地方的饮茶风尚也有一定影响，在消费文化方面具有尚未被认识到的原创性。

在这股似乎欣欣向荣的安溪铁观音发展洪流中，难免夹有杂质，例如，铁观音种植区域的盲目扩张、滥施农药化肥、破坏生态，传统的制茶技艺与省时、省力、省心的现代技术之间的矛盾，铁观音的品饮与社会上各种政治、经济、文化现象之间的拉锯等等。安溪县委县政府意识到铁观音发展过程中所遭遇的这些问题，借助纯粹经济学、农林科学等的研究分析固然重要和必要，但也应借助社会科学对其进行人文关系的考察。

---

① 陈建中、陈丽华、庄莉：《铁观音——安溪乌龙茶传统制作工艺》，杭州：浙江人民出版社，2012年。

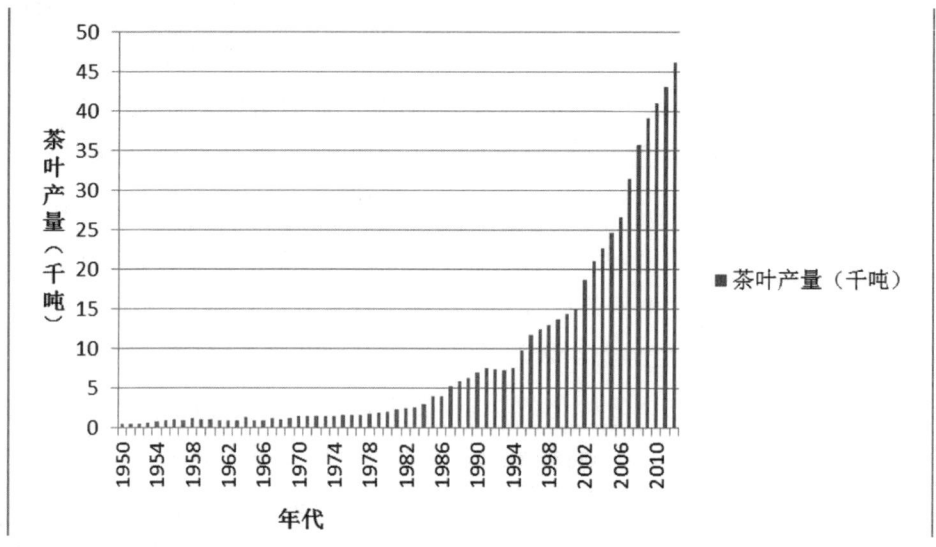

图1　1949—2013年安溪县茶叶产量图

资料来源:整理自《安溪县统计年鉴》历年中所列的产茶量。翟淑平绘

三、铁观音的种植与制作工艺

(一)铁观音与周边之物

"这个地方能够有这个神树,肯定不是随便的地方,是天造成的,地有养育之恩,男跟女已经结伴了。"铁观音"魏说"的发现者魏荫的第九代传人魏月德在引领我们前往铁观音的发源地"朝圣"途中,一路上都在不断指引我们留心观察周边的山形地势,"这是凤栖,像一条凤飞下来休息,凤的翅膀在两边,头蹲下来,凤栖喝水,铁观音的发源地就从那里开始。它是很怪的一个地方,种的铁观音跟别处不一样,没有办法解释。"可以想见,这位茶农平日里不只在茶山上埋头种茶,更在抬头审视围绕这棵茶树的山和川;不只是在无意识地劳作,更在思考这棵茶树与周边山川形势蕴藏的自然玄机之间的关系。茫茫群山在他眼里幻化成观音、老子、凤凰,它们正在演绎着童子拜观音、老子讲书、凤鸣岐山的神话,而恰是这些山川自身充当角色摆出来的神话格局,决定了铁观音源出哪地,优劣不同的铁观音品种各出自哪里。

"天赐神树"与"天赐良穴"似乎本就应当配合得"天衣无缝",而人唯有去细细体察使这二者合配的"天"之道,才能发现好的铁观音树种。

魏月德正在兴建的"茶和天下"庙,据他观察,图中整个山势像一只展翅低头喝水的凤凰,庙所在的位置是凤凰低下喝水的头,两边的山是它展开的翅膀。

翟淑平摄

如果说魏月德是抬头观山,从铁观音树种与周边宏大山川的堪舆关系中获得启发,那么,感德镇镇长陈志明则是低头察土,寻求铁观音树种与其所扎根土壤中微量元素的奇妙关联。"不同山头有不同的韵",陈镇长的这句话与安溪县政协陈木根先生如出一辙,在后者看来,"铁观音有共性和个性之分,共性是兰花香、观音韵,个性是不同的山头、不同的地域"。这实则都在探讨铁观音的"韵"与"土"的关系。陈志明把这种关系破译为"特殊物质"的作用:"这些形成特殊的韵的地方,其实是不同山头含有不同的矿物质和微量元素。安溪铁观音能够有这样好的品质和观音韵,就是因为安溪的产茶山上的母质含有特殊的矿物质和微量元素。"虽然他用"矿物质和微量元素"如此"科学"的词汇来解构造就观音韵和安溪土"特殊关联"的"特殊物质",但真正能够完成这二者之间奇妙转化的恰恰不是科学配制出来的化肥,而是自然界的生灵。"说实在的,化肥没办法补充微量元素,它能够提高产量,但是要形成观音韵,是相对困难的"。陈志明的这席话阐明,虽然在普

遍的科学意义上,化肥正是矿物质和微量元素,但在安溪人的地方性知识体系里,它显然不属于那神秘的"特殊物质",虽然能够提高铁观音的产量,但却完不成把土化为韵的过程,因为这一转化不是发生在科学实验室里,而是自然生灵的"肚子"里。正如他所说:"羊是草食动物,它吃的东西是杂食,会吸收更多的自然界中的微量元素,这些肥料有一些从内蒙古、周边,本地和外地运来",羊吃的草吸收土中的元素,在这个意义上,可以说羊肚子把吃进去的土转变成了形成观音韵的特殊物质,而羊肚子中发生的未知变化起码在当地人看来,是比科学的已知手段要高级的。

除了抬头观山和低头察土,安溪茶人们还留心着这山、地之间生活的生灵(此处指人之外的动植物)与铁观音树种好坏的神秘联系。"一种野兽叫山獐、山羊,以前的性欲比较旺盛,会懂得这棵植物是宝贝,会把它吃掉,这是野生的红芽铁观音。如果人工种植的,野兽就不会吃了。这一定是很大的区别。后来根据这棵茶树,看到周围有山獐走过的脚印,铁观音树叶都吃光了,我就捡过来,进行了扦插。后来我认真研究了为什么动物爱吃这棵铁观音树,而其他都不吃,说明这棵是真正的野生红芽铁观音",这是祥华制茶能手陈双算独特的选种知识。依照他的叙述,最早懂得"品"铁观音的,不是人类,而是山獐、鹧鸪这些野生动物,人以动物为师,方才捡得最为纯正的铁观音树种,可以说,正是安溪人对待自然界中生活着的物的态度——是追寻着他们的脚印,懂得观察和模仿其智慧,才形成他们与纯正铁观音树种的关系。

自然中的生灵不只动物,还有长在铁观音周围的植物。有关铁观音与周边植物的关系,我们在采访陈木根、陈木叶兄弟时,他们谈到存在两个"误区":一是"有的茶园像种青菜一样密密麻麻的,把草除得干干净净";二是"满山绿油油的都是茶树",把菜地、稻田全改辟为茶园。之所以这是误区,因为它们都忽略和割裂了茶树与周边植物的关系,而隐藏在这种"邻里关系"中的正如在羊肚子里发生的转化,是各自然物之间非人力和人智所能穷尽的微妙作用。例如草,首先它是地力的标志,他们认为如果这个山,草木不旺盛,那么茶也不能种起来,也就是说人得学会通过草来看这片土地,进而才考虑种茶,反之,"茶园种不出草,就干巴巴的";其次,草是自然的肥料,草长出来,再翻下去;更重要的是,草保护铁观音树不被虫子吃掉,"木本的和草本的,虫一般先吃草本的。草除了,虫再上树"。

这些对山川、土壤、动物、植物与铁观音树种关系的看法虽然最终都能予以科学和客观的解构,但在这项对于铁观音人文状况的调查报告中,我们宁勿保留这点玄妙与特殊,正因有这些玄而未知之处,安溪人承认人之于物,尚有未尽的余地,反之因为这种余地,人知道了自身的限度以及由此对物的敬畏。另一方面,这几种围绕铁观音与自然环境、自然之物关系的解释,呈现出安溪本土的知识观,恰如王铭铭教授所说:"人文不是随着自身的积累而离自然越来越远。人文本身就是自然之道的呈现,从'发生学'看,与'天地并生'""他们的'知识'与其说是科学式的'创造'和'发现',毋宁说是'原道',是对自然和社会之'道'的回归。"①

(二)铁观音与制作之人

铁观音树种本是天赐而非人育,而它的后天栽培也是对人物相通的自然"原道"的遵循与回归,但铁观音茶叶,用科学的术语说是区别于无发酵的绿茶与全发酵红茶之间的"半发酵"物质,用安溪茶人的话说茶叶死去活来、活来死去的"中间产物"就是我们喝的东西。从铁观音树叶到铁观音茶叶,绝不是纯粹自然的过渡过程,完成这二者之间转化的是人。

$$铁观音树叶 \xrightarrow[人工:摇青……]{半发酵\ \ 中间物质} 铁观音茶叶$$

但凡历经过这一转化过程的茶人都会感叹,铁观音的制作太难了。魏月德曾经抓起一把正待摇青的茶叶对我们说:"你们知道这每一片叶子里有做茶的人的多少心酸吗?"铁观音制作难的一方面是因为茶种本身特别敏感,"不同地域、不同土壤种出来的,往往味道差别极大;即使同一座山,山顶和山下的,向阳和背阳的,香味就大不相同",②"今天的天气好做茶,明天就不一定了。不同时间杀青,品质就不同。不能说今天做出来的是好茶,明天也是好茶。今天摇五十圈,明天也这么摇,不能!没有公式可循。铁观音的

---

① 王铭铭:《心与物游》,桂林:广西师范大学出版社,2006年,第33页。
② 海帆、谢文哲、罗炎秀:《安溪铁观音——一棵伟大植物的传奇》,北京:中国出版集团公司,2010年,第99页。

做茶难就难在这里",这是很多安溪茶人的共识。在上述示意图的左方,即在表示自然的(根据上文所述,即使人工的栽培也可算是在模仿自然)一边,铁观音自身就因其天时、地利的细微差异而拥有了无限的可能性,可以说,左半边的自然物此时是对后方开放的,无时无刻不在千变万化。

铁观音制作难的另一方面是中间的人工。"做茶都是要靠手艺的,不是那么简单",陈双算,这位做了30年茶叶的制茶能手用了一个很形象的比喻:"就跟你们读大学一样,大学生很多,研究生才读出来几个嘛。整个安溪县,每个村每个角落,传授制茶的技艺,我做了三百多个村,但是一个村庄能够做出真正好茶的,三五个。没多少人能做出真正的好茶。"这门"手艺"需要悟性,陈木叶说,很多人可能做一辈子的茶,也做不出令自己满意的茶;它还需要时间的积累,陈木根、陈木叶、陈双算、魏月德等等我们所拜访的这些"老"茶人,做茶的年数无不都是数十年计,很多都是从自己太爷爷乃至更高的先辈就开始做茶,而茶农的年岁一般都在五六十岁,基本上没有年轻人;此外是一个"传统"的技艺传授和学习过程,之所以是传统的,因为它讲求口传心授,更像旧时传授手艺的师傅—学徒关系,而不是新式的课堂—书本,就像陈木叶说的:"要向以前传统的老茶农探讨,学习他们。书本总的来说,一般接触的是皮毛,像有些教茶的老师,你让他做一泡茶出来,肯定做不出来,就算做出来,也不怎么样"。

所以,同样的茶青,工艺不同,做出的茶不同;同样的炒锅炒出来,不同人做,还是不一样,可能这边是茶王,那边是低档茶。而且,此处所谓的工艺"不像读书一样有公式可循",它是"经验日积月累的感受"。但在做茶人看来,这种"感受""没法用文字确切表达出来,用语言没法表达的"。这种不可言说性一方面或许的确是茶农们"说不明白,但懂得做",另一方面还有技艺的神秘性,一些安溪茶人告诉我们:"这关系到自己的生存法则,形成了技术体系,一下子向全社会公开是不可能的""安溪真正会做茶的,不让人家看,不让人家接触的",这样便在技术传承领域形成一个金字塔结构:徒弟们都做好茶了,师傅们再好上加好一点。每位真正的制茶大师心底那一点不可言说的秘密,是做出来的铁观音茶叶千变万化,多种多样的原因之一,因为要成为"师傅",就要有自己的风格,自己的特色。可以说,每个做茶师傅工艺的个性,造就了每款铁观音口味的个性,反之,最终成形的每一种铁观音口味,又成为其制作师傅独特的标签,茶师与茶,即人与物,在这个意义上彼此互通了。

上述图表左边此时尚作为自然物的茶树叶自身随着周边环境变化充满了无限的可能性,中间的人工因其工艺的个性同时具有无限的可能性,最终出来的凝聚着自然与人工双重属性的铁观音茶叶是这两种无限可能性碰撞交织的结点。

时间,是这两条变幻线索你追我赶、相互拉锯的关键,"前一天多么辛苦也没有用,只靠那么一点点时间。明天做茶的师傅那点点时间的拿捏和把握",陈双算的这席话可谓道出做茶师傅们的心声,因为几分钟乃至于几秒钟之差,茶青已经瞬息万变,自然与人工的最佳结合点便已错过,出来的茶叶就是好茶与普通茶的差别了。

对时间的"拿捏和把握"就是做茶师傅的经验与工夫。这个拿捏和把握的过程,最关键的步骤之一便是摇青,可以形象地形容为是做茶师傅与茶之间的"共舞",正如陈木叶告诉我们的,摇青是做茶的人"让它(茶)死,又不让它死。掌握这个度。它死掉了,就不好喝;它不死,你没用",所以是把茶叶"由活摇到死,由死摇到活""它这个叶子是活的,这个叶子很奇妙。如果你观察,它一会儿变涩,一会儿变油亮。你要不动它,它就干了,死了,你要动一下,它就马上活过来。你抓几叶放在旁边,没多久,它就干掉了,软了,你要动它,就会看到它很青翠,看到它的梗一直红进去"。这个梗"红进去"的过程是做茶师傅拿捏和把握发酵程度的标志:"水分是这样从这边慢慢拔上去的,叶片蒸发,然后主茎补充水分,所以这个主茎就从最底下慢慢变红,水分慢慢丧失。第一遍水分走了,拔上去了,最下面开始变红,然后一遍一遍,往上走"。而对这个水分往上拔,主茎慢慢变红的掌控过程是最考验做茶师傅工夫的,"做茶好不好,关键看你这水分走不走。如果太快了,整个水分走掉了,整体蒸发,发酵过程没法形成。真正摇得好的,摇完之后,叶片翠绿油亮,还是活的"。

这个"走水"的过程做茶师傅主要凭眼观,让茶吐出苦水,而炒香的则是他靠鼻嗅,以气味的微妙变化拿捏和把握炒青的时间,陈双算说:"下锅去炒最需要技术,细节不好,要是没闻到某个味道,就是发酵过头了,那么出来水就是淡淡的,肉眼是看不出来的。不用看,只用闻,闻到菠萝的味道,这个时候拿去炒,是兰花香的味道,闻到像卖了三四天的荔枝的味道,这个时候拿去炒是桂花的味道,还有一种是龙眼的味道,炒出来是仙铺花香的味道。闻到某种花香就知道能炒出什么样的茶了,闻到马上下锅去炒"。

　　无论是凭眼观的走水,还是靠鼻嗅的炒香,抑或是其他种种繁复的工序,此时制茶师傅心外已无他物,他的整个世界里只剩下他与茶,最为孤寂却又至为充实,拥有文人挥毫泼墨时的创作激情,也有信徒直面神灵时的庄严神圣。他眼观、手触、鼻吸,不敢有丝毫懈怠,因为稍不留神,自己就已经追不上对手变化的脚步,他恨不得自己变成那片变幻莫测的叶子以体察它此时的状态,把从原料开始就凝结在其中的丰富"内质物"最完美的释放出来。而茶这时具有了人般的器官和生理行为,茶叶在吐苦水、舒张毛孔,或者说在做茶师傅眼里活脱脱成为一种人的存在。

茶师与茶共舞

　　与茶共舞,恰是做茶师傅与茶之间的物我互通,而自然与工艺这两条多变的线条才有可能在此基础上在各自最顶峰的时刻相汇,从而合成出一颗完美的铁观音茶叶。上述示意图中蕴含的最大特征便是"千变万化",而这种瞬息万变恰恰为做茶师傅个人工艺的施展,为最终形成的铁观音茶叶韵味的选择留下了开放的发挥空间;变化无止境,铁观音的口味就无穷尽,而制茶师傅的创造力也无止尽,陈双算哪怕已经做了30年茶,他说他每年每季都要去研究,创新出花香的茶出来。铁观音茶叶的生命力,与为其倾注毕生心血的茶人们的生命力,在此意义上是共生的。这便是从铁观音树叶到铁观音茶叶转变过程中人与茶的共舞、共通与共生。

在陈木根先生为代表的很多安溪茶人看来,"无限多样性"正是安溪铁观音最根本的"个性"。但是,这种个性似乎正面临着丧失的危险。这种威胁一方面来自空调,正如他所说,"传统做茶是和自然环境相通的,空调轻发酵的做法已经与外界的天气变化没有关系了,没有关系就会让铁观音的自然属性降低级别",即空调把作为自然之物的铁观音树叶本身蕴藏的,向周边环境和人工工艺开放的无限可能性割裂了。另一方面是压茶机,"用压茶机直接一压,就完成所有工序了,内质物都外泄了,茶叶里面的青汁流出来,这是人喝的东西啊?"压茶机完全取代了做茶师傅与茶"共舞"那你追我赶、紧张拉锯、人茶互通的过程,人工的丰富性被压茶机压成扁平一块。自然与人工这形塑和包含于最终铁观音茶叶中的两重多样性,均被机械无情抹杀,那么制造出的茶叶无疑便是已失去了铁观音个性的"铁观音茶叶"了。

机械是把双刃剑。最早为安溪引入空调做青工艺的陈木根先生现在却是最反对它的人,他说:"95年我从台湾借鉴过来,空调做青工艺的出发点是什么呢?是夏暑茶不能做好茶,夏暑时太热、太湿,空调能保证温度、湿度。是自然环境不能做好茶时,才代替的。"机械只是自然与人工配合过程中的补充,而"好茶"还是得在自然的温度和湿度环境中做出来。但另一方面,机械并非完全需排斥。例如,陈木根提到一个例子:"对于揉捻机,张天福先生历经四十多次论证会,历经三年时间,才证明这个机械真正实现了机器代替工艺,后来又发展成用电力代替,转速可以调节。"机械替代人工的前提是必须到达与人工完全相同的效果,其中有两层含义,一是有的机械需要人工操作,人使用机械的经验与人制茶的经验一样,是日积月累的拿捏与把握,使用机械本身并使其在整个生产流程中发挥最佳的作用,本身也成为了师傅的一门技艺;其次,完全无需人工操作的机械,倘若它行使的是和人工一样的效用,对加工对象本身没有任何破坏,这时的机械实则只是人工的另一种形式。

所以,最终问题的根源不在机械本身,而是在人,正如陈木根所说,人的惰性,把人的智慧从做茶中去掉了。从上文所述可知,成就一颗完美的铁观音茶叶,除了其自身需要吸收天地日月的精华外,更凝聚了多少做茶人的"心酸":烈日下采茶、半夜里摇青、炒青、费时的揉捻等等,这些尚且是做茶时耗费的体力,更重要的是耐得住时日考验的对茶的投入,苦心孤诣地琢磨积累技艺,也要有与茶共舞、共通、共生的悟性和激情。机械不过是被惰性的人们利用来替代上述整个需要人自身努力付出的工夫罢了。因此,陈木根觉得这样的做法对不起铁观音,贪天功为己有,只索取不付出,"不用心,怕累,把传统搞丢了"。

从文对安溪"人"与"物"关系的分析中也可知,这本不是安溪人对待"物"的态度。按照陈木根的话说,应该顺应自然之道,把铁观音的无限多样性做到最好,再物竞天择,喝茶的人各取所需便是了。此外,他说,"还要向茶学习,它长在自然中,不会因为风吹雨打霜雪压而变节,不因为你采摘而气馁,不因为你高温煅烧而失色,不因为你冲泡而退缩,反而给人以无限甘甜,我们作为一个人,不要太急功近利,要以茶为师,向他学习,做到这一点,铁观音一定越来越好。不是铁观音不好,是人不好。"从安溪的茶人与茶,人与物的关系中,我们再次看到一种对他者的虔敬以及恪守天道的人工。

(三)铁观音与信仰之神

这种对于他者的态度与安溪人的宗教精神一脉相承,无论是他们对铁观音与其他物的关系认识中,怀有的那种留有未知余地的敬畏,还是茶师在做铁观音的过程中,对天工与人工抱有的神圣感,这棵植物承载着安溪人的宗教情节。

铁观音"魏说"的发源"圣地"有三个景观:长在岩壁上的铁观音母树,侧卧于旁的茶农魏荫像,一个土地神庙,物、人、神这三者的关系经由当地人无意识地却又如此实在地摆在我们眼前。据魏月德说,这个土地神庙与他的老祖宗魏荫发现铁观音有关,魏荫得到观音托梦后,来到此地发现铁观音茶树后,"他就跪拜土地爷,感谢土地公保佑",这个小庙在文革时曾遭破坏,魏月德重修了它。貌似这位茶人人生中最热衷的两件事就是制茶和造神。他做茶的厂房盖得颇像一座庙,而他盖的庙里供着他自己造出来的茶神们:"里面摆观音,下来是茶神,陆羽、神农、朱元璋,从饼茶到散茶是从他开始,六大茶类也是明朝,苏龙、魏荫,以后还会不断增加"。在他看来,魏家这个家族包括他自己这辈子做茶都是顺应神明冥冥之中的安排,而他拜神、造神正是把这种顺应和安排显化,或者说,人无法琢磨尽的神灵的力量、点化等,正是做茶的人应该用心发现、思考和遵循的道,因为这是产出好茶的非人力所能及的原因。茶,是联系他和神,构建起神和他之间赠与和回馈关系的中介。

魏说中魏荫发现的铁观音树

罗杨摄

茶农魏荫像

罗杨摄

魏月德修复的土地庙

罗杨摄

但在安溪的一位知识分子谢文哲那里,我们又听到关于茶、人、神三者关系的另一种说法。与农民出身的魏月德努力造神相比,谢文哲先生认为,制作铁观音,除了技艺之外,"应该还有一种经验和悟性的东西,这种经验和悟性,就得益于对土地和天地运行的把握"。在兼有乡绅与士人气质的谢文哲看来，做茶工艺中的神圣力量更应是一种"土地和天地运行"的法则。

魏月德、高村和石山村村民这些农民出身的做茶人，对茶与神关系的理解，更近乎于闽南的民间信仰传统，对各种各样神灵的创造和敬拜，茶成为联接神与茶人自身的桥梁；谢文哲这样的地方精英，却把这种神圣性解释为一种贯穿天地万物的道，做茶即循道。或许这两种理解也预示着对所做出的茶的品饮会有不同的风格。

四、铁观音的品饮

"茶是饮料，但是更有另外一种属性，是一种生活方式。饮料的弹性非常大，它的替代品很多，你可以喝其他的茶叶，或者你不喜欢喝茶，就喝一杯白开水。铁观音成为一种生活方式的时候，你才可能离不开茶，有的人早上要先泡一杯茶，否则就感觉欠到欠缺些什么；出去，单纯喝开水肯定不行，一定要带茶。放一撮茶叶到杯子里，这是安溪铁观音创造的生活方式"，安溪县政协主席廖皆明的这席话，道出了喝铁观音对于现在安溪人的日常生活而言意味着什么。茶已俨然成为很多安溪人生活中一日不可或缺、几十年深度依恋的瘾。

对铁观音的品饮，本报告同样以人文关系的视角，从饮茶的器具、喝茶的人们、敬茶的神灵三个层次展开。

（一）"茶配套"

"茶配套"是我们在安溪才第一次听到的词，安溪人用它概括与茶相关的所有器具，包括茶杯、茶盘、茶桌椅、茶摆设乃至整间茶室。看似简单的一壶几杯、一桌几椅，实则演绎出安溪的社会万象、人生百态。我们调查期间拜访过许多安溪的茶人，直接感触是在安溪的办公场地里，但凡有沙发的地方必定准备着泡饮铁观音的茶具，每位访谈者的办公桌里必定有一格贮藏着琳琅满目的铁观音茶叶。而在普通人家里，正如谢文哲先生描述的，"老百姓家庭再困顿，经济条件再差，他也一定会准备一套干净、精致的茶盘，备好茶"。安溪人把这撮茶叶放入杯子里，便使自己的生活从白开水到具有了"内涵"。这种内涵是一种社会生活，"安溪人真好客，入门就泡茶。家家户户即使再怎样简陋寒碜,也会准备一、两套茶具,有客人来时,二话不说,烧水泡茶,一杯茶喝下,才开始谈事情,杯不能空,话说完了,茶才凉下来"。民众使用的茶具虽然普通,但不能说没有"品味",诚如谢文哲先生认为:"品味在中国经常和精英文化联系起来,这不是的,即使在最偏僻遥远的地方有个老农,他端出一个粗陋的茶盘,但很认真地泡茶,这就是有品味。"

  茶配套不仅是日常生活之物,也是茶艺师们精心营造的艺术品。唐瑜燕是安溪很有名气的茶艺师,从我们的聊天中,最大的感受是她喜欢到处捡东西,她茶室里的绝大多数摆件都是她自己慢慢收集来的:当茶盘的砖头是她在野外捡回来的,各种造型奇特的石头是从龙门的工厂里、乡村的溪流边淘来的。这些茶配套,虽然全部都源自最现实的生活环境当中,但毕竟经她的审美之眼拣选,摆放到一间茶室之中时,具有了普通生活环境中所不具备的艺术气息。无论一棵小草还是一棵小花,每一个"配套"都承载着她发现它时的那份愉悦心情,而当她看到和使用它们时,或许又会因为这些物而重温当时的心境。因此,可以说正是这些茶配套,使她营造起一个脱离被洗衣、做饭等所埋没的俗世生活的非日常世界。

  茶配套还是安溪地方精英们用以"明道"之物。我们在谢文哲先生的茶室里喝过许多次茶,每喝一种茶他就会换一套与之相配的茶具,白瓷的、紫砂的、玻璃的等等,真好比祭司每做一场法事就得换上与此场仪式相配的器物。通过我们的访谈也了解到,这套颇费功夫的泡饮方式有个由简到繁、由粗到精的演变过程,也是安溪借鉴融合其他茶区茶道的成果,即使是在安溪本地也有不同阶层的差异。例如,以前并没有用茶夹把茶递给客人的方式,我们在城中茶店喝茶时泡茶人会用茶夹递茶,但在乡下自己取杯喝茶即可;以前的茶具是里面画着龙凤的搪瓷茶盘、带耳朵的茶杯,后来替换成茶瓯,因为它更适于仪式化,便于观茶叶、闻茶香。令我们印象深刻的安溪"茶配套"还有陈木根先生的天平,每泡一次他都要在天平上先称量一番,确保每泡茶都是标准的7克。他之所以对于茶、水、时间都精确到了克、毫升和秒,或许是因为在他看来,这一泡既集合了天地日月之精华,又凝聚了茶师的技艺心血,这两种无限多样性需绝佳配合才产出的茶,也需要最为精准的泡饮方式,把它如此丰富的内涵完全地释放出来,喝茶的人才对得起这泡茶。

（二）品位茶与人

铁观音是"柴米油盐酱醋茶"中的茶，也是"琴棋书画诗酒茶"里的茶，正如廖皆明先生所言，它创造出一种社会生活方式，安溪人杯中的白开水里因为加入这泡茶叶，而具有了别的韵味；唐瑜燕这些茶艺师们从琴棋书画诗酒茶中发掘出茶的超越性，又从柴米油盐酱醋茶中找到茶的实在性；对于安溪的文化精英而言，他们则在努力合配茶的道。这三种品饮方式的共性都是把品茶当成一种仪式。

1. 等级与品位

茶是组织起这一场场仪式的纽带。县政协的吴宝炼先生给我们讲过一个生动的事例，"有天晚上办公楼停电了，没办法烧水泡茶，于是大家就都散了回家了"，或许这些仪式的参与者们原本并没意识到是茶把他们聚拢在一起，而当它缺失的时候，才发现茶在其社会交往中的无形力量是如此强大。

这场仪式可以框定社会关系。"我在心里很清楚应该从谁开始倒茶，每次倒多少，已经内化于心了"，谢文哲先生说的这点我们深有体会。我们的每一次访谈都是从喝茶开始，多有几次体验，便已经入乡随俗，身处安溪人喝茶的等级与礼仪体系之中。访谈人一边忙着为我们泡茶，一边听我们的向导倪伏笙老师依次介绍我们，介绍完毕，第一泡茶也备好，而令人惊讶的是，访谈人倒茶的顺序总能与倪老师介绍的顺序相符，偶尔一两次顺序乱了，倪老师会在一旁显得非常不安，甚至本能地立即从座位上起来，用手势指引泡茶的人应该从哪位开始添茶。

倒茶的次序是依照泡茶的当事人与在其面前喝茶的每一个人，他们在相互结成的社会关系网中的位置而定，而这种次序反之又会确立和巩固他们在其中的位置，这便是"等级"。无论泡茶者还是喝茶者，都彼此承认和遵循这套社会关系所赋予他们自身和对其他人的行为准则，并用此表达他们在社会结构体系中所占的角色身份，这便是"礼仪"。等级和礼仪具有无形的力量，框定着身处其中的每个人的心理和行为，因为这套规范中倘若出现了差池，诸如倪老师这样介于主客之间的中间人会出面充当一种监督者的角色，甚至当事人自身都会感到不舒服。仪式上的错误会在另一方参与者这里立即得到纠正,最终让它顺着这套规矩运行。即使在这场以喝茶为中心的仪式里,参与者们弄不清楚各自在社会关系网中的位置,他们也会适时地创造出一种次序来,因为有了等级,才能行使相应的礼仪。看似矛盾的是,安溪人恰是在这套等级与礼仪体系的管束中,茶才喝得安心、自在,没有这种约束的"乱喝茶",反倒使人不安和拘束。

正是因为在这场泡茶与喝茶的仪式里,茶与安溪人的等级和礼仪观念相辅相成,所以,他们会把茶作为一种治社会之乱的药。成天在茶山上观看山形地势与茶之关系的魏月德,还在思考着"茶与社会":"古代的文化、工艺、人际关系、感情失去。男女不分、高低不分、左右混乱。今天结婚、明天离婚,师傅变徒弟、徒弟变师傅,做茶的人该做茶、卖茶的人该卖茶、读书的人该读书,现在什么都乱了",他认为这是茶跟社会的矛盾,恰是茶与这种混乱的社会有矛盾,才可以借助它来改变,"喝茶时改变,吵架啊、打架啊,只有这样才能缓和社会,只有茶能解决"。安溪人恰是从手里的这杯茶中,看到了这杯茶之外的世界现在存在的问题,并认为茶可以作为一种解决之道,因为它的仪式感,以及在这种仪式感中形塑的等级和礼仪观。

但自古县志中就形容为"朴野"的安溪人,喝茶绝非仅止于如此社会性的层面,他们更期待的境界正如魏月德修的那座庙的牌匾:茶和天下。一方面,安溪人讲究等级以及由此形成的礼仪,这样社会才有秩序不至乱掉;另一方面,他们并没有因此而丧失对于超越感的追求,因为超越性原本正是他们从茶的品饮中领悟和感触到的重要内涵。魏月德认为茶和天下才是最终的道,最高的境界不是斗茶而是论茶,"斗茶是你赢我输,品茶论道是这个茶是哪里来的,哪天采的,用什么时间、空气、摇几下,高人论茶不是斗茶"。在论茶中,道是容的,"你吃咸的,要理解人家吃甜的。什么都是道,只要你把它拢进来以后都是好的,融入了。"所以,他才认为茶道是超越其他道的天下之道:"只要有茶喝,常来往,三教九流都可以搞定"。

生活与仪式,这是安溪茶叶的两种面向。正如平淡的白开水里加了一把茶叶,安溪人从"日常"的生活中品尝到"非常"的仪式感,一种异于甚至高于寻常生活的滋味。这仪式中有茶和社会,也有茶和天下。社会中的那套等级与礼仪需要茶和天下中的超越性来调和,否则极易走向形式和极端,尤其在拜金、官僚等主义猛烈向我们手中这杯茶渗透的当下;茶和天下中的道

又应基于这套社会秩序,否则便是毫无章法的混沌。把握好这两者间的度,才真正应和了铁观音的中庸之道和安溪人的朴野之性。

2. 传统与现代

"小时候家里虽然没种茶,但对茶的印象还蛮深刻的,因为我妈妈是做裁缝的,有店面,每当客人来就要泡茶给人家喝,以前是很粗糙的茶叶,就抓一把有带梗的茶叶。我从小对茶就有一种待客礼仪,有时候他们忙就我来泡。"这是唐瑜燕的一段回忆,在她勾勒的这幅生活气息极浓的画面里,我们似乎窥见到很多所访谈到的安溪人口中念叨的"传统":传统的茶,传统的饮茶方式。

由此看来,安溪人饮用的铁观音茶叶本身历经了"传统"到"现代"的变迁。传统的茶没有现在的茶叶这么精细,甚至还带着梗,也没有包装得很精致,都是用纸包成一大包。"最早是泡毛茶,粗加工出来还没精制的,原来茶农哪懂得精制啊!真正安溪铁观音的加工是在 80 年代,以前计划经济,只有名字,没有出名,只懂乌龙茶不懂铁观音",与唐瑜燕作为茶叶消费者的身份不同,从 13 岁就开始帮人做茶到现在成为铁观音制作技艺的国家级非物质文化传人,魏月德可以说是铁观音从传统到现代转型过程中的参与者,反之也是无数双像他这样的茶人的双手在亲手造就这一转型。80 年代末 90 年代初,一批像他这样的茶人最先从计划经济的笼子中脱颖而出,肩挑牛背,去汕头、厦门、乃至于南洋的外部广阔天地中闯荡,安溪的茶业在努力试图接续上被建国后一系列运动或革命所中断的清末民初的盛况,虽然其时的铁观音还带着计划经济时代的"梗",才初步在安溪的众多茶类中崭露头角。

"我到武夷山茶博会推广传统铁观音,爱茶的人看到'传统',就会过来看,我摆了两张桌子,参展的三天,整个桌子都是满的,他们说,你一定要回归传统。懂茶的人喝到我的茶,他会说,哦,好久没有喝到这种传统的茶了",魏月德记忆中的计划经济结束约 20 年后,安溪德峰茶业的王荣辉再次亲历了"传统"与"现代"的碰撞,不过这次是"前市场经济"时代与"后市场经济"时代中铁观音的不同品味:水大唯香的与金黄明亮的,原本的浓香型与为迎合绿茶市场消费者而创制的清香型,融会了人的智慧、艺术的手工制茶与省时省人力的机械造出的茶。力图使安溪铁观音正本清源,回归"传统正味"的陈木根先生,初次见到我们时,依次泡了十余泡茶,从很像唐瑜燕、魏月德回忆中计划经济时代带梗的、青涩的粗制毛茶,用割茶机、压茶机和空调机做出的机械茶,带有茶师个人手艺高低的人工茶,最后压轴的是一泡百年茶树的陈年老茶,几乎是从"现代"倒喝回"传统",把安溪茶叶的历程给喝了一遍。

从上述喝茶的人的不同记忆和感触中,可以发现安溪人对于什么才是传统铁观音的"度"是在随时代、工艺、口味的变化而不断调节,20世纪90年代初的魏月德当时认为自己正在做区别于计划经济时代的现代铁观音,到21世纪初那一代人手下的铁观音已成为传统的标志,而在陈木根先生泡给我们的那一序列的茶中,过去和现在是如此矛盾的交织,压轴的好茶是最新近采用的最传统工艺炮制的最古老茶叶。传统的铁观音,一方面是安溪人现在和未来在不断研发的口感,一方面是他们通过这种新发明不断想追溯和回归的"原乡"滋味。

"在我父母住的房子里,我会放一些茶,有时晚上,突然想念一个茶的味道和气息,就开车回去,打开门,母亲就问我,怎么这么迟才回来,是借助茶的渠道来看父母亲,但是我不说,茶有这样一种功用"。在谢文哲先生眼里,好茶是有记忆的茶。如果说上文分析的传统与现代之别,主要是由制茶技艺的变迁带来的对品茶的影响,那么从谢文哲的话中可见,一泡好茶的品评不仅牵涉技艺,更承载着记忆。

"父亲将当季新炒制的铁观音炭焙好,装了一小袋茶叶,放进他已收拾停当的行囊,而后又抓了一小把置于瓯杯,'想家的时候,就冲杯家乡的茶!''有点涩!'少不更事的他只喝了一小口,尽管家里常年制茶,但制出来的茶却悉数成了别人的饮品,作为茶农的儿子,他对茶并没有太多的记忆,感情总是淡淡的。'有点涩?几年后,你再来喝,就不涩了。'父亲果真将当年的茶收藏起来,没有拿去卖。整整20年,他已然成熟,步入收获的中年,而它,也已厚积成茶中的精品。当年的青涩,已被岁月熏陶成了沉稳的厚实;当年的香气,已被时光凝固成记忆的内核"。① 这是谢文哲先生为一款茶编的一本书中记述的故事。在这个意义上,对茶的品饮是对过去的一种回味。

所以,技艺与记忆成为品味一泡好茶的双重内涵。但为何又会出现本节开头提到的现象:现在很多安溪喝茶的人在苦苦寻觅传统技艺的茶、传统品味的茶呢?原因之一或许在于安溪人从"他者"身上看到自身的问题:"我们参观欧洲的葡萄酒酒庄时发现,有些庄园的历史是几百年甚至上千年,无论庄园如何替换,庄园中的建筑、一草一木,甚至一颗石头都没有人会动它,因为西方人引以为豪的就是他们的文化。他们骨子里有崇尚文化的情节,对土地、文化的情感,还有宗教信仰使他们对大地、对文化有敬畏之心。"反观安溪自身:"没办法,我们的制度已经这样,信仰也是,安溪的茶企成长速度应该是很快的,但没有一个根基,也没有一个家族属于百年的家族,所谓第几代都是解放后的事情,百年以前的老字号留下什么?经过土地改革、文革动乱,该有的东西都没有了。这批茶企的成长速度是快,但和传统文化之间没有联接的根基,除了是安溪的原因外,其实这是大中国的缩影。"谢文哲的一席话道出了铁观音之所以会出现所谓传统与现代这种二分的焦虑的原因,是历史、文化、信仰的断裂,新的茶企、茶人以至于茶本身缺乏与过去的联接。所以,我们会觉得自己手中的那杯茶会没有"味道",因为味道的源泉——无论是技艺还是记忆,都在被现实冲淡。

这是安溪茶叶的二分焦虑,正如谢文哲先生所说,这也是中国的缩影,我们恰是从安溪茶叶品味的变迁中窥探到更宏观的问题。但稍可缓解这种焦虑之心的是,在安溪,我们庆幸遇到陈木根、王荣辉、魏月德等等恪守技艺、努力弥合这二分裂缝的茶人,也遇到谢文哲、唐瑜燕等等对承载着亲情、人伦、淳朴社会关系的那杯茶发自内心的眷恋。这是安溪茶叶的传统,但更愿这也是安溪茶叶的未来。

(三)茶敬天地神人

在安溪最传统、最生活化、最具仪式感的观念世界里,最好的茶并不是

---

① 李筱聆:《岁月的茶,时光的水》,《密码1989:一段铁观音的传奇》,北京:世界图书出版公司,2010年,第18页。

由人品饮。"很小的时候我就知道茶可以作为供奉神明的东西,当时就是把家里最好的茶拿出来供奉,最好的东西要在这时候用上。""如果我把别人送的好茶拿回去,母亲就会藏起来,留到敬奉神灵的时候,才拿出家里最好的茶"。唐瑜燕和谢文哲的这种经历应该是很多安溪人的集体记忆。

安溪人从生到死都离不开茶。据说,旧时安溪人视床如神,小孩出生、满月、周岁、受惊夜哭的时候都要敬床母,当小孩长到十六虚岁,要在诞生的床前举行成年仪式,每年除夕,妇人家也要敬床母。① 此外,因为以茶为礼的习俗,在婚姻中,男方下聘礼成为"下茶",女方受聘则称"受茶",聘金称为"茶银"。婚前办盘要送上当地产的最好的茶;办婚宴时,新娘要逐席向宾客敬茶,宾客要回礼,比如说几句由喝茶带出的吉利话;婚宴后新娘再一一向男方的亲人敬茶,并由此改口,亲人受茶后送出饰物压盅;婚后一个月,新娘回娘家并从娘家带一株茶树回婆家,表示落地生根,开枝散叶。祭扫祖宗坟墓,要用泡好的三杯清茶,恭敬地放在祖先坟茔前。供奉祖先的茶与平日以茶待客一样,一定是用水冲泡好的茶,有时在供完之后,人们自己喝掉,因为祖先喝过的茶已沾上了他们庇佑的恩泽,喝下去如同把这种保佑纳入己身之中。而供奉给神灵的茶原本无需冲泡,按照谢文哲先生的解释,或许是在同人的关系上,祖先比神鬼更近一些,人们更容易把祖先当成在时空上分隔开的亲人。所饮之茶的区别构成神与祖先的差异,人与非人的渐变序列通过饮茶方式的不同来标志。

供奉神灵的干茶叶

罗杨摄

---

① 海帆、谢文哲、罗炎秀:《安溪铁观音——一棵伟大植物的传奇》,北京:中国出版集团公司,2010年,第121页。

安溪城隍庙中卖的供品,左下角便是专门的"敬神茶"

罗杨摄

安溪人一年到头都离不开茶。正月初一,凌晨早起,人们开始烧开水,泡新茶,准备与茶配套的糖果,以清茶、美酒、香火先敬天公(即玉皇大帝),次敬土地神,再敬灶君,最后敬祖先。[①] 正月初九是天公生日,这一天也要清茶、美酒、三牲拜天公。安溪人祝寿时,也要请本地法师按照祭拜者的生辰八字选一个吉祥的日子拜天公。在安溪这片宗教氛围极浓的土地上,一年的时间节律很大程度上还与各种神灵的诞辰有关,城隍爷生日的时候,我们见到很多人提着肉、香烛、纸钱,还有袋装的"神茶"来城隍庙敬拜;每年清水祖师下山巡境,也要清茶供奉,现在清水岩的住持仍沿袭历代住持留传下来的传统,每天早起三杯清茶供奉祖师,若要出门,住持也会在出门前后祭拜祖师。

虽然我们在安溪没有找到一个具体且作为全行业统一性的茶神,但发

---

① 海帆、谢文哲、罗炎秀:《安溪铁观音——一棵伟大植物的传奇》,北京:中国出版集团公司,2010年,第126页。

魏月德心中的"圣地"五府大人庙

罗杨摄

现很多神灵与茶有关,或者反之,说明茶已渗透到安溪民间信仰中的很多方面。魏月德可以说是安溪传统、土俗和充满仪式感的茶农、茶商,他自觉自己这辈子做茶就像他的老祖宗魏荫发现铁观音一样,是神灵们冥冥之中的安排和庇佑,而在其人生的每一个重要时刻,他都要烧一炷香,拜天,这个"天"或许是许多神灵汇集在他心里的一种总体形象。有一次,他带我们去铁观音"魏说"发源地参观完毕,当时天色已晚,但他硬是又开车又爬山地走了很久,正当我们一头雾水不知他要带我们去何处时,他神秘兮兮地把我们引到一

茶王轿

黄雅雯摄

座"五府大人"庙,仿佛是对我们敞开了自己内心的一个秘密圣地。这样的

行程安排,说明在魏月德心里,只看铁观音发源地不去五府大人的神庙是不完整的,就如同他在前台做茶,后台拜庙,缺一不可。在他每一次泡茶的时候,都是先敬后品,先泡三杯敬奉神灵,他说这是他们的家传,三杯倒掉,第二遍泡的茶才敬客人。他不同意说第一遍泡茶后倒掉是在洗茶、洗杯的解释,"这是'文革'后的说法,'文革'前是没有洗茶一说的,以前茶多贵重,哪有洗茶,这是敬神的茶,是感恩的心"。不知现在还有多少安溪人怀着和魏月德同样的心理在泡那第一遍茶,倘若是这样的话,喝茶从水接触茶叶的那一瞬间开始便具有极高的神圣性质。当他第一次当上茶王,坐上茶王轿之前,他说他先摇了摇轿子,"先请五府大人上轿,再请魏荫我的老祖宗上轿,第三我上去,每一次摇三下"。在现实世界里,魏月德只不过做了一个摇轿、上轿的平常动作,但在他的观念世界里,此时他是与神灵、祖先同在的。

"茶敬天地神人",这是安溪人"内化于心"的信仰。即使因为生存环境的改变不再有喝茶的习惯,但由于信仰根深蒂固的力量,茶与神的关系依然持续。安溪人心底所保有的茶与神的关系,可谓是铁观音的另一种"神韵"。

五、安溪茶叶人文关系的历史考察

在对铁观音的工艺与品位的调查中,我们最深的感触之一便是访谈者们关于"断裂"的表述——向前猛冲式的发展使它无暇回望自己的过去,即所谓的传统,似乎也在不断扔掉后者加诸在它身上的沉重包袱,即以更减省的(省时、省力、省事等等)发明创新来试图减轻过去的负担,以便更轻快地进步。这种忘却和不断抛弃历史的心态,既已造成安溪茶业与过去的鸿沟,那么现在所处的当下难免成为下一个"过去"。这也是很多安溪茶人的焦虑:与过去、当下都失却联接的未来到底该怎么走下去?

因此,在这项关于铁观音人文状况的调查中,我们也在尽力探寻弥合这种断裂感的方式。事实上,安溪茶业里的任何一种细节无不充斥着历史,所有自然而然的习惯都是由当地的文化意义系统所赋予,怎么做茶、泡茶、品茶等等,每一种看似个人自由随意的选择,其实都能追溯出其来龙去脉,而这些来龙去脉本质上是社会性的,社会性是在历史中形成的。一位历史学家说一切的历史都是当代史,反之也可以说,一切的当下都承载着历史。哪怕一个简单的摇青动作、一个泡茶的姿势，都是在历史中不断形塑和沉淀的安溪地方文化的体现，它的自然而然反而说明其渗透的深刻。

回归历史，跳过这道鸿沟，去看看彼岸的安溪茶世界，正如陈木根、谢文哲所谓的回归"原道"，也如同追溯铁观音的"传统正味"，似乎是弥合这种断裂感的一种途径。

（一）詹敦仁：三山与三祠

安溪千百年来沿革历史的源头，似乎都从一位人物肇始——开先县令詹敦仁（914—979），他的人生仿佛一颗种子，奠定和孕育了内、外安溪千年茶道的雏形。

詹敦仁的人生坐标是三座山：生于植德山，隐于清源山，归于佛耳山。詹氏祖基在北，而兴于闽南，唐末乱世，其祖父詹缵与同乡王审知一道跟随王绪南下攻入闽，詹缵看不惯王绪嫉贤妒能，便托辞归隐于仙游植德山下（时属泉州，后属莆田），王审知封闽王后，多次征召均不出仕，其子世隆（即詹敦仁的父亲）随父隐居仙游，詹敦仁便生于其祖、父归隐的植德山，自幼拜莆田学者徐寅为师，学习儒家经典，被誉为"闽中三绝"之一。王氏闽国政权的当权者王昶想请詹敦仁出山，詹敦仁劝其入贡，归附晋朝，王昶想与晋朝平起平坐，詹敦仁为求自保，便从仙游逃到泉州，那里有衣冠南渡时流落至此的詹氏一脉，隐于清源山。留从效任泉州节度使后，派跟随王审知入闽的苏氏后裔苏光诲去请詹敦仁下山。詹敦仁为避官场祸端，请求到偏远的南安小溪场当场监，见此地山川人物之美，便请求设县，公元955年，小溪场和一块增割的南安属地被设为安溪县。不久，詹敦仁举荐王审知之孙王直道出任县令，举家到"有田可耕而食，有山水可居而安"的佛耳山隐居。但佛耳山并非孤峰，它是安溪2934座山峰中的一座，而詹敦仁与其他山头的隐士、僧人的交游勾勒出外安溪群峰之中丰富的人文世界。

詹敦仁生系三山，死后留下三祠：多卿灵惠庙、侯洋詹氏宗祠以及城中开先祠，这三祠是他出世和隐世的三地，所在之地都是安溪自古产茶的地方。多卿是安溪茶叶的主产地之一，五代时期茶叶生产就有一定规模，它也是詹敦仁辞官后第一个隐居地，北靠佛耳山，詹敦仁在此建立"清隐堂"。有意思的是，詹氏后人的口述与官方县志对其选址截然相反的叙述风在詹氏

坐落于凤山上的詹敦仁纪念馆

族人的描述里,詹敦仁深谙堪舆之术,从凤城到佛耳,不似他的归隐出世之路,更似他在苦心寻觅一块子孙后代兴旺发达的风水宝地,因为他一路都在查看山形地势中蕴藏的玄机。起先他在湖头看到一双抱山,叹道:"可惜,双抱山会造成男女混杂,伤风败俗",而湖头平原四周高山龙脉聚而来拱,但正是这里龙脉过多,每到夏天过旺的龙气不易散便会导致瘟疫,所以他继续西进。来到三洋,四周山峰次第相连,本以为是个能出"十八条龙袍"的地方,可惜来到水尾一看,发现溪水落漈过早使地力变轻,有可能是出"十八条袈裟",又忽见远山四合,峰巅散碎,状如袈裟,心中顿生不悦:山势似袈裟,儿孙穷如僧。当他准备到佛耳山佛天岩一块叫"七星坠地"的宝地建房时,晚上佛天岩"九座祖师"托梦给他:此地是佛家之地,不是你詹氏定居之地,并告诉他"鹧鸪啼,鹿运池,风吹茉篱竹扫地"即是他梦寐以求的宝地。后来"鹿运池"处建起祖宇"花心穴","鹧鸪啼"处是二世祖宇,"风吹茉篱住扫地"处营筑"灵惠庙"。灵惠庙内设有祖师公神位,春秋四季以祭牲礼。就连佛耳山本身在詹敦仁眼里也是一个"向天蜡烛",风水龙穴,后来,他的儿媳葬在此处,千百年来,詹氏在海内海外开枝散叶,每年农历八月初一到十五,人们都负上白沙一袋,填于茔上,作为"添油",而且有求必应。①

如果说詹氏族人的口述正如现今安溪任一小庙中一杯朴野的茶,那么詹敦仁自己写的《清隐堂记》及关于佛耳山的诗作就像一杯桃花源中水泡出的清茶。《清隐堂记》中区分了这个"清"字的两种境界:一是适于耳目之外的清,"烟收雨霁,云卷天高,山耸髻以轩腾,风梳木而微动。殆若晓妆睹镜,夜籁沉声,寒泉聒耳,夏玉鸣琴。非宫非羽,五音不调而自协;不丝不桐,五弦不抚而自鸣。"②二是得之胸襟之内的清,"饥餐饱适,遇酒狂歌,或咏月以嘲风,或眠云而漱石。是非、名利、荣辱、得丧,皆不足为身心之害"。③他认为后者才是"真清"。在其诗作中,詹敦仁痴迷于山,甚至到了"甘向西山饿""爱山成癖自忘归"的地步,但不是因其蕴含的风水和能带给族人的运势,而是它与人"非主亦非宾"的关系,他曾"举杯邀佛耳",也因"不见佛耳面,愧汗不开颜"。此外,还因为与他志趣相投的僧人都在这深山白云之中,清隐堂与佛耳山相背,詹敦仁因此迁居侯洋,但他在佛耳山留下的两处故址终究还是没能脱离与佛道的关系。一是清隐堂改为清禅院,他的旧居让好友行钦和尚居住,名为"介庵",后来留从效施旧宅建封崇院,以养僧徒,拓展介庵为清禅院,劝化里林氏等乡绅,家田资以给僧徒衣钵之用,院祠有"清禅旧隐古名儒"的诗句,不过,后来清禅院又演变成灵惠庙。二是詹敦仁在佛耳山最高处筑的望云亭,有苦行者来此,直面九峰,改为"九仙岩",宋代又有两位僧人来此修行,功德圆满后,腾空而去,又更名为"罗汉岩"。

清禅院、灵惠庙是因詹敦仁而起的佛道与民间信仰,詹氏宗祠凝聚的是闽南传统的宗族观念,城中的开先祠则表现出官方和士人对他的崇奉。早在詹敦仁隐居佛耳山时,县中吏民就为他在县衙内大厅之东立了一座生祠。他死后,吏民"道路号泣,立像作佛事者七日",第二年,为了方面士民祭祀,把它迁到县衙东界外,官方举行祭典,"朔望县贵祇谒,春秋奠享与社神",而

---

① 安溪开先县令詹敦仁纪念馆筹建理事会编:《詹敦仁学术研讨资料:詹敦仁与民俗文化》,第6~8页。
② 安溪开先县令詹敦仁纪念馆筹建理事会编:《詹敦仁学术研讨资料:詹敦仁与民俗文化》,第30页。
③ 安溪开先县令詹敦仁纪念馆筹建理事会编:《詹敦仁学术研讨资料:詹敦仁与民俗文化》,第30页。

且免除去其家丁役。民众更是崇奉如神,即使没有牺牲香烛纸钱,去求签等等也很灵验,而这恰好体现出詹县令的"清廉"。安溪置县后的首位进士张读(1066—1145年)在《清隐祠堂记》中写道,北宋末年,开先祠被迁于城隍庙,而且享祀之礼都被废掉,家丁役也不再免除,这事不仅使士人们很愤怒,而且旧祠故地新建的衙门县令也不敢去住,最终只好把祠迁回,恢复享祀之礼。① 公元1267年,在乡绅林济川等人的努力下,朝廷敕封詹敦仁为"靖惠侯",赐庙额"灵惠",但县中的开先祠并未改成灵惠祠,反而是佛耳山立了灵惠庙。明嘉靖年间,詹氏子孙詹源从云南宦归,在县令的帮助下,重修了开先祠,万历年间,詹氏子孙詹仰庇退休还乡,再次重修了被倭寇侵袭所毁的开先祠。清代的开先祠尽管没有了官方祀典,却是县里唯一保存的单独的名宦或乡贤祠,其余基本被废。直至民国,安溪县警察局局长企图把它改为警察局,詹氏族人告到江西南昌国民党行营,行营让查办此事,并在县署前东边立生祠一座,举行春秋二祭。

这位开先县令的人生史,也是安溪由茶叶发散出的民间信仰史、隐士僧侣史、官方士大夫史。上文所描述的我们今日在安溪所见的民间日常之茶、文人士大夫之茶与宗教超越性之茶,并且努力寻找和试图使它们回归的"传统",其实早已蕴藏在这位开先县令的人生轨迹与其社会交往的方式之中了。

(二)从茶亭到觉亭

詹敦仁为安溪建城,但除了外安溪的城池,还有内安溪"朴野"的山川。安溪有众多名山名岩,这些山、岩之所以闻名是因为其上来了仙人、禅师、隐士、名僧、道人,还因为这些禅师、隐士或名僧道人留下的茶诗。山岩、茶诗与异人相辅相成,山岩生产万物,当然也包括茶,并引来异人,异人因茶而生发诗兴,其异能与茶诗又赋予山岩以灵性。

在这众多山岩中,清水岩与安溪茶叶的历史渊源更为复杂。岩上有一座茶亭,古时只是一座小茶棚,宋代,清水祖师祈雨、治病等灵验已扩大到南

---

① 安溪开先县令詹敦仁纪念馆筹建理事会编:《詹敦仁学术研讨资料:詹敦仁与民俗文化》,第50~51页。

安、永春等周边的县,乃至成为漳泉两郡的守护神,到清水岩的善男信女日渐增多,小茶棚改建为茶亭。茶亭在明、清、民国和建国后历经几次修缮,每次修缮的缘起都脱离不开安溪自身的风土人情,当然也离不了茶。明万历年间,廖同春以举人任安溪知县,因官场纠纷错综复杂,又遇着些舞文奸猾的人,他弃官而归以求洁身自好。但是,廖同春在任期间做过一件意味深长的事,他捐出自己的俸禄,修葺清水岩的茶亭,又改名为"觉亭",在亭前开辟"觉路",直通岩殿,并写下《觉亭》诗一首以咏志:"一落笼樊岁屡更,几将五斗负平生。行看觉路通仙路,静听泉声杂梵音。丹壁留名云吐润,琳宫对涧鸟传笙。同游尽是烟霞侣,千仞岗头好结盟。"① 著有《名山藏》《闽书》的万历进士何乔远登清水岩为此写下《觉亭记》,其内容有三,首先记述祖师神通灵异,降服山中诸鬼;其次感叹亭之胜景,"岩径幽邃逶迤,有亭翼然,其前阴翳郁郁,凡陵麓之变幻,溪涧之浮沉,俱在几席下,是名茶亭,然则岩中之神与其胜观,清溪一大奇也";最后是升华何以为"觉",信奉佛道的何乔远认为,但凡天下之物,都应以彼入我,而非以我如彼,以我入彼会使神瘁感昏,而以彼入我则神澄而用变,还惺转念,一觉即是。② 由此可见,这座小小茶亭是极具包容性的,能容下求仙拜神者在此小憩饮茶,能使世外高人在"山亭偶憩烹云雾",更能使人超越山水,"笑指松原佛手栽,烹将新茗韵清叠",而达到彼我一体或物我两忘的佛者境界。难怪在廖同春、何乔远这些官员士大夫眼里,茶亭是使迷愚者"觉"的醒世之地,在"道所不及化,法所不及惩"的漏洞处担当着教化的功能。清光绪年间,江西人廖廷珍任安溪知县,据说他重儒林,好吟咏,他再次重修觉亭,并写下《重修觉亭记》,"亭以茶名,岩中胜景",而他亲自重题"觉亭"二字以表明不忘廖同春重修茶亭并改为觉亭的事。民国十五年,乡绅刘馀、张典真等出洋募捐重修,并开垦岩山茶畲为岩业;1981 年,华侨刘发炎捐资重建,此时兴建觉亭的主要财力资助从本地的官员士人已转变为出洋的华侨,他们之所以肯出资重建这么一座亭子,背后是一部安溪人的出洋史,也是清水祖师信仰随着他们的足迹在海外尤其是东南亚的传播史。

---

① 清水岩志编纂委员会编:《清水岩志》,泉州市文物管理委员会,1989 年,第 324 页。
② 清水岩志编纂委员会编:《清水岩志》,泉州市文物管理委员会,1989 年,第 451 页。

这座以茶为名,以觉为道的小亭,关联着安溪的佛道、士人与邑民,串联起安溪海内与海外的世界,也着实沟通着俗世与仙界:亭之下方是芸芸众生相,过了此亭,便走上"觉路",进入拜神悟道的神圣场所,而这两个世界的分隔,不过是小茶亭中一杯茶。茶亭是觉与未觉的分隔点,也是民间信仰、士人情怀与佛道境界的融合地,静止的茶亭与亭中之茶似乎有种以静代动、以不变去应万变的力量;茶也有流动的,岩上的茶与岩下的茶在每年清水祖师下山巡镜与众人上山朝圣的仪式循环中,进行着功能与意义的转换,通过茶的这种转换,山上山下神俗两个世界

觉亭,虽已成为验票处,但在此"验票"似乎也暗合这里是一个临界点之意

的等级被不断再确定,但恰恰也是因为茶的转换,使两个世界建立起了联系。

　　清水祖师经过南宋皇帝的四次敕封、赐下山绕境三日,古时应由县官亲自主持绕境,按照县衙依仗排驾,但为使仪式不与县衙事务冲突,后由县令授命拈得"大旗"股的推出一名长者代行职责,立官衔"清水巡境司",绕境迎春就照此例执行至今。所谓的"股"是指今蓬莱镇平原及金谷镇的汤内、涂桥按照姓氏居住地的人口和自然条件分为顶、中、下三个庵堂,各个庵堂再分出三个保社,每个保社组合三个佛头股,每年清水祖师的绕境活动从每个庵堂中各选一股轮值。"大旗股"则是抓阄拈得"大旗"的佛头股,清水祖师

清水祖师道场

巡境从此项准备活动开始,而茶的踪影也出现了,它在整个过程中主要现身五个场合:挖大旗、请火、下山、入轿和巡境。首先,拈到大旗的佛头股推出旗头、旗手二人,在正月初二到指定地点挖"大旗竹",挖掘前须按俗例准备"茶古鸡酒饭",茶古就是茶壶,敬奉守护大旗的福德正神,祭祀完毕后才能挖竹。其次,清水祖师落座绕境前,仪仗队要去觉亭外的三忠庙请三忠火,把三忠火请到岩殿前后,再在佛前请祖师公火,这时,宴僧奉上清茶三杯,跪在佛前念诵:"恭维太岁某某年,正月初×日早,恭迎清水大师,敬献清茶三杯,伏乞恩主一半下山绕境,一半守护山岩",然后把火一半拨入火鼎,一半留在岩灶中。整个仪式过程中,唯一由清水祖师向俗人献茶,是在清水祖师坐便轿下山到鹤前村的"头干庭"时,举行敬献茶花的仪式,其余均是相反,由俗人向祖师奉茶。据传,清水祖师献上茶花108朵,花朵由新纸扎成,其中白色茶花72朵,摘得者会生男孩,红色茶花36朵,摘得者会生女孩。这些花都扎在一株茶树枝头上,献花时被信男善女们争抢摘光,只剩下茶树进入巡境阵容中。接下来是在恭请祖师进入大辇轿的时候,要在案桌上排好清茶、米酒、清菜等,由岩僧敬奉祖师。最后是在巡境的仪仗中,要有人抬着献花后的茶树枞。除了每年的迎春巡境,除夕正月以及请神分炉时,也必须有茶。每年除夕,岩僧要备办清茶、米酒、五果、清菜为清水祖师做过年;正月初一子时,岩僧备办清茶五杯、糖品五色、礼炮若干,为清水祖师及众神贺新年。各地首次建清水祖师庙时,要回清水岩祖庙请神,准备好辇轿、香炉和敬物,敬物就包括茶、酒、鲜花、水果和青菜。而在清水祖师的佛诞祭典上,法师上香后,献寿面寿桃,表示佛寿无疆,献花,表示大地回春、风调雨顺,献茶,表示玉叶生香、国泰民安,献果,表示硕果累累、万事如意,献金帛,表示财源滚滚、金玉满堂。

茶亭之上的佛家之茶本是最清净和超脱俗世之物,但最终化成与佛家最为对立的生育力,无论生男生女,天然的茶花仿佛成为一粒粒生命的种子,山下芸芸众生的生命是从山上通过茶树撒下的,在这个意义上,山上茶是山下命的缘起。而俗世之茶本是最平常和凡俗之物,但最终升华为与佛家最亲近之物,成为滋养祖师及众神神像(此处的神像也可视作是他们"身体"的象征物)的养料,它与酒、饭菜、香烛等一道是供养祖师及其众神灵,使其延续神性的不可或缺的物质资源,因而某种程度上,山下茶也是山上神的源泉。从宋代当地士人刘公锐捐出山林田产在岩上建立清水祖师庙,至明清、民国以来安溪地方乡绅对茶亭的修缮、题咏,以及民众上山对清水祖师的朝拜,这条线索上接以詹敦仁为代表的三种人文传统,也一直在安溪的地方文化中延续。

(三)乌龙:农夫、士族与神灵

外安溪的城中邑民,内安溪的山川僧道,以及跨越在这二者之间的士人,他们共同开创了安溪茶业的三股传统,铁观音所属的乌龙茶的创制依然没有脱离这一传统的格局。乌龙茶的创制相传与一位名叫苏龙的人有关,但关于苏龙的身份以及乌龙茶的发现确有不同的传说。对于乌龙的身份有三种说法,一说是在魏月德所撰的《铁观音秘籍》中说他是明成化年间崇信里贺厝乡松林头,即今天的松岩村人,原名苏良。元末北方战乱,加上泉州在宋元时已是商贸大港,所以北方人纷纷流入闽地,有位苏姓员外携管家和仆人辗转迁来安溪贺厝安居。时过境迁,苏员外一家渐渐坐吃山空,于是引导子孙开垦荒山坡地,种田种茶,从书香门第转为男耕女织,或者比起纯粹的农民,至少是"耕一读之家"。苏良正是贺厝苏家的子孙,除了种田管茶外,还善于打猎。① 第二说是在王文礼等人编的《安溪茶叶大观》中讲到,明末清初,安溪西坪尧阳南岩山麓,住着一位隐退的打猎将军,单名唤"龙",他常年上山打猎、采茶,皮肤黝黑,乡亲们叫他"乌龙"。② 第三说还是在这本书里,乌龙原本是东海龙王的第六子,因不满父王向水族兄弟征收逍遥捐,犯忤逆大罪,被化身为鳗,贬到安溪蓝天朝天山的深潭受罪。③

乌龙茶采制工艺的发现主要有两种传说。一个故事是,一天,苏龙(或乌龙)上山采茶打猎,采完茶叶的他猛然看见一头山獐从不远的地方跑过,他腰系茶篓,手持猎枪追赶山獐,最终打中山獐,回到家中宰杀,忙碌之中竟忘了采回来的茶还未炒制,直到第二天才想起来,却发现其茶青叶边变红,叶质柔软润滑,有一股奇异的香味。后来他终于明白是茶青在茶篓中经过抖动,叶缘撞来撞去才会形成红边,有了红边所制作的茶叶才能形成天然花香味。而另一个故事则带有神话的色彩,传说很久以前,在蓝天朝天山顶,住着一对靠打猎和种茶为生的徐姓妇女。一天,女儿娇娇在山涧洗衣时发现一尾鳗鱼朝她摇头摆尾,便把它带回家去。回到家中,娇娇只发现父亲留下的血迹,鳗鱼告诉她,她父亲被强盗抓走了,第二天,乌龙现身为一位英俊的青年,拉着娇娇腾云上山营救她的父亲。可惜强盗已将他杀害,乌龙大怒,挥剑杀尽强盗。乌龙同情娇娇无依无靠,从怀中掏出一颗宝贝,说这是他前年跟随父王遨游月宫时,观音娘娘送的,它叫茗茶子,是月桂的孪生妹妹,只要落地就可长芽,它的叶能治人间百病。乌龙又将制茶方法传授给娇娇。

至于乌龙茶如何传播,接下来也各自有不同的故事。在魏月德的书中,乌龙茶的传播是靠一位和尚,在贺厝乡土岩庙即今天的松岩村中部,有一位

---

① 魏月德:《铁观音秘籍》,北京:人民出版社,2010年,第8页。
② 凌文斌、李启厚、王文礼:《安溪茶叶大观》,香港:国际华文出版社,2002年,第18~19页。
③ 凌文斌、李启厚、王文礼:《安溪茶叶大观》,香港:国际华文出版社,2002年,第146~147页。

和尚医术高明,常常为乡民治病,经常到苏良家品茶。苏良把新制作的茶叶送给和尚品尝。一次,一位村民得了怪病,和尚用乌龙老茶冲茶给病人食用,病人因食此茶而康复,从此和尚声名远扬,松林头的乌龙茶也因此名传天下。又说后来有尼姑戏弄和尚,和尚被冤枉,被逼出走同安,后迁往崇安(今武夷山)并传授乌龙茶制作技术。而人们为了纪念苏良,在贺厝高岐立庙供奉他,尊称为"游邀将军",至今松林头法师做佛事请佛时都必然念到"游邀将军"的名字。① 而在王文礼的书中,则是在南岩为乌龙兴建了一座殿堂,成为"打猎将军庙"。在乌龙太子的神话里,乌龙茶同样与救世济民有关,朝天山下瘟疫盛行,乌龙和娇娇摘下茶叶送给乡民,遏制了疫病。娇娇和乌龙准备在八月十五成亲,可是还没等到月圆之夜,乌龙被龙王带走了,娇娇把那棵称为"乌龙茶",与之相依为伴,病了喝仙茶消灾,年老岁终时,把茶树和制茶技艺传授给了人们,乌龙茶由此流传。②

神话传说虽然在讲古,但实则都是在喻今。苏良或是乌龙或是苏龙,要么正巧住在后来铁观音"魏说"的发源地松岩村,要么是在"王说"的发现地南岩,或者干脆脱离这两者的纠缠,到朝天山顶去了。他被"安排"的身份也很耐人寻味,无论魏说的主人公魏荫,还是讲述这个故事的魏说传人魏月德,可以说原本都是地道的乡间茶农,但恰恰要把苏良说成是员外后裔,书香门第的子孙。而王说后人王文礼,本是真正的书香门第出身,在他记录的故事里,却把乌龙描述得十分融入乡民,仿佛就是一个成天与当地茶农一道上山打猎采茶的农夫。第三说中苏龙超脱了前两者,变成了神仙。乌龙茶的传播似乎也沿着俗世与非俗世这两条路线。在龙王太子传说中,乌龙茶的传播凭借的是婚姻,此处是神仙与凡人的联姻,而安溪的另一名茶黄旦的传播也有类似的故事,安溪当地风俗"带青",即新娘子婚后一个月回到娘家,返回夫家时娘家要有一件"带青"的礼物让她带回栽种,以祝愿她像青苗一样落地生根,也有繁衍子孙的意思。安溪茶叶的一条传播路径是姻亲关系。姻亲关系建立在社会之中,而另一条传播路径则是像那位迁到武夷山

---

① 魏月德:《铁观音秘籍》,北京:人民出版社,2010年,第8页。
② 凌文斌、李启厚、王文礼:《安溪茶叶大观》,香港:国际华文出版社,2002年,第148页。

的和尚一样,是通过身处尘世之外的寺庙僧侣们的流动。在实际的意义上,茶通过山上寺僧施舍给山下百姓,从而治疗他们肌体之病;在隐喻的意义上,山上寺僧本身就是山下现实世界的"药",为众人"洗心",而现实与隐喻的双重意义正是以茶为媒介和象征的。这两条茶的传播路径,如果以茶园为分隔带,前一条发生在茶园以下的平原,后一条则处在茶园上方的高山。所以,茶的地理位置也是茶的中介位置的最直接表达。

这是安溪历史中蕴藏的三种与茶相关的传统,或者说当地人观念世界中暗含的三种面向。

詹敦仁一生系于三山,他的出山与归山,构建起外安溪的芸芸众生们"柴米油盐酱醋茶"的市井世界,与内安溪的文人、隐士、僧侣们"琴棋书画诗酒茶"的超越性世界;内与外的横向划分同样也是山上与山下的纵向等级:山下,是柴米油盐果腹后方能饮一杯提升俗世生活滋味的茶;山上,是在琴棋书画尽兴后才会来一杯止住口腹之欲的茶。茶,在地理空间上,是山上与山下、内安溪与外安溪的分隔地带;在象征意义上,是世俗世界与脱俗世界的临界。詹敦仁死后留下三祠,祠中的他既像闽南土俗信仰中懂得很多"迷信",苦苦为子孙后代寻找龙穴的风水先生,又是追求"真清"、不惹尘埃的清隐先生,专注"柴米油盐酱醋茶"的民间信仰与只求"琴棋书画诗酒茶"的宗教融合在这位朝廷敕封的士大夫身上,在这个意义上,他与上述茶的中介意象相通,所以说,詹敦仁奠定了安溪茶的基调。

清水岩半山上的那座茶亭(即觉亭),茶亭之上,是清水祖师等已觉者坐镇之地,茶亭之下,是未觉者的生活;之上的神圣世界是其下世界的周期性雨水和生男生女生命力的源泉,而下面的世界则为其上的神灵们提供节庆和日常的滋养之物。完成这种交换的是茶,是清水祖师巡境仪式上撒向山下的一百零八棵茶枞,是善男信女们供奉上的一杯杯清茶。而真正组织起这种交换的是人,是檀越主刘公锐,是使茶亭千百年来屹立不倒的廖同春、何乔远、廖廷珍这些乡绅们,而他们身上何尝没有詹敦仁的影子?因此,茶再次与这群人等同,安溪茶的境界也在他们身上延续。

乌龙,在王士让这位士大夫的后人书里,他是农夫兼猎人;在八辈农民魏荫的后代魏月德口中,他是世家大族后裔或退隐将军;或者干脆跳出这二者,变成龙王之子。乌龙茶的传播,要么是通过山下婚姻中"带青"的土俗,

要么是通过山上僧侣们的云游,此处,詹敦仁为后代看风水、求兴旺的风水先生面孔与佛耳山中清隐先生的面孔似乎回光一现。

这三种传统勾勒出安溪茶叶的人文世界,也代表了它的三种茶韵。成于同一方"风土"中的铁观音,当像佛耳山中茶、清水岩上茶、乌龙创制的茶。在这个意义上,现在争执不下的铁观音王说与魏说谁更"真实",观音与乾隆"谁大"并不重要,我们何曾理清过詹敦仁究竟是风水大师还是陶渊明,刘公锐、何乔远到底是乡绅还是佛道中人,更不用说乌龙是神仙、农夫还是名门之后;因为他们本身就跨越于这三者之间,这恰是安溪的茶与茶人真正实现"物我一体"之处,也是安溪围绕茶建立起的物、人、神三者共存的观念世界的丰富之处。

六、结　　语

以上报告从铁观音的种植与制作技艺入手,勾勒出在其从自然植物到文化造物的转变过程中,它与自然界的周边之物、与做茶的人、与安溪深厚而丰富的宗教信仰三者间的关系。接着,在报告中,我们借助调查所获资料叙述了当铁观音加工成文化造物以后的品饮,通过所选择的器物,在品饮过程中人们建构起的对过去与现在、生活与仪式、等级与超越性等的认识。我们也对"茶敬天地神祖先"中展现的神圣性,对喝铁观音的人文状况作一番阐释。无论是制作技艺还是品饮方式,都是安溪当地"社会历史条件"的产物。最后,我们在报告中回归到安溪千百年来与茶相辅相成的几种人文传统,分析其奠基性的作用,我们认为正是这些人文传统对于人、物、神之间关系的神话式论述奠定了其后安溪茶业的发展基调,并且形塑了今日的安溪铁观音茶业。

在调查研究过程中,我们对铁观音的种植与加工形成了一定程度的直接经验,对与铁观音相关的历史与神话式叙述也形成了一定程度的间接经验。这些经验带给我们诸多启发,使我们认识到,至少就其传统而论,铁观音不简单是一种"农作物",而是一种具有高度人文价值的"文化之物"。对这一物的生产和消费的考察,使我们领略到了安溪这个"茶叶原乡"人—物、人—人、人—神关系的总体面貌,我们为其蕴藏的深厚人文内涵而感动,并由之而生发了对于近代以来中国文化处境的反思。

关于安溪茶业发展的访谈中,我们发现现今的铁观音茶业存在诸多问题:传统制作工艺遭遇机械的介入、农药化肥等现代农业技术对铁观音品质的影响等,总之,以手工来遵循和释放茶性的这一"传统"正在被各种现代事物所取代,这正是安溪茶业面临的转折点之一。"三机压死安溪",即割茶机、压茶机、拣茶机一系列现代发明取代手工,既然它们是机械,当然就没有上述人工对于茶、人、神三者关系及合配的观念与实践,其结果就是陈木根先生说的"香韵失去,品牌掏空。背离了传统的十几道工序,就不可能将植物的本性挖掘出来,只能展示其滋味和香气的片面性"。这其中有人的惰性,也有其奴性。一是为迎合国内市场,为了让喝惯绿茶的人喝铁观音,便创造出水百花香等背离铁观音传统正味的茶,不惜削足适履;其次是为出口国外市场,"我(陈木根先生)告诉他们,他们只是作为日本的原材料提供者和殖民地而已,如果日本门槛提高,就完蛋了。"市场的多样性与铁观音一样,都是无限的,有人说,以前不喝铁观音,因为太贵,现在也不喝铁观音,因为太便宜。只有把铁观音自身的无限多样性真正地展现出来,才经得起市场的变化。

铁观音虽是一种日常饮品,表面上看是经济之物,实质上含有深刻的文化内涵,与古代中国传统里处理天—人、人—人、人—神关系的智慧相通。一泡铁观音当是"阴阳造化"。"阴阳"可以理解为自然天成,一株铁观音是在与周边的山形地势、动物、植物的整体关系中生长出来的;也可以理解为人把茶由自然之物变为文化造物的技艺,男女的分工、茶叶的变化都用阴阳、生死来形容;还可以是信仰,冥冥之中造就这棵神树、决定茶人命运的神秘力量。三者的合配才能完全释放出作为文化之物的铁观音的内涵。上述铁观音茶业存在的诸种问题恰是割裂了它与这三者之间的人文关系。

铁观音所代表的文化精神与19世纪以来中国文化的命运是息息相通的,当时包括茶业在内的中国的各行各业遭受了西方现代化的沉重打击,使得在后来的百余年里,奋起直追般学习西方,从"赛先生"到"德先生",从"中学为体、西学为用",到20世纪保留中国文化之根的努力被视为落后甚至反动,铁观音和其他的工农产品一样,其物性、人性和灵性以及三者间的关系被机械般的物质主义、科学主义所取代。传统被斥为落后,以机械为表征的现代化似乎要进化出一个全新的中国,而经过百余年的进化,今天,安溪的制茶机械甚至比西方都先进,中国似乎比很多西方国家都更为努力地奔向现代化。追求绝对主义的现代化,这一过程也是包括制茶技艺、饮茶文化在内的传统不断被边缘化的过程。

"对人来说,吃向来不是'纯生物学的'活动。被吃的食物有它们的历史,其历史与那些吃它们的人的历史有关系;而那些被用来发现、加工、备料、上桌及食用的技艺,也有自己的历史,并且也有文化上的差异。食品从来都不只是简单被吃的;食品的消费总是受到意义体系的规定"。① 在这个意义上,对铁观音的品饮是一个历史的、文化的、社会的过程。

安溪历史上的三种人文传统,似乎为后世对铁观音的品饮定下了历史基调。在关于铁观音发现的"魏说"中,魏荫家是世代农民,但他与铁观音的渊源却又充满宗教色彩,他拜为观音的义子,又得观音托梦才发现这棵旷世奇茗。这个梦伴随着铁观音的历史延续了三百年,魏家的第九代后人、仍旧是个地道茶农的魏月德也曾神秘又很自豪地告诉我们,在他的茶园里,他为铁观音所立的那尊铁的观音像,也是因观音菩萨托梦给他,机缘巧合下购买所得。如果说在魏月德这类茶人身上我们看到的是闽南佛道正统宗教与民间土俗混杂信仰的融合与延续,那么,"王说"中的发现者王士让却是一位像詹敦仁、李光地那样的士人。魏荫在山上种茶,而他是在山上读书,魏荫的茶是借助观音菩萨的神力,而王士让的茶是得乾隆皇帝赐名。在我们还未进这两家的茶店喝茶之前,我们的向导、一位年轻漂亮的安溪姑娘许雅芬就对我们说,魏月德的茶店,无论装修风格还是他本人的形象,一看到真的就让人想到茶农魏荫的土俗形象,王士让的传人王文礼和他经营的八马茶店,却让人感觉很洋气、一副文化精英的派头。魏月德说他的茶最贵的十八万,最便宜的六十块,慈善茶,他就是要让任何人都喝得到铁观音。王文礼的八马茶店则是做"政商礼节茶"。魏家茶店的经营模式更像家族式的,魏月德是它的族长也是师傅,成员和他之间是亲戚、师傅与徒弟的传统师承关系,而王家是现代化的集团管理方式,产品、店面的设计、宣传、营销等等都分门

---

① 王铭铭:《心与物游》,桂林:广西师范大学出版社,2006年,第146页。

别类地有专业的团队。安溪历史上的人文传统依然在影响着它今日的各种饮茶风格。

王士让的书斋及画像

罗杨摄

书斋旁边王士让发现铁观音的地方

翟淑平摄

魏荫像

魏荫的祖居地,魏月德站在他引以为豪的房子前

罗杨摄

这座城市也在努力营造铁观音的文化。兰溪河畔的石头护栏上,每一块栏板都刻有一首与茶有关的诗词,据说有好几万首;当地围绕铁观音也组

织过多次主题征歌、征文的活动;这里也有茶叶博览馆、专业的茶艺表演队、茶学院。但文化其实有更广泛和更深刻的内涵,它可以是物质实在,诸如人们生活中的衣、食、住、行,也是抽象层面的,比如宗教、艺术、法律,甚至情感。它是一种具有历史深度与社会广度、代代相传的意义体系,这个体系通过上述两个层面将传承的观念表现于各种形式之中。通过文化的意义体系,人与人得以相互沟通,绵延传续,并发展出对人生的知识和对生命的态度。文化的内容即是意义编织成的"网",并不是这张网覆盖着社会生活的方方面面——它并不外在于社会,而是它编织了社会生活——它就是我们的社会生活。人们现实中的一切经历,无论思维或是行为,实则都是游走在这张网络上,它是看待世界、思考世界和察觉世界的方式。安溪历史上有丰富的文化资源,即它各种不同的人文传统,它们孕育出民间日常之茶、文人士大夫之茶与宗教超越性之茶。相比空有形式而无实质内涵的各种文化"包装",山里一个普通老农用粗陋的茶盘很认真地泡一杯先敬神再敬客的茶,似乎才是真正支撑安溪茶文化的意义体系。

"不是茶不好,是这个社会坏掉了",这是我们在安溪时常听到的茶与社会关系的表述。魏月德这个山沟沟里土生土长的茶农后代,现在正在搞一场"造神"运动——修一座供奉观世音、陆羽、魏荫的神庙,因为,用他的话说:"这个社会坏掉了,需要用茶来救它。"他也曾经意味深长地反问:"观音和乾隆,谁大?"言下之意不言而喻,与普度众生的观世音菩萨相比,乾隆皇帝无论管辖范围还是神人等级上毕竟都差了一些。在这个每一次人生转折点上都伴随着电闪雷鸣等异象的茶农身上,似乎有种闽南最土俗与最超脱信仰的两极混合,这种混合使他通过造神和造茶来救世。然而,现在安溪城中无论大小茶店,论证自家茶叶身价的方式总是通过墙上悬挂的茶主人在为某官员泡茶的照片,官员的级别越高,茶的等级也跟着上涨,这一张张合影与三百年前乾隆与殿前的南岩士子王士让围绕铁观音发生的故事结构多么类似。但不应忽略,王士让除了御前奉茶,还修《仪礼》、注过《六经》,他仍是要仪礼济世,即他并没有脱离魏月德道出的"茶与天下"的境界。观音与乾隆的分歧,似乎少了安溪历史上不同人文传统之间相互包容与渗透的关系,而以"王说"为代表的具有士人传统的这一脉茶,反而在远离自身的历史文化内涵。

因此,人文状况有好有坏。坏的状况指的是三对关系没处理好,例如,人与自然的关系,人与人的关系,人与神的关系,有时会出现偏差,人过度侵略自然,人的上下关系失去平衡,人缺乏信仰。这些可能也会表现在铁观音的生产和消费上,使铁观音这棵伟大的植物失去它的伟大性。在工艺中,物的人性与灵性正被消蚀。铁观音与周边物之间的自然关系,人通过经年累月苦心琢磨出的技艺实现跟它的共舞、共通、共生,乃至于宁肯留有自身认识的余地而对其怀有的神圣敬畏之心,日益遭受包藏人的惰性、急功近利的机械、农药等的威胁。在品味中,物的内涵正被形式消解。茶叶、茶具、包装、茶室越发昂贵、精致,但这泡茶的内涵能否超越很多安溪人记忆中,小时候亲人随便抓一把散茶,用粗陋的茶具,认真地先敬神再为客人泡一杯茶的滋味?

在调查研究过程中,我们采访了不少安溪本地的文化精英,发现他们对于中国茶文化的这一历史遭际是有深刻反思的;他们对于茶叶的生态性的崇尚,固然不能脱离对于乡土产业的命运的关切,但这一关切背后,还潜藏着某种对于具有更深远意义的思考。这些思考使他们积极活动,推动安溪铁观音事业走出浮躁,进入一个基于自然与人文生态并重的时代。在安溪,复兴以至保卫传统最初是一个民间的过程,近期逐渐得到上层和中间层的关注,例如,铁观音传统的复兴"运动",正在成为一个现象,这具有深刻的历史意义,表面看似经济、技术的问题,实质是文化的。我们认为,安溪这种与铁观音有关的文化精英之行动,隐含着一种新的发展观,对于国家的人文关系定位整体将有重要启发。

◎ 作者简介:王铭铭,北京大学社会学系教授。
　　　　　　罗杨,中国侨联华侨研究所博士。
　　　　　　翟淑平、黄稚雯,北京大学人类学博士生。
　　　　　　孙静,北京大学人类学硕士生。

物与人：安溪铁观音人文状况调查与研讨实录

"中国茶的世界"国际学术研讨会

主要学者：

巴大维（David Parkin）、王斯福（Stephan Feuchtwang）、王秋桂、罗兰（Michael Rowlands）、戴木德（Frederick Damon）、白瑾（Jean DeBernardi）、范笔德（Peter Van Der Veer）、王铭铭、陈志明、王连茂、渠敬东、周飞舟、朱晓阳、马力罗（Roberto Malighetti）、石汉（Hans Steinmuller）、李廷德（Yi Jeong-Duk）、河合洋尚（Hironao Kawai）、丁毓玲、肖坤冰、熊燕女士、罗杨、何贝莉等。

一、会议纪要

2014年5月21日，"中国茶的世界"国际学术研讨会在福建省安溪县隆重举行，本次研讨会为期两天。会议由北京大学王铭铭教授担任学术召集人，与会的专家有境内外人类学界、社会学界、历史学界知名学者。与会的境外专家学者包括：英国的巴大维（David Parkin），王斯福（Stephan Feuchtwang），罗兰（Michael Rowlands），石汉（Hans Steinmuller），德国的范笔德（Peter Van Der Veer），美国的戴木德（Frederick Damon），加拿大的白瑾（Jean De Bernardi），韩国的李廷德（Yi, Jeong-Duk），日本的河合洋尚（Hironao Kawai），意大利的马力罗（Roberto Malighetti）等。国内专家包括北京大学的王铭铭、朱晓阳、渠敬东、周飞舟教授，中山大学的陈志明教授，泉州海外交通史博物馆的王连茂、丁毓玲教授,西南民族大学的肖坤冰副教授,四川报业集团的熊燕女士,中国侨联的罗杨博士,中央民族大学的何贝莉博士,台湾地区的王秋桂教授等。北京大学、西南民族大学的博士硕士生王超文、孙静、蔡逸枫、兰婕到会聆听、学习,并承担会场翻译工作。研讨会的活动由中国社会与发展研究中心(费孝通研究中心)、北京大学社会学人类学研究所、中国海外交通史研究会、"东亚文化之都·泉州"建设发展委员会主办,由安溪县人民政府承办,由政协安溪县委员会、福建省泉州海外交通史博物馆及安溪各大茶企协办。

在研讨会的开幕式上,中国文化部、泉州市、安溪县领导首先致词,北京大学教授王铭铭及英国伦敦政治经济学院教授王斯福随后从个人的研究经验讲起,说明了自己与安溪的深厚渊源,表达了参与本次研讨会的欣喜。在嘉宾讲话结束之后,所有与会人员移步至会议室,开展研讨学习。本次研讨会主要由四个部分组成,包括主旨演讲、比较视野中的茶文化、中国的山水意境与"周边"茶文化及中国发展道路中的茶。这四个部分以茶为中心展开的讨论,在以下几个方面形成了特点突出的成果。

在中国文化自觉的学术背景下,会议首先探讨了安溪铁观音的现状、历史和人文状况。主旨演讲人加拿大白瑾教授通过她在浙江、江西、武夷山看到的龙井茶、岩茶的近期发展,发表了《物质性认同与中国茶文化的人类学研究》。在论文中,白瑾通过列举武夷山的禅茶文化节、印象大红袍等文化现象,认为物质性的茶获得了社会生命,演变为影响广泛的茶文化现象。北大的调研团队罗杨博士、孙静硕士在此基础上陈述了安溪铁观音人文状况调查的收获。调研围绕"人文状况",从人人、人物、人神三对关系入手考察铁观音在安溪地方社会的人文意义。透过铁观音的研究,认为安溪历史上有丰富的文化资源,孕育出民间日常茶、文人士大夫茶与宗教超越性茶。而铁观音传统的复兴运动,表面看似是经济、技术问题,实质上是文化的,宗教的现象。

第二个方面,本次研讨会重点探索了中国茶与周边国家和地区在历史和文化上的关系,同时也探讨了中国茶与更遥远的一些国家与地区的政治、经济关系。来自日本的学者河合洋尚发表了《日本茶道和潮汕功夫茶的比较》。他首先梳理了日本茶道的兴衰历史,及日本茶文化的特点。并且认

为,中国功夫茶的分布具有文化区域的特征,且在茶道实践中与日本茶道存在差异。日本茶道的阴阳五行思想更为明确。韩国学者李廷德在《韩国茶文化与中国之影响》的报告中则延续了比较的视野,分析了韩国茶文化现象中受中国影响的因素。东亚学者阐述了中国茶向周边和世界其他地方传播的过程中发生了文化关系,而德国马普研究院族群与宗教研究所所长范笔德教授则基于对清朝末年鸦片及茶在东亚与欧洲的贸易状况的分析,从政治经济学的角度,提出了清代、英国两种宇宙论的比较。大英学院院士巴大维、西南民族大学教师肖坤冰在此论述的基础上,发表了《茶的高低:中国与东非的比较》,进一步地从历史人类学及比较研究的视角,阐述了世界通过茶联系起来,却不妨碍不同文化(如印度、肯尼亚、欧洲各国、日本、韩国的文化)保留自己的特色。

  第三个方面,不少论文讨论了茶艺以及与茶艺有关的众多文化现象,这些研究从物的角度,探究茶与周边构成的关系,本质上属于对文化体系的研究。除了白瑾对近期涌现的中国东部的茶文化现象的关注之外,伦敦大学的罗兰教授以茶马古道上的文化遗产为切入点,分析了丽江茶艺馆的文化现象。安仁博物馆负责人熊燕则从安仁博物馆镇的茶艺说起,将自己的人生体验与茶结合在一起,描述了西南城镇以茶为中心的"慢生活"。中央民族大学的博士后何贝莉博士发表《西藏茶文化印象》,论述了西藏茶及茶器具的两套象征系统,以及茶在贸易流动过程中文化表征的变迁。以上三位学者都是从中国西南的茶文化现象出发,比较中国东部的茶文化,尤其是安溪茶文化现象的异同。东西比较视野下的论述使得茶文化现象的探讨更具张力。与此同时,台湾中国文化大学教授王秋桂以台湾永康街茶文化为例,向与会者介绍了永康街以精致文雅的小茶铺而形成的独特茶文化。泉州海洋交通历史博物馆学者王连茂、丁毓玲及中山大学特聘教授陈志明以《泉州茶文化的发展、变化与再创造》为题,向与会者提供了泉州茶文化的个案。学者王连茂专注明清时期的茶叶贸易研究,认为安溪茶的工艺具有漫长的变迁史。历史上出现的茶质量下降的问题应该引起当代安溪茶的警惕。陈志明教授认为泉州茶文化的茶现象具有传统再创造的特征,而安溪茶叶发展、消费受到台湾等世界经济的重要影响,也具有传统再创造的特征。

  第四个方面,研讨会还针对茶与乡村发展的关系,在发展实践的议题上做出了回应。北京大学社会学系教授周飞舟发表论文《茶与城镇化》,以湖北恩施为例,从劳动需求、耕作半径、种植规模及产业链条四个因素出发分析茶叶种植对人口和产业的影响。同样做湖北恩施研究的伦敦政治经济学院教师石汉在其论文《湖北恩施地区商品作物的引进与商品茶生产的挑战》中,更加细致地分析了茶叶市场中交易双方,劳动力的流动状况以及茶叶的消费状况。因此,周飞舟及石汉两位学者通过自己的个案指出,茶是近年来中国乡村发展的一个重要特色和环节,不仅影响到乡村农业劳作形式的转变,而且在城镇化中也起到重要作用。最后,研讨会通过茶的研究还提出了一些认识论上的启发,北京大学社会学系教授渠敬东将茶与山水画联系起来,通过分析地景来透视历史上不同时期的儒、道、士人的人格世界,从认识论和哲学上提出了一些具有启发性的论述。

另外,在5月21日晚间,研讨会还举办了一个重要的圆桌会议。首先开场由几位安溪地方的乡绅、精英、在茶方面有贡献的人物来做讲解。其中王金章副县长、陈木根副主席、茶学院林金科院长和宣传部谢文哲副部长,分别向大家介绍了安溪铁观音与民生、品味风格与工艺、营养学以及文化定位等话题,同与会学者就铁观音的生态茶的概念、传统工艺与现代机械等话题展开深入探讨,加深了境内外学者对安溪茶文化的见解。紧接着,德国教授范笔德教授与渠敬东教授、王铭铭教授对族群性、文化认同等学术话题进行了比较激烈的争论,争论双方对"人文"的内涵理解不同。

本次研讨会分两天举行,以四场小型座谈会的形式,围绕茶、茶文化现象、茶产业、茶的哲学等多个角度展开探讨,成果显著。总结来说,与会的境内外学者取得了以下三点共识:第一,我们所探讨的如安溪这样围绕茶展开社会生活的社会,不仅仅是自然与经济的现象,而且是社会和文化的现象。因此,从茶文化可以看到一个社会的气质,同样,社会的气质可以通过茶得以表现。茶与文化有密不可分的联系。物质文化的研究应当被更为切实地重视。第二,本次研讨会所提交的历史研究的论文都指出,与茶相关,存在着一个世界性的体系。茶的这一宏观世界政治经济内涵,值得我们进一步深思。在中国历史上,茶不仅与东亚诸国形成关系,而且在近代政治经济的世界体系下,茶具有一个很重要的地位。茶,在内外关系的塑造上起到了重要的纽带作用。同时,茶也是贯穿历史,烙有历史气质的文化物质。第三,

与会境内外学者一致认为,研究茶叶现代化发展应该特别重视不同传统的不同未来,不同的茶叶里面有不同地方社会的传统,茶叶的现代化与发展恰恰是在这个传统的土壤上生长出的"传统的未来"。从这一点来看,关于发展的议题,地方政府应集中更多精力探索基于自身传统寻找自身未来的办法。总之,这三点说明,茶这件事情关系面很大,同时牵涉到一个地方、一个民族、整个世界的变化,我们认识它非常重要。

"中国茶的世界"国际学术研讨会是少见的由国际人类学界广泛参与、由地方政府支持的学术盛会。会议不仅包括以上所述的研讨环节,而且也包括安溪茶文化史迹考察环节。会前,与会学者参观了铁观音发源地、安溪铁观音集团、清水岩、蓬莱镇生态茶园、安溪茶学院、中国茶博汇、湖头镇,并观摩了高甲戏和茶艺表演,对会议召开地的历史与文化形成了一定认识。在参观过程中,有的学者对安溪地方文化产生了浓厚兴趣,有的对这一文化类型在人类学和历史学研究中的重要价值产生了深刻认同。会议不仅为学者之间交流和讨论提供了空间,也为学界与地方精英之间的交往提供了空间。地方精英从学者的学术研讨中获得了对地方与世界之间关系的更为深刻的认识,并认识到学术研究与地方社会实践可能形成的双赢关系。会议被列入"东亚文化之都泉州 2014 活动年系列论坛",得到了闽南地区新闻媒体的广泛关注,获得了社会各界的充分肯定。

(孙静撰稿)

二、会议过程及概要

(一)"中国茶的世界"国际学术研讨会主旨演讲、主题调研

5月21日 10:45—12:40

主旨演讲由渠敬东教授主持,陈志明教授和戴木德(Frederick Damon)教授担任评议人。

1. 白瑾(Jean De Bernardi,加拿大阿尔贝托大学人类学系教授):物质性认同与中国茶文化的人类学研究(Material identity and the Anthropology of Chinese Tea Culture)

我的研究主要关注武夷山岩茶的发展,演讲题目为"物质性认同:当代中国茶文化"。首先,我想向各位介绍浙江、福建、江西等地的茶文化,包括对茶圣陆羽的理解、茶艺表演、茶馆以及茶文化的大众性等方面。而武夷山与大红袍的现代发明将是本次演讲的主要内容,首先是大红袍的社会认知度。在我个人看来,大红袍主要是由精英在消费,而且自毛泽东时代开始就作为一种官方的礼品,可以说大红袍有着极高的文化和商业价值。在2007年,大红袍母树的20克茶叶被中国国家博物馆珍藏,这集中体现了国家层面对大红袍的认可。实际上,大红袍的品牌

白瑾

创造已然经过了几十年的时间,包括从媒体宣传、商标设计等多个方面的努力,而2010年斥巨资由张艺谋导演的"印象大红袍"则把整个过程推向了一个新的高潮。该剧展示了茶的历史、制茶工艺及流程等多个方面,更为重要的是其试图藉由茶来表述对文化和生活的理解。我认为,该剧目中表述了大红袍的来历与民间流传的故事之间的区别,故事大体结构相似,都涉及大红袍的药用方面,但后者更多地把大红袍与佛教(寺院)相联系。

第二部分,我把关注点转向武夷山的天心永乐寺、雕塑公园和博物馆等方面,介绍了包括武夷神、神农、祖先神在内的塑像,以及关于"想象的鸟"的地方茶树起源的传奇。在对当地文化表演的介绍中,我最感兴趣的是表演中的服装和彩车。首先,我认为,通过分析服装设计中包含的商代青铜器图案,可以发现这与江西出土的青铜器十分相似。而对于表演中的七杯车,我认为装饰中富有不同的意象,包括诗人与不朽、阴阳思想、佛像与茶壶等等。最后,我引用了唐代卢仝的《七碗诗》,引出茶的超越性方面,即:"一碗喉吻润,二碗破孤闷,三碗搜枯肠,惟有文字五千卷,四碗发轻汗,平生不平事尽向毛孔散,五碗肌骨清,六碗通仙灵,七碗吃不得也,唯觉两腋习习清风生。蓬莱山,在何处,玉川子乘此清风欲归去。"

总之,我是试图通过观察到的武夷山岩茶的近期发展,把茶定义为一种文化现象。在我看来,当代中国茶文化融合了新与旧、地方与全球、世俗与神圣等多方面的因素,而且是可以分为多个层次的,包括其具有极高的品牌和商业价值,并且在一定程度上可以作为社会生活中区隔的标准。

2. 主旨主题报告:王铭铭(北京大学人类学专业教授)、罗杨(中国侨联华侨研究所)、孙静(北京大学人类学专业硕士):安溪铁观音人文状况调查报告

(详见本书)

(二)比较视野中的茶文化

5月21日 14:00—17:00

演讲由罗兰(Michael Rowlands)主持,朱晓阳、石汉(Hans Steinmuller))担任评议人。

1.范笔德(Peter Van Der Veer,荷兰皇家学院院士、德国马普研究院族群与宗教研究所所长、教授):茶与鸦片的苦涩甘甜(The bitter pleasures of tea and opium)

我最初是做印度研究的,最近渐渐把研究兴趣转向了中国。印度茶的文化与殖民发明、帝国历史相关。但中国茶却是另外一段历史,与政治经济更为相关。我感兴趣的是,文化与政治经济之间的关系是怎样的?印度茶与中国茶很不同,印度茶需要加入糖和奶通过煮泡来饮用,营养价值高。在印度,饮酒是较低种姓的行为,咖啡却只被精英饮用。而喝茶很安全,因为茶是经过煮泡的,所有阶层与种姓都可以饮用它。中国茶是很不一样的茶,与佛教的关系很大。据推测,最早的茶是苦茶,称为荼。茶可以助人清醒。

范笔德

印度与中国虽未直接有关联,但都是两个帝国国家。而茶作为一种商

品,通过荷兰商人贩卖到欧洲,时至今日,茶仍然在很多欧洲人的早餐中不必可少。因此,没有茶和糖,就无法理解英国乃至欧洲的政治经济史、殖民史。茶之所以重要,是因为茶能够较好地吸收糖。之所以在贸易中要以茶代替咖啡是因为商人们要从糖的贸易中获益。因此东印度公司为了巨额贸易利益造成了茶的大量进口。英国政府从税收中大量获利。随着英国对茶的依赖越来越强,英国政府试图摆脱中英之间的贸易差额,于是决定从印度向中国输入鸦片,并在印度开始大量种植茶树。清廷如何介入其中并不是我关注的焦点,我更关注的焦点是地方政府、地方商人是如何在不同层面介入这场贸易的。

鸦片与英国的殖民历史、中国的近现代历史有关。事实上,有两种观点来看待这段历史,一种是政治经济的观点,这种观点关注资本主义如何席卷全球。而另一种本体论或者宇宙观的观点通常关注围绕在鸦片周围的物、人如何互动,人们如何应对被席卷入资本主义潮流的状况。从清廷的宇宙观来看,他们拒绝接受世界贸易,拒绝席卷入世界体系、资本主义潮流之中。清廷是通过朝贡体系来建立与周边的关系,并确立中心的权威。政治经济和本体论的视角缺一不可。清廷不乐意进入英国意义上的"商业时代",并不意味着它对贸易本身不感兴趣,尤其是清朝的地方商人、地方势力。另外一个有趣的问题是,鸦片到底是什么,用途是什么?在印度、英国,鸦片都被当作一种药物,印度并未因为大规模种植鸦片而酿成巨大的社会动荡。但在中国,鸦片却成为了一个严重的社会问题。鸦片运动常常成为近代中国政治运动的重头戏。当大英帝国在印度的茶叶产量不断增长,英国已经不需要从中国进口茶叶,贸易逆差的状况也不复存在。那么为什么英国还要发动鸦片战争?这是非常复杂的问题。我在此讨论茶叶与鸦片的关系,并抛出了这个问题,期待在以后得到更深入的探讨。

2. 巴大维(David Parkin,英国人类学学会前任会长,牛津大学万灵学院院士、大英学院院士)、肖坤冰(西南民族大学副教授):茶的高低:中国、英国和东非的联系与区别(High tea and Low tea: Chinese, British and East African connections and contrasts)

最早的茶树及茶叶种植可追溯到 2000 多年前的喜马拉雅山脉东侧地区。当时的茶主要是药用。在唐朝时期(公元 620—907 年)这种植物被中国商人带至中国西南地区开始大规模种植培育。茶叶被压制成"茶饼"状至今仍在中亚地区贩卖传播。制茶及饮茶的技术从中国传播至世界各地。

日本被认为是继承了中国茶艺文化最丰厚的国家。我们至今仍能从它的茶艺文化中看到中国历朝历代对日本的影响。从艺术分类的角度来说,可将唐、宋、明代的茶艺艺术分为古典、浪漫及自然派。唐宋时期的饮茶文化受到佛教、儒教的影响,为朝廷及贵族所推广兴盛。当时很多文人雅士写诗著文赞颂饮茶的好处,这也使得饮茶成为区分贵族阶层与平民阶层的指标。在山西法门寺出土的茶摇铃可以看出茶在唐朝以前是被用来给贵族治病的。茶要被碾成粉末,通过煮泡来饮用。宋朝时期,人们开始热衷于将茶叶碾成茶末来饮用。宋朝时期,中国的茶文化到达巅峰。一方面,饮茶不再局限于贵族群体,开始向下传播。普通人也习惯饮茶,认为饮茶是消除疲劳,减轻压力的重要途径。另一方面,制茶变得更为复杂和精致。饮茶仪式加入了更多艺术的成分,如水墨画,文学诗歌乃至哲学。宋朝的茶产量是唐朝的三倍多,主要茶产地在中国的东南地区。因为该地区的茶叶多选取嫩芽部分,比较符合上层阶层的饮用品味,而西南地区的茶采摘随意,做工粗糙。

巴大维

肖坤冰

由此可见,地理因素带来的空间距离与高低有别的社会阶层与茶的生产与消费之间有某种反转关系。穷人或未开化之人居住在山区,文人或文明人居住在市镇,也就是说,海拔越高,阶层越低。另一方面,"高山云雾出好茶",种植的茶树海拔越高,品质越好,上层阶级越是追捧。

18—19世纪的英国,饮茶也逐渐成为英国上层阶级的爱好。茶叶的进口也逐渐从中国转移到印度,随之转移到肯尼亚。肯尼亚已经成为世界上最大的红茶出口国。在英国,茶叶的药用功效并不重视,人们更关注茶叶的口味、营养等。下午茶在英国的上层女士之间流传开来,改变了之前只有早餐与晚餐的饮食习惯。到了维多利亚女王统治时期,下午茶更加流行,仪式规格也更高。下午茶成为了上层人士之间不可缺少的社交事宜。英国的工人将晚餐称作"高茶"(high tea),因为上层人士喝下午茶所坐的沙发比较舒适,比较低,而工人吃晚餐的桌椅比较高。高茶,意味着晚餐,包括面包、糖、奶、芝士和肉,而不单指茶。肯尼亚的状况也大致相似。因此,不同于中国的茶,英国、肯尼亚的茶在液体与固体、饮料与食物之间摇摆不定。

3. 河合洋尚(Hironao Kawai,日本国立民族学博物馆助理教授):日本的茶道与茶文化——与中国功夫茶的比较

我今天介绍的主要内容是有关日本茶道的概况,日本茶道的历史与现实,以及与中国茶道的比较三个部分。日本茶道大部分都是女性来修习,我的茶道知识来自母亲。茶道被认为是典型的日本文化之一,展现了日本的待客之道。日本茶道的精神是:"和、尊、静、寂"。

茶道在实践过程中有其饮茶的技术,称为"点前"。饮茶开始时,人们在 tatami 上"正坐"。首先要在碗里放抹茶,用开水泡,再用"茶筅"搅拌。客人要拿左手拿碗,将碗转动两次半后喝茶,喝茶后用手指擦干净。

日本茶道也经历了一个漫长的变迁

河合洋尚

历史。平安时代是天皇和贵族掌权的时代。当时遣唐使引进了陆羽的《茶经》,人们把茶当作药来饮用。到了镰仓时代、室町时代,武士掌握政权,随着禅宗的兴起,临济宗的和尚从中国引入了抹茶。为了修养精神,武士阶层开始普及饮茶习惯,斗茶也流行起来。安土桃山时代,士人掀起了反思热潮,更加重视主客之间的精神交流。千利休提出了"和、尊、静、寂"的茶道精神。到了江户时代,本来在士人中流行的高级文化开始慢慢变成大众文化,饮茶在商的阶层中流行起来。到了明治时代,武士阶层解体使得茶道失去了经济基础,因此茶道逐渐成为女子学校的教养课目。现代日本支撑茶道的文化的主要是专业化的团体,例如宗派、俱乐部。

中国的茶道与日本茶道非常不同。中国茶主要是以功夫茶为典型。与中国茶相比,日本茶更注重阴阳五行的思想。在饮茶的空间存在阴阳两个区隔。在阴的空间,要饮用浓的茶,吃湿的点心。在阳的空间里,要喝淡的茶,吃干的食物。空间的属性与茶、食物的属性一一相对。

4. 李廷德(Yi Jeong-Duk,韩国稻作、生活与文明研究院院长):韩国茶文化与中国之影响

我的演讲题目为"韩国茶文化与中国之影响",即对韩国的古今茶文化以及其与中国茶文化之间的关系做了详细的历史梳理。首先,我将介绍在集安发现的高句丽时期墓葬中的茶文化元素,从壁画中可以看出,当时的人们在日常生活中是以茶会友,所饮用的是饯茶(steamed tea),而且茶也是为道家的神灵和佛家的佛陀准备的奉献之物。在六世纪的百济和新罗,茶似乎是从中国进口的,可以从墓志铭中看到茶与茗是对等的,在寺院遗址中则出现了作为"茶屋"的"茶渊院"。

李廷德

接着,我注意到了《三国史记》中的记载。书里认为在公元8世纪,新罗的遣唐使从中国引进了茶叶的种植。总

而言之,在公元10世纪之前,韩国茶文化有下述方面的特点:首先在宗教信仰层面上,茶可以作为以佛陀、菩萨以及祖先为对象的奉献供品,也就是说茶被视为能够请神下界之物;而在世俗生活中,主要的饮茶群体是皇室家族、高贵之人、僧侣以及学者,茶是由君王赐给臣下的贵重之物,而茶是可以净化人的心境和躯体的;就茶而言,不仅物种本身是从中国引入的,还包括茶书、冲饮方法、制作工艺等。

随后,我将重点展示之后两个时期的茶文化。在高丽时代(918—1392年),茶已然成为大众之物。政府专门设立了负责管理茶与相关仪式的茶房和茶监部门,而且为自身设立了专门的茶所。在重要的公共节日中,茶被作为奉献给神灵和国王的官方祭品;而在佛教和家户仪式中,茶延续了其作为供品的功用。值得一提的是,在佛教中倡导的"茶禅一味",使得茶被广泛的视为冥思的象征。我认为,结合徐兢的《高丽图经》,可以看出这一时期的茶文化有一个自上而下传播的过程,而且茶的仪式性使用进一步扩展,从之前的仅作为献供仪礼,发展到以国王、贵族、使者、老人等生者为对象的进茶仪式。而朝鲜时代(1392—1910年)则是茶文化的衰落时期,首当其冲的是被视为佛教文化的茶在"灭佛"运动中被打压,而后则是朱熹思想对朝鲜儒家中的深刻影响,使得茶不再有超越性的意义,最终在仪式领域中以酒取代了茶。但在儒士私人生活和僧侣山野修行中茶文化得到一定程度的保留,茶仍被视为能够净化心境和有助于冥想之物。

进而,我进一步分析了中国与韩国茶文化的不同之处。首先,从传统医学来看,韩国制作茶的过程中保留了茶叶的自然属性"阴",而中国制茶工艺中的发酵工序使得成茶的颜色较深。其次,在韩国并不把茶作为日常饮用,更多的是用于仪式情境。最后一部分,我以当下的韩国茶文化作结。烘制的绿茶在韩国占主导地位,其次则是茶粉,而经过发酵的茶叶在当地并不多见。韩国的茶文化与中国渊源极深,包括茶本身、仪式以及相关哲学思想都是主要来自于中国,但现在韩国的茶文化主要是作为佛教文化的一部分,其超越性的意义已经几乎消失,更多的体现在自我修养、私人品味以及社交等方面。

(三)中国的山水与"周边"茶文化

5月21日 17:30—18:30

演讲由周飞舟主持,李廷德(Yi Jeong-Duk)与王斯福(Stephan Feuchtwang)担任评议人。

1. 渠敬东(北京大学社会学系教授):大观天下:宋元山水画中的文人世界

今天我主要讲的题目是山水画。这个概念与中国的文人群体密切相关,而文人的思想或者修养,要通过一个窗口来释放,这是一个很有趣的现象。

首先,我要提出两个概念,一个是"观",一个是"看"。西方,特别是近代西方绘画中的透视法,是通过光学、几何学、色彩学的原理,通过"看"的方法去了解、描绘自然事物,特别是风景画;中国人实际上则是"由观而看",其实是将自己内心的图景,自己对于世界的理解,由山水画的方式表达出来。所以这是我们首先要区别的一个概念。

中国的山水画从形式上看大体分为两种:一种是立轴山水,一种是卷轴山水。如果一个士大夫家里的画是一幅立轴山水画,它会被放置在正厅的正中间,所以说,山水画实际上和其居住空间的位置是

渠敬东

密切相关的。如果我们用一个动态的过程来理解山水画,我们一进门看到的并非是一个具体的图景和细节,而是"远观取其势"。随着我们步伐的走进,我们会近观,而"近观则取其质"。这个时候我们就会看到一个画山水画之人它的用器和用具之纯熟,相比起"势",这是一个"工"的含义。

至此,我们由远到近,进而再由近到远,就形成了另一种透视的效果。这个效果我们常称为"平远",等会儿会再提到这个概念。那么,我们既看到

了"势",又看到了"质",当我们再侧出身来看它的整体的时候,就会形成一种强烈的纵深感。所以说山水画在平面上构成了一种强烈的纵深的效果,在此呈现出来。

另一种山水画的形式是卷轴山水画,最著名的如《富春山居图》。卷轴山水特别具有文人气:一个人拿着卷轴山水欣赏,左手拿捏右手展开,接着左手收画右手继续展开,观画也成了一个不断持续的动态过程,而且,卷轴山水永远不会把整幅画呈现在你面前。

所以我们说,空间性和时间性,在某种意义上是立轴山水和卷轴山水的两种不同的性质。但同样的,它们都是中国文人心力内在的一个结构。

随着我们对山水画的基本理解加深,国画中的"三远说"就具体呈现出来。比如说郭熙在《林泉高致》里,对"三远"有一个具体的讨论:"山有三远:自山下而仰山巅,谓之高远;自山前而窥山后,谓之深远;自近山而望远山,谓之平远。"

我们从概念上来理解,"三远"似乎很简单;但若我们从"内观"的角度来理解,这件事情就非常复杂。比如说"三远"并不遵循西方传统的透视法,并不是近大远小地合乎一个几何学的规范;"三远"其实代表的是中国文人看待世界的三个角度。它还有几个最重要的因素:一是路,二是水,三是云。路和水构成了两个交互的关联,云则在平远的通透意义上,在组建路水之间关联的气韵意义上,构成了更进一步的关系。所以,山水画描绘的实际上是心与物同游,物由心观。

我们接着讲山水画最重要的要素"势"和"韵"。南朝有著名画家谢赫提出的"谢赫六法":一是气韵生动;二是骨法用笔;三是应物象形;四是随类赋彩;五是经营位置;六是传移模写。谢赫六法要求"不决、不爽、不园、不齐、不严、不恪",包括事物的治理,流变,对整个心境的要求。荆浩《笔法记》所说的"气韵思景笔墨法"也是如此。

山水画大体说来,经历从北宋到南宋,从南宋到元的重要转变。北宋循古法;南宋因为流居在江南,大量魏晋到唐代的古作已经失传,所以南宋用特立的方式呈现出人格和风格意义上的特点;到了元朝,因为政治上的压力,文人在内部的人格结构里产生了巨大的深厚的变化。

2.王秋桂(台湾中国文化大学教授):台湾永康街的茶文化

永康街的商圈的范围非常小，大概6平方公里。1765年开始兴起，在日据时代，永康街以南的昭和町附近成了日本官员居住的场所。日据时代结束后，国民政府开始进驻永康街，永康街兴建了许多官舍。1979年，因为台湾与美国断交的缘故，永康街附近的本地和外籍官员纷纷移民至美国与日本，这些房舍开始出售给当地人。永康街的欧式建筑和日式建筑开始进行改建，集住家与商家一体，并租给摊贩。至1990年代，永康街开始形成商街的特色。永康街与夜市不同，除了吃吃喝喝，还有比较浓厚的文化气息。除了食物，也有许多咖啡厅和高价餐厅，此外还有许多古董店、工艺品店、玩具店和布料店等等。最近十几年来永康街出现了比较大的变化，约有40家大小茶铺进驻永康街，小的只有6平方米左右，大的也不过20～30平方米，经营茶铺的人不纯以盈利为目的，多半是自娱自乐的经营。接下去我们来介绍一些茶庄和茶铺。

虫二茶庄位置比较隐秘，因为有自己经营的茶山，所以他们的茶叶多半由自己供应。耀红茗茶比较有特色，虽然小，但环境比较雅致，外面种些花花草草，里面摆盆栽，格局清幽。耀红茗茶主要经营普洱茶。兴华名茶的时间比较早，在1941年就营业了，店里几户经营所有台湾的茶种：普洱茶、铁观音、高山茶、东方美人、包种茶、冻顶乌龙等等。"回留"原本是家餐厅，现在也经营茶叶，环境设计得比较雅致。冶堂进驻的时间相对较早，在一个老的屋子里。永康街还有很多这样日式的老房子被经营成茶室，虽然空间很狭窄，但有许多花花草草作为装饰。罐子茶书馆是一层四层楼的建筑，两年前开业。地下室、一楼都是茶室，二楼三楼是书店，四楼则有为专门的客人准备的茶席。等闲琴馆不对外营业，实际上是一个教授古琴，以及古琴爱好者聚会喝茶的地方。"陶气"是一家茶具店；"若水小品"则是一家比较特别的茶馆，里面的茶具都是台北艺术大学的研究生自己设计开发的。昭和町原来是菜市场，慢慢变成古董市场，里面大概有茶店二三十间，其中一些古董店兼卖茶具和茶。

基本上我介绍的茶行都没有介绍具体泡茶的情形，现在台湾的茶行流行茶、琴、昆曲、花道等文化元素共同演绎。以上就是我介绍的台北茶文化的简况，与安溪不太一样，我的目的是希望吸引大家到台北来，品位一下不同的茶文化，谢谢大家。

3. 熊燕（四川报业集团资深记者）：安仁博物馆的茶艺与成都的茶生活

安仁是成都市的一个小镇，在2009年，安仁镇被中国博物馆协会被命名为全国唯一的一个博物馆小镇，其原因是安仁拥有刘文彩地主庄园以及各种各样的博物馆，其中包括我负责的民国老公馆。这些老公馆主要是刘文辉家族时期建造的建筑群，现今被开发成各式各样的博物馆，包括王铭铭教授创立的，与西南民族大学合作的民族学博物馆。除了博物馆以外，还有许多小客栈、书店等等，我们常在这里举办展览和活动。在博物馆、客栈、餐厅、咖啡馆进驻之前，安仁镇的复兴主要得以于茶。早在2006年我们第一个公馆成立的时候，茶就已经出现了。我们

熊燕

选择了盖碗茶和蒙顶山的绿茶作为招待客人的茶种，只要天气许可，我们就在公馆的庭院里招待客人。盖碗茶主要招待四川省外的客人，在准备绿茶的同时我们也准备铁观音。但是四川是产绿茶的大省，铁观音在20世纪90年代开始逐渐成为茶市场中比较高端的品种，因此我们也准备铁观音。后来又引进了普洱茶和一些其他品种。

扫云禅茶会是我之前说的那个女孩在今年出家后，在叫明月村的地方建了一个茶园。这个项目的名字叫做"茶山竹海明月村"。第一次参加茶会的时候一共只有8个参与者。我们刚到的时候，这个女孩说"我们禅茶会的第一件事情是做饭，我已买好食材，你们要在12点之前做好9道菜。"十二点半所有菜摆到桌上的时候，扫云开始双手合十，一瞬间我一种感恩的心情油然而生。吃完饭，我们每个人喝三口清水，开始喝茶。每碗茶里面只有一片叶子，扫云让我们体会其中的味道。第二次参加茶会的时候，扫云自己做了"九小碗"，全是素菜。实际上是对应着四川当地"九大碗"荤菜的习俗另辟新径。她亲自做了一道茶粥，由茉莉花茶做成的粥。

四川典型的茶生活，就是在露天喝着盖碗茶品味的生活。我觉得在四

川,喝茶是一种提醒自己慢下来的节奏,而在安溪,当然有许许多多太丰富的茶种,当地的茶生活也很丰富。可是此次来安溪,给我的一种印象是这里的茶生活节奏太快了,像比赛一样。茶产业的飞速发展无疑是安溪经济崛起的最重要原因,但是随之而来安溪也面临着我们之前讨论过的诸多问题。我的报告如果有什么价值,就是想从自己的经验中,提出一种人与茶和谐共处的生活方式,供安溪的朋友们借鉴。谢谢大家。

4. 罗兰(Michael Rowlands,伦敦大学大学学院教授):丽江的茶马古道贸易博物馆

事实上,从民间底层艺术存留地角度去理解记忆如何被感知以及自我修复的,是个有趣的角度。在这个例子中,我最感兴趣的是一种建立博物馆的人自己经历的人生经验,与他们保护过去,防止过去流逝的方式,有一些例子与一些馆长对于"过去"的个人想法有关。

我认为这个事例中最有趣的是昨天我们去一个茶叶厂参观。参观了这个工坊之后我们被吸引了,这个工坊的有着大量的茶叶产品。我们被带到这栋建筑的二楼,看到了一些私人的有关茶叶的绘画、雕塑以及陶瓷的收藏。我们也有幸认识了馆长100岁的母亲,听她和我们述说自己的故事。

换句话说,我认为他代表了一些非常有趣的个人体验。没几分钟后,问起有关他的个人职业,我们发现他是个不同寻常的例子。他出身于在部队里,他的收藏都是建立在个人的心愿之上的。但是却是一些有关个人与地方记忆的联系才促使他建了这个茶工坊。

罗兰

接下来我们说第二个例子:这是在一个因旅游业和商业化文明的小镇——云南丽江的茶马文化博物馆。创始人徐先生同样是个商人。他以前也在部队当过兵,从商后通过卖环保技术赚了很多钱,这么多年来他是个非

常成功的商人。他在这个博物馆里面不仅仅能够保护这些文物,而且这个博物馆是他的家,又是一个宾馆。同时它又卖茶叶,又是个茶工坊。因此这种多功能的特性帮助这栋建筑得以存留并持续发生作用。同时,他个人的付出使他的博物馆与众不同。这个博物馆不是人工产品或是一些物件的收藏,也不是通过从他人继承或索取来的物品的展览。

云南到四川的茶马古道具有多种多样不同的民族特性,他同时也非常注重跨地区的文化交流,想要把他的文化贡献和他个人对于博物馆的经济贡献分开是不可能的。

我认为,他想表达的可能是这个更大的叙述范围中有关过去记忆的挖掘。同时我们应该牢记在云南、四川以及中国西南地区的20世纪有关民族与地区的历史。他经常经历文化的冲突,民族间的暴力,特别是来自当地不同文明冲突的压力。因此对于记忆的拯救,历史是什么,过去是什么的认知,也许就是我们同时所说的对于幸存和稳定性的认知。

另一个例子是一个有关东巴历史文化的博物馆。这个想法大部分是建立在他的家庭历史以及个人经历之上的:在他四岁的时候他的父亲离开了他们,只留下他的母亲照顾孩子以及支撑整个家庭。他的母亲60岁的时候得了很严重的病,正是这个东巴人治好了她才让她多活了20年,直到2000年时候去世。责任这个概念让他重新思索自身:按他所描述的,他献身于一个回忆过去并指向未来的过程。这与他对他父亲的思念以及他母亲的遭遇紧紧相连,他父亲的形象对他建立这个博物馆也是有着紧密关系的。好像有一个回到过去与未来的承诺。

重新获得有关过去的正义感,以及为这个地区现在和未来谋福利的责任感。这与单纯意识形态上的"文化复兴"完全不一样。我们追溯有关过去的道德责任,就是为了保护现在和未来。在昨天的参观过程中,我个人没看到大量的有关"记住过去"的个人化的表述。然而这些个人化的表述可能尤其重要,因为他们不仅是历史本身,更代表着集体的、过去的记忆。

5.何贝莉(中央民族大学藏学研究所博士后):西藏的茶文化

我对西藏茶最早的印象跟大多数人一样,首先联想到酥油茶,但这两年我在西藏的时候发现,其实有一种比酥油茶更基础的茶种,翻译过来就是清茶。酥油茶、奶茶、红茶都是在清茶的基础上添加不同的东西混合而成。清茶的制作工艺非常多变,可以先放茶再放茶叶,也可以反过来,这样就是红茶;加上奶就是奶茶;放点酥油搅拌就成了酥油茶。所以清茶是藏区最基础的茶种。

现在在藏区,喝茶成了非常普遍的现象,在西藏有一句话叫"宁可一日无食,不可一日无茶。"还有一句话叫"一日无茶则滞,三日无茶则病",足见西藏人生活中对茶的重视。

在藏区,最早系统提到茶叶的文本是在1434年明朝时期,当时有一位藏族的大学者、佛学家达仓宗巴·班觉桑布,写了一本史集叫《汉藏史集》,里面专门有三篇文章在介绍茶叶与茶碗。作者介绍茶叶的时候是跟碗放在一起谈的,而且把茶叶的来源上溯到吐蕃时期,他说了一个很有趣的故事:当时一个吐蕃王生了一种病,尝试了很多药物都没有治好。这时候有一只小鸟叼着一片树叶飞到了王的房间里,这片树叶正好掉到正在煮的水里,吐蕃王喝了这水后感觉身体好多了。王于是派了很多大臣到各地寻访,其中一个在汉藏交界处找到了这种树并把它运回

何贝莉

去。回去之后吐蕃王又开始发愁:这么美好的东西,却没有合适的器具来盛放它?吐蕃王听说汉地有一种叫做碗的器皿,于是他派人去给汉地的皇帝请碗,汉地的皇帝说"我可以给你一个工匠,你就把这个工匠带回去让他给你们烧制碗吧。"就这样,制碗的工匠到了吐蕃,吐蕃王于是让他把各种碗的制作工艺和材料说一遍:从材质上来看,好的碗用珍宝构成,中等的碗用瓷烧制,一般的碗用陶土制成;从装饰上看,最好的上面有龙凤和吉祥八宝的图案;中等的有花鸟虫鱼各种动物;最差的什么装饰都没有;从颜色上看,最好的是黄色的;中等的是白色的;差的是青色的。所以,茶碗的工艺从材质到装饰到颜色都有很鲜明的等级制,可是藏区的人对茶叶本身却没有那么多的分类。

我觉得这个文本有意思的地方在于,关于茶叶和茶碗的故事实际上是藏族人第一次对茶的系统叙述,而身为自然物的茶叶和作为人造物的茶碗结合在一起,构成了一个整体。这种体验和我在这边的感受很不一样,安溪这边主要强调茶叶,通过好的茶叶将跟茶有关的一整套文化串联到一起;而藏区很不一样,他们的观念体系是茶碗和茶叶的结合。他们对茶叶的要求不高,对茶碗却有严格的等级制度,这点跟安溪的情况正好形成了一种互补。

我再讲一讲我去年在甘孜的情况。甘孜是四川边上的藏区,当时我住在一个阿加的屋子里,这个阿加每天早上起来第一件事情就是用火灶准备四种茶:第一种实际上是白开水;第二种是清茶;第三种是糌粑茶,实际上是在酥油茶里加了当地人的主食糌粑制成的;第四种是奶茶。所以说藏地做茶的茶种非常丰富,已经不是我们过去想象的那样只有酥油茶。而且他们不认为白开水就比其他茶差,因为毕竟是年轻人喜欢的;老人喝的糌粑茶也不过时,各种各样的茶给各种不同的人饮用,但是茶本身是不可或缺的。

这些小细节令我还蛮感慨的:无论是在桑耶寺做的田野,还是最开始在滇藏、云南的藏区,还是后来在四川的藏区,当地人一天的生活,都是从一杯热茶开始的。以上是我的讲座,谢谢大家。

(四)圆桌会议

5月21日 20:00—22:00

"安溪茶的文化现象评论"圆桌会议由泉州海外交通史博物馆名誉馆长王连茂主持,参会者包括几位安溪地方的乡绅、精英和在茶方面有贡献的人物,以及与会的中外专家学者。

首先由安溪县王金章副县长做了题为"安溪茶,民生富"的发言,他认为地理上居上而近海、气候上昼夜温差较大、土质上为红壤土成就了安溪与铁观音的契合,而铁观音在物质层面和精神层面上都为安溪的发展做了贡献。关于茶的经济和社会功能,在他看来,铁观音是"筑起一座城",而且是"无安不成市,无铁不成店",也就是说茶产业实现了安溪从贫困县到经济快速发展的过程。具体而言,茶产业为全县带来了财富,全县115万人中有80万人从事与茶有关的产业,农民的收入中56%是来自于茶叶产业。进一步说,

67

安溪茶产业的发展也使得当地人的生活更加休闲、健康和有品位。

第二位发言的是安溪县政协的陈木根副主席,他主要谈了铁观音的品味、风格与工艺。他认为铁观音的最主要特点是其所具有的"观音韵",这是与人的感官和心境都能通融的愉悦感。铁观音的滋味是其内在的独特性,能够把香融入水中形成香韵并因而体现了天地日月的精华。接着他谈了形成香韵感的几个条件,包括物质性的组成及其平衡、种植过程中的品种纯正及精细维护、气候条件、人在制作过程中灵活操作与对传统的传承等几个方面。在他看来,铁观音的制作工艺综合了红茶和绿茶的工艺,而此种综合性也造就了铁观音自身的独特性。

第三位发言的是福建农业大学安溪茶学院林金科院长,他主要谈了安溪铁观音在保健方面的功效,包括介绍了铁观音茶叶中的主要成分及比例,并综合分析了其对相关病症的疗效。最后发言的是安溪县宣传部谢文哲副部长,他发言的题目是"安溪作为茶叶原乡的文化地位"。在他看来,铁观音是安溪最受欢迎的饮品,也是当地人待客之道的必需品。而且越来越多的人受到茶文化的影响,进而形成以铁观音为纽带的更为密切的联系。总而言之,安溪茶有相当长的制作历史且在清代最先发现了铁观音,对中国的茶文化做出了很大的贡献,并且这种文化也对周边国家与地区产生了深刻的影响。

之后,基于上述介绍,中外专家学者就茶的保健功效、传统工艺与工业化生产、有机茶叶、茶与中国文化的关系等议题展开了激烈讨论。其中最为主要的方面是如何理解茶与茶文化的议题,即工艺、文化与人的关系,以及茶文化与中国文化的关系等。范笔德教授提出的问题是为什么会把茶作为中国历史和文化的代表,以及其驱动力何在,而王铭铭教授的回应认为,我们当然不能以一种物来代表一个民族的精神,但茶的确是一个很有意思的研究主题,从中我们可以收获很多。他认为在此过程中,我们首先应该尊重地方关于茶的话语,而且要看到茶在地方经济发展和民间信仰维系方面的重要作用,也许更为重要的是应该认识到茶从来都不是国家性,相反地,茶是不断传播并勾连世界的物。对此,渠敬东教授的补充认为不管是茶还是其他物都是属于整个世界的,人对于物的理解经验在很大程度上是基于地方情境的。而他所探讨的作为中国人文或文人精神载体的茶,并非是某种国家主义的表述,而意在指向一种传统的思维方式。进而,对于物的理解,实际上是在不断的交流和融合中获得新的理解的过程。

(五)中国发展道路中的茶

5月22日 9:00—11:30

演讲由马力罗(Robert Malighetti)主持,河合洋尚(Hironao Kawai)和范笔德(Peter Van Der Veer)担任评议人。

1. 周飞舟(北京大学社会学系教授):茶与城镇

我先讲一下我关心的问题的背景,这个背景和中国当下的城市化有关。学界一般认为中国城镇化的高速发展是以土地财政和金融的发展所推动的。中国由工业化和土地经营所带来的迅速发展在人类历史上也罕见,带来了大量的流动人口,一般由中西部流向东部的城市。但是这些人口因为高房价、高地价的原因,这些人口难以生根,这在东部导致了人口大量流动的问题,而在中西部则出现了很多"空心村",村里基本由老人和留守儿童组成。所以中西部城市讨论最多的是一个人口如何落地的问题。

周飞舟

下面我就茶的产业化讨论我们这个报告的主题。恩施地区是湖北的一个山区,恩施农村人口的基本模式我用四句话简单概括一下:第一个叫"打工经济",当地的经济收入主要来自青壮年劳动力外出打工赚的钱。年轻人外出打工以后,会把打工赚来的钱寄回家盖房子,一般这个时候也是年轻人盖房子的周期,这些人会将自己赚来的钱再借一点,凑齐了盖房子。也有一些农民会借钱买房,因为买不起恩施市的房子,一般会选择周边的县城。所以当地人在住房上有两个选择,一个是盖房,一个是买房。

另一个产业特点就是农副结合。现在单纯靠务农的农户已经很少了,农民多以务农加上一些散工、零工结合,加上一些农副产品的生产来满足自己经济上的需求。还有一个现象是代际差异,20岁左右的年轻人肯定出去打工;40岁左右的人则是第一代农民工,而这些人回来之后是不会再务农的。所以中国现在一个很重要的问题就是纯农民的短缺,纯粹的农业经济存在一个断代问题。

下面讲一下恩施地区的茶叶。恩施地区大力推广茶叶种植,芭蕉乡就是一个例子。我感兴趣的问题就是,大规模茶叶的推广种植,对人口的流动和产业空间分布的模式会不会产生影响?就地城镇化并不是说大家都到城市定居,而是人口会就地聚集,而居住模式的改变会带来生产模式和生活方式上的变化。

我再重点谈一下茶的产业化。茶叶的种植这个产业对劳动力有一个特殊的要求,就是它的季节性需求非常强,特别在春天和初夏采茶的时候。恩施地区种植的都是绿茶,对劳动力的要求非常大。但是在其他季节,茶叶种植比水稻种植要轻松一些,只需要一些浇水和管理。所以在其他时候,年轻人就会外出打工,但是不会走得特别远,可能就会在附近的县城打工,采茶季节就会回来,其他的时间则打零工。

茶叶的种植规模,在恩施主要叫做"公司加农户"的方式。所谓"公司"主要指茶叶加工和贸易的公司,大部分的茶叶种植都是农户一家一户在自家承包的地上种植。茶叶的土地流转比较困难,主要困难在于茶树:茶树不像粮食作物,粮食作物是草本植物,今年不想种明年可以转让给别人;但是茶树是多年生的,一旦转让就会增大交易成本。

最后看一下茶叶的产业链条,这个大家应该都比较了解。产业链基本上是茶叶的种植到采摘、收购、粗加工、精加工、贸易。这个产业链条的加工点和收购点的分布与农民的居住点有很强的关系。这是一个简单的农民居住模式:最右边的是散居的农户,他们如果几家几户聚集在一起,就形成居民点,是一些非常小的自然村落。几个居民点的聚集会形成中心村,再高一级就形成乡镇或者中心乡镇,更大的就是县城了。如果我们看茶的产业链条的各个环节,会发现最底下那层是茶叶的种植和采摘,这个散户来做。另一个是收购点,这些收购点一般分布在中心村或者乡镇;茶叶的加工点遍布整个芭蕉乡,只要是大规模种植茶叶的地方都有。整个加工体系其实很复杂,有些农户专门收茶叶,进行粗加工后再发给上一级进行精加工。这些不同的加工点实际上分不在不同层次的村落上。到了包装和贸易,这些厂就分布在中心乡镇和县城。

我最后说一下对茶的产业化的认识:以茶叶生产为依托,人口的迁移和产业的分布自然呈现出一个缓慢的、阶梯变动的趋势。农户的居住模式有自然聚集的趋势。另外,农民的生活和生产的方式更加依赖于农副结合和工商业,这导致他们更依赖于基础设施和公共服务。现在的农民虽然也打零工,也种茶叶,但是当你问他们想在哪盖房或买房时,他们考虑更多的是基础设施:这里通不通路,有没有学校,去医院方不方便。这就不是纯农业的生活方式,这是城市生活的方式。所以,如果大规模推广茶叶种植,确实和农民的生产、生活方式的改变,以及他们的居住方式有自然的、积极的推动作用。

2. 王连茂(泉州海洋交通史博物馆名誉馆长、研究员):泉州茶文化的发展、变化与再创造

我想简单地讲一点历史来提出一点自己的看法。

第一个问题是18世纪六七十年代,安溪茶开始跟武夷岩茶一起出现在荷兰东印度公司贸易船的中国茶采购单上,我想到一件事情,就是这之前的二三十年代,不就是铁观音被发现的时间吗?尽管我们现在有魏说或者王说,但我自己很愿意将其解释成当时欧洲对中国茶进口所兴起的潮流所做出的回应。当时武夷岩茶还是出口的主要茶种,安溪铁观音没有地位,因此安溪当地人千方百计寻求可供出口的好茶种,采用了早先时候已经发明并且不断成熟、定型的,称为乌龙茶的制作工艺,并获得了成功。假如这么看,这就是一个带有革命性的创新,因为它开启了铁观音的时代。这样的一个过程大概花了三四十年,货单上的"安溪茶"用的就是闽南话的读音,它采用这样的名字,指的是不是就是当时的新品种——铁观音。因为当时的货单上不仅有安溪茶,还有安溪红茶。从贸易的路线上看,当时是从巴达维亚到阿姆斯特丹。而安溪当时有不少茶农和海外移民在巴达维亚,这些都非常符合对安溪茶对外贸易的推测。

第二个问题就是历史上不断出现的,因为茶叶的质量问题带来的恶果,我觉得对我们今天也有警示作用,在这里不妨也提一下。

　　一个是18世纪初,以武夷岩茶为主的茶叶大宗销售到英国的时候,已经被发现茶叶里头参杂其他之物的叶子,或许已经被冲跑过。当时引起了英国消费者非常大的不满,所以英国政府在1725年颁布了一个法令,对这些参假者对处以100英镑的罚款。

　　到了1865年,同样的问题又出现了。因为制作的不精,使很多茶叶破碎,茶沫很多,烘焙也不好,还混入了各种质量不一的茶,使茶叶原来特有的芳香味消失殆尽。进口美国的茶叶还被查出石膏、滑石粉甚至一些含有有毒物质的染色粉末。这次事件的结果导致茶价大幅下跌,而且直接导致了福州港因为茶叶输出带来的繁荣盛况,在1870年以后就不复重现,这很严重。当时的输入国如英美,已经对福州出口的茶不再期待。原本厦门的贸易情况也是不错的,厦门主要出口安溪、宁阳、建宁、龙岩的功夫、白毫、珠兰和乌龙四种茶,其中以乌龙茶最多。但是当时出口茶叶的中间商在茶叶里面参杂了大量的茶屑和碎叶来增加重量,这使得英美等国家从此不再信任由厦门出口的茶叶。好在当时乌龙茶在美国还大受欢迎,所以厦门对美国的乌龙茶出口数量还在增加。但是好景不长,到了1875年以后,厦门临近地区生产的茶,其销售量明显减少。原因是当时这些乌龙茶被一些人带到台湾的淡水种植,培养出来的乌龙茶品质更好更受欢迎。虽然这些茶依然以厦门为出口港,但是当时的出口商品已经是台湾茶的天下。

　　我说的这几条,就是想说明被反复强调的优胜劣汰的道理,品质才是最重要的,这是市场竞争的普遍规律。但是安溪铁观音的问题还不在于上述问题,更重要的是制作技术的全面对话,对传统工艺的背离,这是非常糟糕的事情。所以我觉得,安溪茶当前的发展,除了回归传统工艺,做出品质上最好的茶以外,别无他法。我说完了,谢谢。

　　3.陈志明(中山大学人类学系特聘教授):泉州茶文化的发展、变化与再创造

　　我在此发言是因为丁毓玲馆长写的一篇关于茶的长文章,因为丁馆长不在,所以我代为发言。我是1989年才到闽南做研究,因为是外来的所以比较爱提问题。我跟丁馆长说过,安溪茶发展那么快,到底是怎么发展的?我和丁馆长开始调查,后来发现里面有很多茶的再创造,所以以再创造为这篇文章的关键词。饮茶的历史很长,在唐宋时期就是很重要的文化现象,直

到现在,当地的精英还在不断创造关于茶的文化。外国人很早就注意到中国人对茶的重视,在13世纪一个来自意大利的人来到刺桐,写到当地的人用开水泡着一种特殊的叶子当饮料喝,这种饮料有点苦涩的味道。我们很容易看出他的描述就是在说茶。但是外国人直到19世纪初期还不明白红茶和绿茶的区别是因为不同的树,还是不同的工艺造成的。直到一个英国人Robert Fortune在19世纪初特地来到中国江浙一带,并在1847年写出了一本书叫 Three Years' Wanderings in the Northerm Provinces of China。当时他到了福州府,应该也到了武夷山,很高兴地

陈志明

看到当地人在产茶,于是带了一颗茶树到江浙去。他发现了红茶和绿茶的不同,其原因在于制作的过程。

我们调查的主要问题是怎么从人类学民族志的角度来写茶文化,在此没有时间具体讨论,但主要是从茶商的角色、地方政府的角色来讨论。比如地方政府的发展标志着政治经济的发展。另外,像陈木根这样的地方干部的推动也很重要,以及一些传统的复兴,比如斗茶。斗茶在唐宋就有,在80年代的台湾开始发展起来,安溪也重新引进了过来。此外,跨境的合作也很重要。安溪茶的发展受台湾的影响很深,最开始安溪人连怎么包装都不知道,都是从台湾那边学习过来的用塑料袋包装的点子。现在安溪茶的包装已经非常现代化,这个是受台湾经济的影响。安溪茶的盖杯还是受潮汕茶具的影响。此外,消费方面也经历着再创造,比如当地经营对口感的追求。

最后我们谈论安溪茶的市场的问题。总体来说,安溪茶的出口是很稳定的,不如普洱茶的价格受台湾、香港市场的强影响。安溪茶也不放农药,所以在农业生态化上做得很好。这些都是安溪茶发展的优势。时间关系我就讲这么多,谢谢大家。

4. 石汉(Hans Steinmuller,伦敦政治经济学院部讲师、中国比较研究项

目部主任）：湖北恩施地区商品作物的引进与商品茶生产

我不会讲很长时间,我想谈论的主要是湖北恩施地区,农民开始将茶叶当做商品作物种植,对他们自己产生了什么变化。昨天周飞舟教授的报告也是这个地区的调查,我觉得他讲得非常好,对当地经济做了很好的概括,所以我直接把他的图拿过来讲。除此之外我想谈的是在这个茶叶的转型经济状况下,农民自己会有什么样的挑战,而不是宏观经济层面、产业化层面上的挑战。

按周教授的说法,当地人外出打工的主要动力当然是赚钱,而代际之间的差异也很明显。从1980年到2000这三十年间,恩施经历了从一些主要经济作物向茶

石汉

叶种植的转变。他们从传统的水稻和土豆种植转移到茶叶的种植中。在种茶的地方,就地加工的茶厂的规模都是很小的。

我不知道在安溪还有没有那么小的茶厂,但我在湖北见过的茶厂大部分都是很小型的。农民一般自己有几亩地,他们在原来种粮食的地方自己种茶,大部分的茶叶都是小型加工的。我借用周飞舟教授的报告解释农民的打工经济,很多人也会做临时工。很多年轻人回来,没事干的时候会骑摩托车拉客。

在一个产业化的条件下,农民有很多就业的选择,可以打工可以务农,可以打散工和临时工。但是这么多选择对自己是一个很复杂的事情,所以现在的主要问题是他们的选择太多。

5.黄智雄（北京大学高级进修生）：铁观音的政府发展道路

安溪县是名茶"铁观音"的发源地,是"中国乌龙茶之乡"。铁观音从她被人发现之后,就极大地改变了安溪这片土地的地理格局,也对安溪人的生活带来了意义深刻的影响。尤其是20世纪80年代改革开放之后,茶业经济从国家的统管中放开,铁观音几乎成了与每个安溪人具有关联的物。它

从经济、文化、宗教、道德、政治等方面,与安溪人的日常社会生活交织在一起,一定程度上成为安溪社会之所以可能的一个关键角色。

这个影响着安溪县人均收入、财政状况、地区知名度、居民幸福感、文化水平等方面的农业产业已经使安溪发展成为区域茶文化典范中心,在此过程中,安溪政府所起到的作用是非常巨大的,分别涉及到铁观音定位、管理机构设立、茶叶质量保障、市场推广、文化底蕴积累、传统技艺传承等方面的工作。可以说,如果没有政府这个宏观调控之手在铁观音发展的每一步给予扶持,这个民生性的产业不可能有今天这样的宏大规模和厚度。

然而,在以铁观音为牵头者的安溪茶产业发展到一定阶段后,安溪铁观音自身也出现了诸多的问题,再加上外部宏观的社会、经济环境也在发生着改变,安溪的这一民生产业遇到了一些前所未有的挑战,例如茶叶质量下降、实利主义走高、生态环境恶化、铁观音话语权面临丧失等。

(王超文、蔡逸枫、孙静录音整理)

三、新闻报道

"中国茶的世界"研讨会在闽举行

新华网福州5月21日电(记者曹佩弦) 21日,泉州安溪迎来海内外30余名专家学者,以"中国茶的世界——安溪铁观音文化现象的国家意义"为题开展研讨。此次活动期间,多项主题座谈研讨活动相继召开,例如"中国茶的世界"国际学术研讨会主旨演讲暨主题调研报告、比较视野中的茶文化报告、中国的山水意境与"周边"茶文化报告、中国发展道路中的茶报告等。

研讨旨在从人类学、历史学、社会学等角度,挖掘中国茶文化内涵,研究中国茶对推进东西方文化交流的影响和意义,为中国茶真正走向世界作舆论准备和理论铺垫。北京大学人类学教授王铭铭参会时表示,"作为中国茶文化代表,安溪铁观音文化受到国际学术界关注的同时,也需要国内学者的研究,以实现自我认同。"为充分研究、展示中国茶文化,2013年7月北京大学与安溪县联合成立人文状况调研组,由王铭铭带领,开展为期2个月的

"安溪铁观音人文状况"课题实地调研。

来自加拿大阿尔贝托大学的人类学教授白瑾多年来热衷中国茶文化,但这次在安溪第一次见到茶制作全过程。"在这里,一片片茶叶连接着地方和世界、历史和现在、人文和自然。来到茶的故乡让我深深意识到中国茶文化的博大精深。"白瑾说。

作为"东亚文化之都·泉州"2014活动年系列论坛之一,此次国际学术研讨会为期两天,由中国社会与发展研究中心(费孝通研究中心)、北京大学社会学人类学研究所、中国海外交通史研究会、"东亚文化之都·泉州"建设发展委员会主办。

海内外政商学界共议"中国茶的世界"

中新社福建安溪5月21日电(记者孙虹)"作为世界最重要的茶叶生产国和出口国,在新形势下如何提升中国茶的文化内涵和影响力,发挥其在推动东西方文化的交流融合,深化中外关系上的意义不言而喻。"中国文化部外联局局长张爱平21日在"中国产茶第一大县"福建安溪如是说。

当天,"中国茶的世界"国际学术研讨会在安溪召开,来自英国、荷兰、德国、美国、加拿大、韩国、日本等国家和地区的100多位海内外专家学者、企业家及外国驻华使馆文化参赞与会。北京大学社会学系教授王铭铭在会上表示,此次研讨会从人类学、历史学、社会学等多角度探讨中国茶叶作为特殊载体在推动中外经济、文化等领域交流发挥的重要作用,并重点探讨安溪铁观音文化现象的国家意义,借此提升安溪铁观音品牌的文化影响。

"中国是茶的故乡,中国先民最早发现茶、利用茶,并创造出绚烂多姿的茶文化。"张爱平说,泉州是宋元时期的东方第一大港和"海上丝绸之路"带的重要城市,长期在对外贸易中发挥着重要作用,众多的瓷器、丝绸、茶叶等货品通过古泉州港源源不断输向国外。他指出,特别是中国茶叶、饮茶风俗、制茶技术及茶文化的传播,深深影响并改变了人们的生活。目前世界上有50多个国家和地区种植茶叶,有120个国家和地区从中国进口茶叶,茶已当仁不让成为世界第一大饮品。

作为中国茶文化代表,安溪铁观音文化受到国际学术界的广泛关注。英国伦敦经济政治学院教授Stephan Feuchtwang告诉记者,在英国有不少人钟爱中国茶,自己的朋友、家人尤其喜欢绿茶和铁观音。"这次对安溪铁观音采茶、制茶、烘焙等整个制作过程印象深刻,有了更直观的了解。"

目前,安溪茶叶外销市场已形成以日本、东南亚为主,俄罗斯、欧美为辅的市场网络,产品销往 60 多个国家和地区。同时,"安溪铁观音"已经在世界 20 多个国家和地区申请商标注册,正在努力成为国际性的品牌。安溪县长高向荣表示,安溪孕育了世界名茶铁观音,此次研讨会在安溪举办,是安溪铁观音放眼世界、汲取营养的难得机会,为铁观音不断提升,成为世界性大品牌,也为中华与世界茶文化的交流融合提供了很好的平台。

此次研讨会为期四天,将举行多项主题座谈研讨活动。多位海外学者就"比较视野中的茶文化"研究分别作主旨报告。

国际人类学界聚焦安溪铁观音 解码中国茶文化

中新网安溪 5 月 22 日电(记者林永传)"茶不仅是自然现象和经济现象,而且是社会现象与文化现象,从茶文化可以看见社会的气质;茶还具有国际性现象",22 日中午,国际知名人类学家,北京大学社会学系王铭铭教授向新闻界通报了"中国茶的世界"国际学术研讨会的成果。

王教授是此次研讨会的召集人。19 日至 22 日在"中国产茶第一县"福建安溪举行的此次研讨会,从人类学、历史学、社会学等多维度多角度研究中国茶文化对推进东西方文化交流的影响和意义,重点探讨了安溪铁观音文化现象的国家意义。"这是中国国内首次从社会学、人类学的角度对茶开展全面系统的'人文研究',也是国际人类学界顶尖专家首次对中国茶文化的集中研讨",王铭铭说。

此次研讨会参会的 12 名境外、16 名境内专家中,包括英国伦敦经济政治学院教授 Stephan Feuchtwang(王斯福),英国人类学会前任会长、牛津大学万灵学院院士、大英学院院士 David Parkin(巴大维),荷兰皇家学院院士、德国马普研究院族群与宗教研究所所长、教授 Peter Van Der Veer(范笔德),伦敦大学大学院教授、文明动力学研究中心主 Michael Rowlands(罗兰),中国社会科学院社会发展研究院副院长、北京大学社会学系教授渠敬东等。在这些专家学者中,不乏国际人类学界的权威甚至泰斗级人物。

来自 9 个国家和地区的这些专家,提交的 16 篇原著学术论文中,有 12

篇涉及中国的茶文化。在近4天的研讨中,这些国内外专家在中国文化自觉的大背景下,探讨了安溪铁观音的现状、历史、人文状况;中国茶与周边国家(地区)在历史上的政治、经济关系;茶与城镇化发展的关系;如何从茶中得到认知论的启示等。

王铭铭教授介绍说,与会专家达成了初步的共识,认为茶不仅是自然和经济现象,而且是社会与文化现象,从茶文化可见一个社会的气质;茶具有国际现象,它在国际关系体系中的作用值得深入分析;通过对安溪铁观音的感知,在研究现代化发展时,应特别重视不同传统的不同未来,思考如何在回归传统中寻找未来。

中国茶 世界风

泉州晚报5月16日讯(记者谢伟端) 时值春茶全面上市,5月19日至22日"中国茶的世界——安溪铁观音文化现象的国家意义"国际学术研讨会将在安溪举行。这是我国茶行业首次从社会学、历史学、人类学的角度对茶开展的全面系统的"人文研究"。

作为"东亚文化之都·2014泉州活动年"系列活动之一,研讨会由中国社会与发展研究中心(费孝通研究中心)、北京大学社会学人类学研究所、中国海外交通史研究会、"东亚文化之都·泉州"建设发展委员会主办,安溪县政府承办,安溪县政协、福建省泉州海外交通史博物馆、安溪铁观音集团、八马茶业、坪山茶业、华祥苑茶业、中闽魏氏、三和茶业、魏荫名茶等单位协办。届时,数十位英国、荷兰、德国、美国、加拿大、韩国、日本和国内的知名专家学者将齐聚安溪。

据介绍,此前,安溪县有关部门与北京大学联合成立了安溪铁观音人文状况调研组,由著名人类学家王铭铭教授带领,开展为期2个月的"安溪铁观音人文状况"课题实地调研,并形成了研讨会的主题报告——《安溪铁观音人文状况调查报告》。日前,该主题报告已在《文化学刊》发表。

与会的专家学者将带来比较视野中的茶文化、边疆地区茶文化、中国发展道路中的茶等研究角度丰富多样的论文。研讨会从人类学、历史学、社会学等多角度研究中国茶文化对推进东西方文化交流的影响和意义,重点探讨研究安溪铁观音文化现象的国家意义,进一步挖掘和认识铁观音文化的哲学内涵,探讨其核心理念对世界人民追求和谐健康生活方式的启迪,进一步凸现东亚文化之都泉州的茶文化元素,提升安溪铁观音品牌的文化影响力。

回归传统是本次研讨会的一个重点,同时这也是安溪铁观音乃至中国茶的核心竞争力。回归本源,是中国茶文化传承的精髓。北京大学教授王铭铭认为,中国茶的发展,实际上是靠文化传播实现的。"世界茶叶看中国,中国茶叶看福建"这句流行语,揭示了福建在茶业中的地位,而安溪铁观音又是福建最具代表性的茶叶。历年来,安溪铁观音的市场占有率都占全国各茶类之首。世界范围内的知名学者专家在茶乡进行铁观音的人文研究,能够推动中国茶在世界范围产生更大影响力,进而提高中国茶在世界饮品中的话语权。

茶文化　打造中国新名片

国际商报 5 月 29 日　"作为最重要的茶叶生产国和出口国,在新的形势下如何提升中国茶的文化内涵和影响力,努力发挥其在推动东西方文化交流与融合、深化中国与各国的关系上的意义不言而喻。"中国文化部外联局局长张爱平对国际商报记者说。

5 月 19 日—22 日,在"中国产茶第一县"福建安溪举行的"中国茶的世界"国际学术研讨会现场,来自英国牛津大学、荷兰皇家学院、北京大学、中山大学等约 20 所国内外知名大学、研究机构的数十位专家学者共同探讨了中国茶特别是安溪铁观音的文化现象及意义,为推动中国茶文化、茶贸易更好地为世界不同文化、文明的交流、交融发挥其独特的作用,进良言、献好策。

老外眼中的中国茶文化

"安溪铁观音真好喝!我已经在伦敦让我的家人和小孩一起喝上中国茶,并且介绍给我的朋友。虽然英国和中国茶文化有所不同,但是我对茶的'人文研究'兴趣颇深,茶是无国界的。"英国伦敦经济政治学院教授王斯福(StephanFeuchtwang)向国际商报记者表示,自从 1990 年与著名人类学家、北京大学社会学系教授王铭铭在泉州结缘,第一次喝安溪铁观音,便结下了

中国茶情缘。

在此次活动中,包括王斯福在内的国内外专家学者们进行了一次安溪茶文化史迹考察活动,亲身体验安溪铁观音传统制作工艺流程,亲临一线了解其现代制茶工艺的改进,参观生态茶园、安溪茶学院、中国茶博汇等处,欣赏安溪茶艺表演及高甲戏演出,品茶香,享茶趣,感受安溪深厚的茶文化底蕴,加深对中国茶文化的认识和理解。

王斯福做了一个对比,英国人喜欢浓郁的红茶,而且要添加糖和奶油,再配上糕点边吃边喝,而中国茶很简单,品的是自然、清新的气味,清心,养生。

英国伦敦大学大学院教授罗兰(Michael Rowlands)告诉国际商报记者:"铁观音是安溪最具特色、最具发展后劲和市场竞争力的优势产业,原来印象中的传统农业除了融入科技元素外,还有这么多有意思的文化内涵,真是令人着迷。"当今世界上有50多个国家和地区种植茶叶,有120个国家和地区从中国进口茶叶,茶已当仁不让地成为世界第一大饮品,但目前世界对中国茶文化的了解和认知还不足够。罗兰建议,在茶叶普遍机械化生产的今天,要保持安溪铁观音发展的良好态势,必须更加重视传统制茶工艺的传承。

罗兰向国际商报记者表示:"当产业与文化不断壮大,自然扩大这座城市的知名度和美誉,而以城市的发展为载体,也将带动茶产业国际化的转换与升级,这是一个双向过程。"

借文化动力发展茶业

安溪县委宣传部副部长谢文哲表示,安溪县有超过一半的人口从事着与茶相关的生计,这样的身份使得安溪更深刻、更紧迫地思考茶业在新的社会经济文化背景下的发展前途。"全国茶业的经济发展已经到了一个高潮点,下一波的发展应该更多借助文化的推动力。"

近年来,茶行业应该充分借助文化动力进行健康、可持续发展的提议不绝于耳,安溪再次以排头兵的姿态开启了茶文化研究及应用的大门。当前,安溪茶叶外销市场已经形成以日本、东南亚为主,俄罗斯、欧美为辅的市场网络,产品销往五大洲60多个国家和地区。据国际商报记者了解到,近年来,安溪茶企借助茶文化的力量,积极拓展国外市场,为安溪茶业国际化提档加速。例如八马茶业,从 2011 年至今到悉尼、东京、纽约、巴拿马等地举办了多场赛珍珠全球品鉴会;三和中国工夫茶道世界巡礼活动不但去了欧洲,还去了悉尼、美国和韩国;华祥苑通过东方茶文化全球巡回展,挺进了欧洲奢侈品市场。此外,安溪县与法国埃罗省建立的友好城市关系,举办的一系列"茶酒对话"活动,也为安溪茶企拓展欧洲市场提供了又一重要载体。

王铭铭认为,茶不仅是自然和经济现象,而且是社会与文化现象,从茶文化可见一个社会的气质;茶具有国际现象,它在国际关系体系中的作用值得深入分析;通过对安溪铁观音的感知,在研究现代化发展时,应特别重视不同传统的不同未来,思考如何在回归传统中寻找未来。据了解,本次活动包括 15 个境内学者和 12 个境外学者在内,一共提交了 16 篇原著学术论文,其中 12 篇涉及包括安溪铁观音在内的中国茶文化,4 篇涉及国外其他文明的茶文化。

谢文哲告诉国际商报记者,"习近平主席近期到访欧洲提到了茶和酒的关系,这使得我们更加坚信中国茶具有推动国际文化交流的伟大力量,也坚信通过本次研讨会,安溪铁观音定能在世界和谐文化的传播潮流中发挥更加重要的作用。"

茶文化为人类学研究提供了丰富素材

光明网 8 月 16 日讯　　王斯福(stephan feuchtwang),英国伦敦经济政治学院教授,曾来泉参加"中国茶的世界——安溪铁观音文化现象的国家意义"国际学术研讨会。

我与泉州的缘分可以追溯到 20 多年前。20 世纪 90 年代初,我就到过安溪开展田野调查。当时,我第一次喝到安溪铁观音,就对铁观音的色、香、味留下了深刻印象。从此,我就与泉州、与安溪结下了不解之缘。现在我已可以说一些闽南话了,不少当地人对此感到很惊奇,这是让我很得意的一件事情。

我的研究领域包括人类学理论等、民宗教、各文明之比较研究与历史人类学。我与闽南文化也很有缘,泉州的多元宗教文化给我留下了很深印象,事实上,我从这里获得了很多研究的素材和灵感。早在 40 年前,我就开始接触到闽南语了。当时,为了撰写博士论文《帝国的隐喻》,我到台湾石碇乡开展田野调查,也是从那时起开始学习闽南话。《帝国的隐喻》完稿出版后,在学术界产生巨大影响,成为海外中国民间宗教研究领域的经典著作,是从社会学和人类学视角研究中国民间宗教的必读书目。20世纪90年代,我首次来到安溪做人类学调查。在安溪的调查成果被收录在2000年版的《帝国的隐喻》一书中,其中多处以安溪寺庙与民间信仰作为案例。

在台湾,我接触到了茶歌,感受到了茶与茶文化的魅力。那是一首传唱于20世纪60年代的台湾茶歌,讲述了一段涉茶的爱情故事,给人的感觉很优美。这次来到安溪,参观了传统和现代的制茶方式,感受了安溪独具韵味的茶文化与地方风土人情,体验到了制茶、采茶、烘茶的过程,整个行程丰富而有趣。安溪向我展示了很多人文地理和茶叶的知识,在这里我看到、学到很多,今后还要花更多时间去学习吸收这些知识。

安溪铁观音制作程序严密复杂,技术精湛,安溪铁观音茶好喝。在英国,不少人钟爱中国茶。我在英国就喝安溪茶,不仅我喜欢,我的家人和朋友都很喜欢。我希望能尽力帮助安溪铁观音扩大影响力,继续把铁观音推广到全世界各地。安溪是热情友好的。我这次在这里的时间虽短,但十分美好和难忘,是一生难得的经历。目前,我还在安溪美法村进行一项田野调查,未来与那里的联系将不断加深。

"安溪铁观音与生态文明建设的地方经验"北大恳谈会

会议于2015年5月9日下午2点～6点在北京大学社会学系133会议室举办,由中国社会与发展研究中心(北大费孝通中心)与福建省闽南文化发展基金共同组织,由王铭铭主持,主题发言人为廖皆明、陈木根、谢文哲诸先生,应邀讨论人有周飞舟、朱晓阳、吴正元、罗杨等教授。

王铭铭

今天非常荣幸请来了安溪县的三位乡贤。首先是廖皆明先生,他担任政协主席,接下来是陈木根副主席,如果说廖先生是一个著名的策划大师,思想很活跃,陈木根则焦点在茶叶这门艺术与生产方面,造诣很高。(他)从乡镇开始做,影响很大。再有一个乡贤是谢文哲先生,他担任宣传部领导,著作等身,创办安溪报,同时写了很多关于安溪乡土的著作,我认为他可能是闽南地区唯一还在写作的宣传部长,对学问非常认真。我们今天讨论的主题,是接续了去年铁观音调查及国际研讨会的主题。我自己对安溪有很深的感情,自1991年就前往(安溪)做农村调查,尤其是对当地的家族和民间信仰的历史触动很大,从中学习到很多。(今天)讨论的题目是铁观音与生态文明建设,但是我们也并不一定局限在此,可以由此阐发更大的地方经验。三位嘉宾先有20分钟的时间进行发言。

今天的评议人是由周飞舟教授、朱晓阳教授、罗杨博士、吴正元先生组成。另外还有杨清媚、舒瑜等其他博士生同学来到现场学习。

物与人：安溪铁观音人文状况调查与研讨实录

一、主题发言

廖皆明

  首先感到非常高兴和荣幸能够来到北大参加这次研讨会。如果没有王老师，此次也无法成行，所以内心也十分感激。实际上从大前年开始，由王教授带领罗杨博士、孙静等组成一个工作组，对安溪进行了一个有关铁观音的社会人类学的调查。去年又在周老师、朱老师、渠敬东老师的支持下，我们举办了"中国茶的世界"研讨会。当时引起了比较大的反响，将这个会纳入了泉州的东亚文化之都的宣传活动中，东亚文化之都不仅是泉州的，而且是国家的，因此就上升到了国家的层面。

  安溪是一个遥远的地方，名不经见经传，距离北京很远。但说起铁观音，又很容易想起安溪，所以安溪又离我们很近。安溪有一百十五万人口，大部分是山区，所谓七分山，两分地，一分水。但另一方面，它距离泉州港只有五十分钟的路程，离厦门机场也是五十分钟路程。因此安溪可以说是近海的山区。第二个特点是著名的侨乡，在东南亚有大约一百万的华侨。在台湾有两百六十万乡亲，也就是说每九点几个台湾人中就有一个来自安溪，像是王永庆祖籍就是安溪。海外安溪人将近五百万。还有一个特点就是茶乡，安溪是乌龙茶制作工艺的发源地，也是铁观音品种的发源地。最后第四个特征，安溪在1985年左右是全国最大的贫困县，贫困人口最多，将近80几万。经过十几年的努力，把贫困县的帽子甩掉，这在全国也是比较罕见的。我为什么要说最后一个点呢？因为还是回到茶叶。当时为什么安溪能够摆脱贫困呢，关键就是依靠这片茶叶。安溪就是把这片茶叶做好，这是安溪能够从贫困县中脱颖而出的关键。自20世纪90年代起，安溪的历任领导人都坚持把茶叶搞好的思路，直至现在。20世纪90年代初期，主要是为了争取外贸经营权，后来提出了工业强县，茶叶富民的思路，但如何茶叶富民呢？一个是扩大茶叶面积，二是培育和扩展市场，从而建立了中国茶都。起码五百个产茶县来安溪取经学习。在这个过程中，我们真正获得较好收益。

但是如何使它成为一个产业？2000年之后，我们又经历了三个思维阶段。一个是生态化的思维，茶叶生存需要良好的生态环境，以此来抓茶叶生产。第二个用工业化的思维来抓茶叶的加工，其实就是一个标准化，如何抓标准。第三个思维是用市场化的思维让茶叶占领更多的市场。这是茶产业进一步提升的一个理念。2005年左右，我们又在此基础上提出了，"安溪铁观音，和谐健康新生活"，将铁观音化为人们的生活方式，既有和谐的功能，也有健康的功能。在这个理念下利用了三年的时间举办了"安溪铁观音神州行"，走过了18个省市，声势浩大，反应热烈。在这个活动带领下，安溪铁观音在全国风靡了起来。神州行之后，很多茶农自觉跑到外面的城市开茶店，所以在全国的茶商中有十万安溪人。带着爱拼才会赢的精神，很多安溪人赚到了钱。当时在北京我们是在人民大会堂举办的（活动），很多铁观音的爱好者参与了这个活动。

当前安溪县政府也碰到了一些问题，尤其是茶理念的发展，大环境对茶叶发展的影响。而且现在也出现了假冒伪劣的问题。还有一个矛盾是茶叶制作的传统工艺与市场之间产生了矛盾。还有个问题，如何给这棵伟大的植物一个好的生存环境？我们县政府也在考虑和努力做好这几件事。一个是提倡感恩的理念，向铁观音学习，学习它的忠诚、学习它的正派、学习它的内敛。我们要用感恩的精神来感恩这棵使安溪脱贫的植物，也用感恩的精神来继续培育这株植物，使安溪有更大的发展。二是工艺的传承，市场上的有些铁观音与传统技艺相背离。过分追求市场化口味，背离铁观音的长远发展。三是生态茶叶，铁观音是有生命的，需要好的生存环境，所以我们这几年提出做好几个事。一是退茶还耕，还林。每年都是几万亩几万亩在退。这方面取得了茶农的理解与支持。二是对茶叶的投入品进行严格的管理，我们学习法国的红酒经验，以最严格的管理经验来对茶叶投入品进行管理。我们回来后，专门成立部门来管理茶叶投入品。这对土壤、生态、农产品都非常有好处。三是安溪努力建立生态茶园，把茶园建成休闲体验的地方，注重庄园文化的建设。随着配套设施的完善，过几年会更为突出。好，我的发言就到这里，再次感谢各位老师，并邀请大家去安溪指导工作。

王铭铭

听了廖主席的发言,感觉我们的研究是远落后于他们实践的,所以学到很多,深受启发。待会我们再回来这边。(下面)是否先进入陈主席的发言?

陈木根

真的非常感谢,(北大)创造这个条件,来这边学习。我们安溪县1985年是最大贫困县,人均纯收入是100来元,到1995年,就是300元。到2000年,单纯这个茶叶就2000元,2005年,是3500元,到去年,人均纯收入中茶叶这一块就将近7000元。我们全县的人均纯收入是12000元,茶叶占65%,这是一个数字。第二个数字就是,我们安溪县,一百一十五万人,涉茶的人口是80%,所以应该说专业程度来讲,安溪涉茶的人口是一百多万人口,从原来的最大贫困县到现在百强县,这是我对铁观音对这个社会所作的贡献的一个感激。

铁观音对其他产茶县贡献很大,外省外市外县,铁观音数量肯定是超过我们安溪铁观音的一倍,那意思是说对其他地区的贡献是极大的,这是第一。铁观音带动了全国的茶产业的发展,所以每个地方,每个种茶的都以铁观音作为一个榜样在推广,我们都知道生活在贫困的地区,安溪靠山吃山是什么呢?说实在,其他的又不能当饭吃,铁观音这个茶树我说是活的金矿,是摇钱树,你只要对它好,它可以一年四季取之不尽,用之不竭,把山上的绿色资源变成我们的经济财富,再促进各各方面的发展,这是我对铁观音的理解。所以铁观音给我们带来美好的生活、经济上的发展。

第二,为什么铁观音能够发挥这么大的作用?一种植物,我们在十大茗茶当中,铁观音是最年轻的,才有300年的历史。铁观音之所以是十大名茶当中一颗的明珠,是因为它品种的特性。它的特性风格就是花果香,整个工艺就是半花香,所谓半这个理解,我理解的就是中庸之道,我看着好像太极那样。铁观音可以叫做观音韵,其他茶叶都不敢叫韵,这个字很难。首先直观我们可以感觉到酸甜香,这是植物的属性,加上我们整个工艺,流程,半发酵的要十道工艺,从第一步,首先茶叶的管理就对生态环境要求很严格。第二个土壤,叫地利。第三,在修建管理方面,让它舒展,就是光合作用。第四,在采制的时候。中午一点到四点,这段时间采铁观音才会最好。采茶后面的十道工序,一个晚上,一个茶农是不好睡觉的,所以说做铁观音,由活到死,由死到活,它就是通过做成工艺,促进茶叶当中的水分(散发)。不然这个树叶怎么能吃呢?那正常的情况下面,传统工艺要四遍到五遍,有时候一遍也要两个多钟头,所以做这个茶,我们农村的说法好像照顾小孩子,很精细,铁观音比较贵,很难做,要做好的,不是那么容易。所以说,前后要20多个小时,才能烘培完成,十道工序,这个是在铁观音整个工艺当中形成的。

那么铁观音这个好茶,是什么好呢,要知其所以然。现在我们整个市场上面的铁观音,基本上都是跟以前最早的铁观音有一定的差距。我们喝到的铁观音基本上都是表面的东西,失去内涵的东西。我们要去研究探讨,有这么一个伟大的植物,能够给我们带来这么好的生活,来帮助我们发展,让我们如何把这棵神树内在的品质,来挖掘出来,给消费者见到最好的东西?这一般是我们茶农在做最大贡献,同时也是我们研究的一个东西,所以我就把铁观音的定位跟它品质的形成,粗略地介绍一下。

铁观音,在人们的生活当中,首先定位是人,现在茶已经深入到生活当中,像我们闽南地区,包括我们拜拜啊,也要三杯茶,包括女人出嫁,也要先送茶,这个作为礼物,这个物质每个人都要有。现代这个社会,我们每天喝的,在商场里卖的,都是添加剂,防腐剂,饮料什么的,那都不是很健康的,所以茶是最健康的,绿色的,所以,如果加大宣传,让人能接受,那么茶叶对整个社会发展,经济发展,身体健康有好处。

第二,香韵,人间能得几回闻?这点小茶叶,你不要小看它,我们去看大学的本科,有专门做茶叶史的,四年本科生研究这个茶叶,从保护的角度。我们品茶,还有加工,有五个等级,泡茶,茶叶师也是五个等级,我们茶叶也是五个等级,我们从这个锄头到茶杯,包含了多少文化含量在里面,所以我们拿起来的是一杯茶,文化这么深厚,文化积淀还是值得我们去探讨的,这是我对茶叶形成文化的一个理解,第二个理解就是我们这个茶文化在传播过程当中,推动了整个经济的发展,好像1995年时候,就是搞了个茶王赛,我把这个茶王赛做一个文化现象,通过这个茶王赛带动整个茶生产加工销售,文化,把茶拿去拍卖就形成了很大的轰动效应,真的把茶叶的质量提升上来了,价格也提升上来了,调动了人们对茶叶的认识,农牧产品有这么好

的东西,所以从五月份到十月份,就在中央电视台,连续在播这个茶王赛的故事,反映了一个农村的乡土文化,能够达到这个效果,这是不容易的。

人人想当这个茶王,而茶王只有一个,千家万户做茶王,做出茶肯定好,所以这是个良性循环,所以我说要赢茶王,人人都想当茶王,那这样从生产开始,就一步一步地把它带动上来,所以说这个文化现象,促进了整个产业的发展,让群众茶农知道这个茶好种。

一个朋友喝到一个好茶,拿回去,送了拿回去,拿回去一泡找不到感觉,找不到感觉是什么呢我原来要一副好茶,得到就是一种享受,他就说了一句话,好茶就是一种幸福,所以说茶叶,铁观音,从它的种植,从它的管理,从它的制作,包括从它的冲泡,从它的整个过程,都包含着文化在里面,这是我对铁观音的理解,第三,铁观音是茶叶,是精神的,我们常说茶禅,实际上是一种理念,这种理念能够共通在生活当中。我们泡,用小茶杯,三口品茶,你就会提升一种敬畏的心理,象征到我们社会,都是和谐社会。整个社会如果都喝茶,这个社会康定起来,如果这个社会都喝酒,就不一定了,酒会误人性。

喝茶我们也是在做善事,所以这个禅跟善又是连在一块。生活在山区的茶农,山上只有茶叶,他怎么把它变成产品,如果这产品没有销售出去,收在那里不能当饭吃,你喝茶那就把产品变成商品了,变成商品他就有收入了,有收入就让他看到希望,所以你茶喝的越多,做的善事就越大,就是大善,促进了山区脱贫致富,我们现在中国茶农将近有一个亿,不要小看,如果把这些解决了那贡献多大,那行善就有好处,为什么有好处呢?因为社会整个空气污染,汽车尾气,到上海就这样,都是没有一点清新的空气,那茶叶长在山上,生态文明,生态环境会非常好,它代表了绿色生态。绿色经济带动,促进了身体的健康,你想想回报多大,所以你不要小瞧,所以你要感谢安溪茶农,做了这么大贡献。

现在我们急功近利,浮躁,诚信缺失,卖钱不讲质量,这个真的要重新来纠正,所以这个方面,我就想提倡两个理念,一是有感恩之心,第一感恩茶树,一个神树,活的金矿,对这个茶树尊重,对源头管理,把它培养好,用最传统的工艺,把铁观音的花果香提炼出来,以优异的品质,来奉献给消费者,就是感恩消费者,我们说感恩茶树,感恩消费者,把最好的东西给消费者,消费者越来越想喝好茶,那做茶越来越差的,自然被淘汰了,来此促进这个产业发展。第二个要学习茶叶的奉献精神,风吹日晒霜冻,它还是茶叶,它采下来由活到死,摇出来,再弄下来,再摇出来,最后还是活的,用碳,用火,给它提炼。冲泡,用100℃的开水冲几遍,香气肯定还是在里面。

我把自己的感想,给我们大家分享一下,可能说的不好,因为心情激动了,请大家多多包涵,多多指正。

王铭铭

陈主席也是过于谦虚,把茶的物质性、精神性作了非常好的阐述。从廖主席到陈主席都提到了,向铁观音学习,而不是像某个人物学习,而是向植物学习,这一点对社会科学是非常有意义的。下面请我们的最后一位嘉宾谢部长发言。

谢文哲

首先要感谢中国社会与发展研究中心跟王铭铭教授的精心筹备和热情邀请,特别是召集了北大这些非常著名的教授和学者来探讨,并专门为安溪开这样一个生态文明地方经验的恳谈会。我是做宣传工作的,所以对时政的关注应该讲也是比较及时的,5月5日中央刚发了一个有关生态文明建设若干意见的提议。

上个月在厦门跟王老师碰面,开了一个叫世界闽南文化的发展论坛,当时我们两个人在闽南文化发展基金会那个晚上喝酒,约定说5月8日、9日要来北大烧香,给蔡元培先生、费孝通先生,包括王老师办公室的清水祖师烧香。前面两位我们不敢去烧,怕被保安抓起来,山里人还是有一些见识上的问题,我们安溪来的这一帮同志就很虔诚地来到王铭铭老师的办公室给这个清水祖师烧了一炷虔诚的香。

这炷文化祈愿的香,希望在各位的关心关注下,王老师还有在座的各位大名鼎鼎的教授,希望今后能够多到安溪去开展这个课题的调研,凡是王老师介绍去的,不管有没有打电话,我如果知道了,一定义不容辞地做好服务的工作,先表态嘛。

这么些年来可能从大概2001开始,我跟王老师两个人,都是双鱼座,这个是昨天晚上才知道的,都是3月14日出生的。在他的学术研究的影响下,这几年我做了些有关铁观音文化的实践,这是实践的活动呢,一开始我想,安溪和武夷山相比较而言,武夷山的积淀要比安溪多得多,这个当然有一些历史的原因。所以我谈得一个观点就是,南宋北宋的时候,武夷山出了一个朱熹。某种意义上,在南宋的时候,武夷山已经是中国文化的中心,团结了一批文化人,儒学的中心就是在武夷山。安溪建县的时间很迟,直到公元950年,到现在也才一千多年,比较偏僻遥远,闽南人依靠的这样一种精神,靠山面海,有山的稳固和海的开放这样的心态,把安溪县和安溪铁观音这样的品牌做成了一种生活方式,风靡了全中国。这种现象,我作为一种地方的小官吏、文化人,应该说是如果要谈文化自觉,不坐而论道,我可能就卷起手腕开始干活。就像用这样一种方式,把我们安溪铁观音和安溪地方的文化作为一些文化理论上的构建,想探讨它文化上的一个理论构建,中观的以及微观的。虽然有些贪心,我一个人不可能完成宏观的、中观以及微观的理论构建,但是我是真心的,作为地方的一个文化人,必须有这样的一个文化自觉在里面。也是实践我们费孝通先生提出的文化自觉的思想,在这种思考的指导下,这几年来做了一些工作。除了参与到县里面的活动当中呢,带来团队,我自己也在做。

2010年就首先做了一本书,这本书做了三个版本,美国的英文版,台湾的繁体版,大陆的简体中文版,首先是为一棵植物写一本传记,《安溪铁观音——一棵伟大植物的传奇》,当时呢,这本书我作了这样一个副题,现在安溪无论什么地方都知道这棵植物是伟大的。植物为什么伟大,我就通过这样一本传记,告诉人们这棵植物怎么改变一个地方——安溪,改变一群人——安溪人,又通过他所创造的生活方式来美好了一个世界。今天,它不仅改变了安溪,改变了安溪人,还丰富美好了这样一个世界。为什么伟大?伟大就伟大在这个地方,刚才廖主席,陈主席也讲到,植物的身上,它很纯粹,有很多值得我们人学习的地方。

到了2013年的时候,就把这个植物放到了整个安溪的文化背景下,闽南文化的背景当中考察它的风土。做了一本书,就是《茶之原乡——铁观音风土考察》,我把我们整个安溪定位为茶叶的原乡。因为安溪,除了发现和培育了铁观音,它发明了乌龙茶半发酵的制作工艺,又培育了六十几个茶叶的品种,安溪人在18到19世纪所开创了这个海外贸易,将我们中华帝国的很多东西带出了国门,带到了香港、澳门,我把安溪定位为茶叶的文化原乡。

到了2014年的时候,就做更为微观的东西。一直在王老师学术的指引下,他考察了一下东南亚的文化山,我就受他学术的启发,组织了一帮的团队调查了安溪山头,做了一本书叫做《安溪寻茶记——名山,名茶,名人》。安溪它的土地面积有三个香港那么大或者说有六个新加坡大。我看世界地图册,人口少于100万的国家有70多个,安溪是118万人。安溪某种意义上也是一个"国",土地就更不用说了。安溪它是一个丘陵地带,高山很多,千米以上的高山将近三千座,2943座。铁观音就生长在600~1000米的王老师说是中间性的一个海拔上,在这两千多座山上选择了23座最具代表性的山头去开展研究,山跟茶跟人是如何有机结合成为一个系统的。这是2014年。

这么一些文化的实践做下来以后我就有一些思考,我们将茶叶作为一种物,它在安溪人,在闽南人的精神生活之中,处于一种什么样的位置。思考安溪人如何用一种植物,一套茶沟通人与人之间的关系,人和神仙之间的关系,人和祖先之间的关系,甚至人跟鬼的关系。安溪县志乾隆版,嘉庆版,都有专门记载祭拜厉鬼,祭台上要摆的其中一件贡品就是茶叶。除了馒头猪肉,还有茶叶。就是说茶如何去沟通人、神、鬼、祖先之间的关系。

还有思考一个问题就是茶路传播。刚才我讲了,在18、19世纪的海外贸易当中,它是如何通过安溪移民的播迁,和移民是联系在一起的,如何在海外贸易中崭露头角,如何成为一种乡愁的迹象。我在2013年做这个《茶之原乡——铁观音风土考察》的时候,书已经基本上成型了,除了请王老师做了一个序之外,我也请我的小孩给书写一篇文章。当年他读初二,15岁。我自己写后记,他给我写一篇文章。有一天我邀请他到我的办公室去,我说你父亲要出一个书,你来给他写一篇文章,我不给他出题目,然后他就写了一篇文章,叫做《铁观音,我们的乡愁》。这篇文章就用描述的方式写我的父亲,我以及他们这代人对铁观音文化的理解,文章里面他就讲到说他的祖父退休后回到家乡,每天早上怎么喝茶,午休以后,实践很准点,都是两点五分的时候他的爷爷就会醒来,之后又怎么喝茶的情况。写到我,喝茶就比较复杂了,有办公室里面,家里面,摆着很多的瓶瓶罐罐,闻香,还要和香道结合在一起。接下去就讲到他们这一代人,新一代的安溪人,现在不喝茶,年纪到了的时候，一定会喝茶。他们要到异乡去拓展天空，会把铁观音的文化，铁观音的精神带到异乡去。其实我自己本人想通过这样一种方式在书里面埋下这样一个伏笔，让新一代安溪人，等我的儿子长大成人，成家立业，当他在翻起这本书，文化的传承能够依靠这篇文章串联起来。有一种文化的实验在里面。

  我想，从这些文化的实践之中得出的一些结论，铁观音文化，它不是博物馆里面的藏品，它是在大地，在民间的，在安溪的家家户户，男女老幼，人人都会讲茶，说茶。泡茶的功夫都非常了得。文化是一种非常实在的需求，好像我们在办公室泡茶，在家里泡茶，离开了安溪，来到北京，我们一定会把铁观音的这个茶叶、茶技带在身上。它是一种人性，是一种在文化传统中形成的自身，现在是一个科技的时代，我们就像在这个世界上应该还有其他的选项，其他的可能、其他的思考方式和地球产生互动，这就是一片小小叶子产生的一个效果。借此，有这样一些文化的实践思考我们铁观音文化核心的一个建构，怎么样从土地当中来，从品种当中来，从工艺当中来，我认为，铁观音的文化，从一棵茶树，一套茶叶身上很强烈地体现出三个字，一个是"和"。这个"和"，首先是天地人和的和。优秀正宗的铁观音只能产生于安溪，天地，天其实也是地的一部分，只有地的一部分才能够影响地，否则宇宙那么大，我们根本够不着，能够对地产生影响那一部分其实也是地的一部分。是一个天地人种和在一起，人是安溪人，种其实就是一个品种，安溪人发现培育的这个铁观音。安溪铁观音有两个传说，一个是"王说"，一个是"魏说"。我在做研究的时候就想到，"王说"里的是那个书生是在那个山头发现茶树，"魏说"是一个农民，观音托梦给他，也去找到了一棵茶树。如果用科学的角度来研究，其实两个传说都没有解决茶树是从哪里来的问题，茶树就长在那儿了，如果从科学的角度，应该是一个茶树的遗传变种这样一个结果。不管怎么样，茶树就诞生在安溪这样一个特殊特别的土地上面，它是一个天地人种结合的和，天地之和，集天地之灵气。这是第一个和。第二个和是人和茶的和。到1996年的时候，因为要做一个纪录片，当时我就和我的一个很好的朋友写一个脚本，写一个乡下记，在离县城六十多公里的一个乡镇住了两个晚上。当时我还不懂茶。住了这两个晚上要写一个纪录片，某一个茶农的一天，一套茶是怎么制作出来的。就感觉到一套茶没有一个团队是制作不出来的。茶农叫柯文明,他有四个小孩,还有一个媳妇,一套优质的铁观音就是在老父亲的带领下面,几个小孩团结协作,每个小孩都管一道工序,铁观音的制作有四个阶段,十一道工序,每一道工序都是环环相扣的。需要有一个团队合作。没有一个团队肯定做不出一套好茶,包括他的媳妇,她的工作是做好吃的饭,好酒伺候,才能保证这个团队有充分的精力去把这个茶品做出来。好的茶有十几道工序,没有团队是做不出来的,人礼茶至。做茶的过程中,茶有人的心象在里面,到安溪去考察就会知道,安溪人对茶叶,他是怎样去珍视我们手中的这片茶叶。这是人礼茶至。第三种和,我觉得是安溪的文化涵养不同文化之和。有中原文化,从中原播迁过去的;有闽南文化,本土性;有海洋文化,我们靠山又面海;有茶乡文化,把茶的这种生活方式带到了全世界各地;还有都市的文化,含有时尚的元素在里面。涵养不同文化之和。就像我们现在喝茶的时候,讲茶道,把花道、香道都融合在一起。《三联生活周刊》最近就做了一期关于茶道的文章,这期文章一定会很抢手。今年所做的主题叫做"茶本主义"。就是我们这个茶叶的文化,刚刚两位主席也谈到,就是说怎么样去尊重一棵植物,向这棵植物去学习,这棵植物的忠诚,忠诚于脚下的土地,他一旦离开了安溪的本土,就要变异。为了喝离开安溪的茶的味道,我特别跑到台湾,那个茶树的品种是从安溪带到台北去种的,品种发生了变化,离开了安溪,品种就产生了变异。一棵植物如何去忠诚于脚下的土地,他身上体现出一种纯粹的精神,只要按照他半发酵的工艺去做,铁观音它一定有兰花香,一定有观音韵。一个人不管是什么样的职位,教授还是学生,只要按照他的冲泡方法去泡,泡出来的茶一定好喝。它很纯粹,不会像我们人一样分成三六九等,植物的身上它有纯粹的精神。忠诚于脚下的土地,它的纯粹,这是我讲的第一个字,和。

第二个是"健",保健之健。两层意思,第一层意思是健康之健,铁观音作为一种植物,来自于集天地之灵气,它有氨基酸,有儿茶素,长期喝茶,对人体健康有益,这是保健之健,第二个健体现出一种生命价值观的健。"天行健,君子自强不息"的健。铁观音品种诞生不到三百年,比普洱茶,比武夷的岩茶都要迟,但是依靠安溪人的这种君子自强不息的努力,把优异的品种做成了一个后发的品牌,现在我们是第一品牌,是十大名牌之首,也是中国产茶第一县。刚才我也讲到,铁观音它改变了一个地方,一群人,改变了安溪，改变了安溪人，这更不用说了。

第三个字是"美"。中午我们到大楼的时候。在一楼，费老先生提的十六个字使我深受启发，"各美其美，美人之美，美美与共，天下大同"。安溪的茶美，美在什么地方呢，它是一种自然的东西，品种纯正，花香天然，还有一个是有独特的观音韵在里面，从物性的角度来讲是美。第二个美，我觉得是人文之美，茶美艺美，自然之美，还有人文之美。而且这个人文之美呢，表现的对象就是我们的茶艺，安溪的茶艺，安溪的冲泡方法，这次舞台上的表演让大家来了解茶的这个文化魅力，更主要的是说，它表现在大地，表现在民间，男女老幼，家家户户，不管贫穷或者富裕，它都有一套生活待客的茶艺，每个人都会说来喝茶。就是用这样一种方式来待客。

这就是我这几年来所做的一些文化的实践工作，其实是微不足道的，刚才王老师这样提了我只好从自己的这种微不足道的文化研究讲到我对茶叶的微不足道的理解。讲得不好，请各位专家，各位老师批评指正。

二、会议讨论

王铭铭

刚才的三位嘉宾，让我们北大的老师都有种追赶不上的感觉，水平极高，口才了得。我刚才说我们要好好追赶、努力，才能精进，但是飞舟老师跟我说再努力也没有用。下面我们进入第二个阶段：首先请几位评议人飞舟老师、晓阳老师、罗杨老师，对刚才的发言进行回应。讨论可以延伸得更广一些，没有什么限制，周老师你带个头。

周飞舟

首先感谢我能有机会来到这个会，也从中学到很多。去年在安溪开会的时候，我曾非正式地拜了陈（木根）主席为师，但是由于接触少，我觉得自己名不符实，一点儿也不懂。所以听了三位刚才的谈话，我确实像王老师讲的那样，根本追赶不上，所谓"瞻之在前，忽焉在后"。

评议就谈不上了，我就说一点自己的体会吧。我就讲几点，首先就是去年在安溪的时候,我就听陈师父在那里讲"观音韵"。一般我们说茶叶香,但是对铁观音来说,香是涵盖不了的。韵和香不一样,韵有一个悠长的回味。"香"只是一种感官上的体验,但是"韵"有一种精神意味在里面。我当时一听陈师父讲"韵",我就被征服了。

我下面具体讲几点体会。谈到茶,我主要的感受跟王铭铭老师是一样的,就是觉得安溪人对待茶叶并不是简单地当做一种饮品来对待,而是以一种文化的态度。说"文化"还是大了一点,具体来说是中国传统文化里地"天人合一"的概念。

所以他们(安溪人)对待茶叶,其实是把茶叶当做了"天地之精华",把茶叶当做人来对待。这一点就接上了中国传统主流文化的精髓:《易经》里讲"云行雨施,品物流形。"作为人,被上天赐予的万物包围着,修心见性,见人之性方能见物之性。所以我们人要做的是把茶叶所包含的天地万物的精华发挥出来。

大家最近都在看一个纪录片《舌尖上的中国》,这部片为什么好看呢,并不说它的(拍摄)技巧有多么好,它好看的地方有两个:第一个是它把你生活在这个世界上的周围的事物,作为一种食材可以"见人之性",方能"见物之性",把物的精华都发挥出来。另外一点我觉得和社会有关系,我待会再讲。

我对中国古代思想的理解,就是作为一个人,你生活的主要目标是变得像一个人,把人作为"人"的"性"全部发挥出来。所以古人说:"形色,天性也,惟圣人然后可以践形。"意思就是说,我活了一辈子,我要把自己作为人的那部分从生活中呈现出来。"践行"则是和"体悟"完全结合在一起的,因为你不可能靠整天在那里打坐就实现。你得和人打交道,和物打交道,靠体悟、体验,把人作为人的精华发挥出来。这是铁观音作为一种文化,和做人相通的地方。

而如果你要把这些精妙之处发挥出来,确实是有很多讲究的。刚才廖主席也讲,安溪铁观音已经从脱贫致富和市场经济的阶段到达了另一个阶段,要退耕还林、还茶,到了和文化相结合的阶段。这个反而就和陈木根老师提倡的一样,要把它做得非常精,做得文化意味非常浓才能实现。要真的有"韵",就要有文化的传承,所谓传统的技艺和工艺就变得更加重要。

大家都知道,传统的技艺和工艺没有效率,它不适合大规模的生产。而

市场化、工业化,破坏的就是这个东西,它是另外一套效率和生产的逻辑。但是当你讲究另外一套逻辑的时候,传统的东西反而会显得更加重要。刚才廖主席也讲到了铁观音面临的一些问题,比如假冒的问题。"假冒"几乎就是我们中国人的基本特征,模仿是我们的后发优势,全国各地都这样,我觉得这是大环境的问题。

但是其实有一些产品它经历了这个阶段后,就到达了另一个阶段。就像我们刚才在聊茅台:大家都在仿造茅台,结果是求一瓶真茅台而不得。我觉得铁观音也是这样,铁观音那棵树就在安溪,这点是改变不了的,也是安溪最大的优势。所以安溪铁观音要发挥优势,最重要的还是要挖掘它在传统文化上的特征。这是我的第一个体会。

第二个体会呢,是几个关键的字。比如说"和":我们课上经常讲到这些概念,中国传统文化的核心是"礼",而"礼"的核心精神就是"和"。但是"礼"的具体表现为一些东西和一些动作,古人叫"名物度数、揖让周旋"。它主要就是一些东西,然后你怎么用这些东西。和而言之就是礼。儒家思想就在我使用这些物和怎么使用这些物之间,这是社会的奥妙:人和人怎么才能和谐相处,社会怎么达到善制,核心就在这里。

古人说得有点悬,但核心就讲究一个"和":"喜怒哀乐而未发谓之中,发而皆中节谓之和。"和其实就是一个调和,"发"出来"尽"、没有"过",又没有"不及"。要做到把情感发出来,又不过又不及,确实和"礼"有关系。这是刚才陈师父讲到酒和茶的差别。茶之道也讲究"和",我觉得你(陈木根)讲得特别好:水火相济才能做出好茶。水火相济就是刚柔相济,古人说"柔亦不茹,刚亦不吐"。刚好比义,柔好比仁,刚柔相济则"仁义备至"。

我们在使用天赐予我们的物的时候,用"礼"的态度去对待它的时候,其实是与我们对待人的方式,对待鬼神的方式相通的。相通之处就在于一个"和"字。水火、刚柔都是"和"的一个具体形式。所以我要好好学习谢部长写的这书,用茶来讲这个"和"字,可能对我更有启发性。

第三点体会是刚才廖主席提到铁观音的层次和怎么进一步发展的问题。去年我去过两趟福建,一趟是和铭铭老师去了趟安溪,一趟是去晋江调研。当时去晋江做的是城市建筑和文化保护的调研。我对闽南非常之陌生,所以铭铭老师带我去转一圈后我大开眼界,去了一趟晋江也特别受启发。

我在晋江看到的,可能在广东也有一些,闽粤两个省可能是民间传统文化保存最完整的两个省。我去晋江的一个村进行调查,时间很短,深入调查谈不上,我就说一些初步的感受。

我觉得闽南的基层社会处于一个非常好的、稳固的状态。这一方面得益于之前王铭铭老师说的乡贤、士绅的作用,他们作为一种精神和人格的存在。他们有些非常物质和生活的基础,我自己总结起来就是"尊祖敬宗"四个字。因为我去看得比较多的是祠堂、神庙和祖厝,每个村都有的三大建筑。我自己上课的时候跟学生在书里那些东西,到了当地后和经书一印证,发现确实保存在这里。

中国古代讲"尊祖敬宗"是讲究一套程序和秩序的,是一个复杂的体系。宗有大宗和小宗,叫"大宗能率小宗,小宗能率群弟。"这跟闽南乡村的建制结合起来,恰恰就是以祠堂为大宗,祖厝为小宗。而且很多祭祀有大小宗的遗迹,比如出了五服,小宗亲尽之后,他们就会把牌位移到祠堂里去。人去世之后不能停放在祠堂里,只能放在祖厝,非常讲究。

所以大家说"葬在柳州,死在泉州"。"死在泉州"就是说泉州的葬礼办得非常好,死人的地位非常高,祖先的地位高。祖先和死人的地位高导致老人的地位高,祖先和乡贤的地位高,这就导致了闽南地区一个非常有序的格局。

我当时去晋江调研,晋江跟安溪不同,是没有茶叶的,只有工业化。我们说CCTV5是"晋江台",因为上面所有的广告品牌全出自晋江。我去了一个村印象特别深:这个村叫前蔡村,村里的老书记就是他们的族长,当了几十年了。这个村改革开放之后就办食品加工厂,一下就做几十家,现在还有十几家,都做得非常大。这种现象是非常特别的:一个村就一千多人,在一个一千多人的地方大家都生产相同的东西,都是开同一种厂,没有最后都垮掉剩下一家,而是大家共同发展——他们做得最好的几家都上市了,盼盼集团就是他们村的——我们跟老书记访谈,老书记说这个(现象)没有其他的原因,就是"尊祖敬宗"四个字。

比如说,解决假冒、欺骗、借钱不还的问题,都用这四个字解决。它看上去完全是死人的问题,但实际上起的是活人的作用。这并不完全是功利性

的考虑,我一直觉得诚信、道德这些东西,靠宣传靠比赛最后都会弄成假道德。而在闽南,他们靠的是在保留这些传统的基础上所发挥出来的"礼"。

安溪的情况我不清楚,晋江是这样的。我回来就跟学生说,中国古代思想的核心就在于"亲亲"、"尊尊",这个你们在晋江村庄里都能看出来。"尊尊"就是尊祖敬宗,"亲亲"就是亲其所亲。他们村里那些企业家热心村里的公共事业,他们的所做所为都超出了自己家人和亲戚,一定是能覆盖到亲戚、邻里、祖先的。所以村里的公共事业都办得很好。

我自己是做农村研究的,全国农村跑得不少。现在农村公共品的提供都是靠国家——因为村庄现在也都原子化了——都是靠国家公共财政覆盖农村,这纯粹国家财政的力量,其实做起来有特别大的问题。我以前做"项目制"的研究,(国家财政)覆盖农村的方式主要就是用项目制的方式,我那些论文说的就是项目制其实起不了多大的作用。真正起作用的还得靠乡土社会自己。外部的制度、资金、法律,这些都是死的东西,不是人。《孟子》说"梓匠轮舆能与人规矩,不能使人巧。"不能把人变好的制度都是走不远的。

所以我觉得铁观音的这个文化性这么强的行业,是可以和乡土社会和传统文化的重建和建设结合在一起的,这叫"各美其美"。如果能做好,我真的觉得安溪铁观音会成为茅台一样的东西,到时候我也就求一口真铁观音而不得了,但是我心向往之。我就说这么多。

王铭铭

飞舟老师读过很多上古经典,好不容易刚才发言的水平比较接近三位嘉宾,非常精彩,是要都这些经典才能使我们接近这些乡土这套东西,现在我们请晓阳老师评一评。

朱晓阳

谢谢,前面很精彩,到我这里,既没有经典,又没有乡土知识。说几句吧,前面安溪来的这三位乡贤,去年我们实际就已经见过,给我的印象很深刻。在去年因为开大会嘛,今天亲自聆听,更是印象深刻。向你们提到的那些,正好在座今天有这么多学生,可以做人类学博士论文的标题,"感恩神树,向茶叶学习"。我倒是觉得我在这里学到了很多,坐在后面的这些学生,可能会有很多感悟。我觉得我自己平时感触很多,像刚刚飞舟说的这个把经典和当下基层社会联系在一起,受益匪浅。那我还能说点什么呢,我有一点思考,实际上是去年下去的时候,断断续续都有去过,实际上呢我觉得王老师也说到,当下人类学在讨论什么本体论,关于物的灵性啊等等,其实你们几位已经可以教人类学的人,可以提醒我们学人类学的学生,植物,或者说是茶叶,他们有自己的本性,这个是一个我们必须重视的。特别是在当下,去年在安溪的时候,我们去过几个大公司,包括你们的领导也在谈,我有一个印象是,过去,起码是20世纪80年代,我第一次去安溪是1988年,去年我还想去看一看一个老朋友,叫潘水木,已经过世的一个党委书记,那个时候是去过一下。我印象里这二三十年来,我们主流提高茶叶质量,实质上是一个反茶叶本性的做法,把加工的过程标准化,你们说要花很长时间来糅,实际上质量是没有办法控制的,今天天晴呢,晒得正好,突然下雨了,它晒得就不一样了,这个茶叶整个没法预料。本来是没办法控制的,这三十年来所做的呢,就是用这个,比如说烘干机,可以保障茶叶大致质量是一样的,另外一个呢,其实是把销售上的公司化,大的市场,大的公司,用这个来统一掉,实际上是想改变茶叶的本性,去年我们的学习,包括前面几位在谈的,实际上茶叶的本性是没有办法改,我们只有反过来,向茶叶学习。顺着他的物性,做一些人事,这样呢才能和茶叶结合在一起,茶叶才会变好。这是我去年,今年想的事儿,其中就会有很多损失和牺牲,如果你这么讨论的话,那大茶叶公司的地位那里去了,你这么标准化的话。包括这些在内,再加上去年,茶叶的危机。除了这些以外,防腐败问题,去年我们去收到的茶叶已经减少了很多了。从这个角度来说,这是对大茶叶公司的这样来做茶的一个打击。这些情况下来讨论我们这个会呢,就会特别有意义一些。当然我们不是做实务的,是想这个茶叶的本性是什么呢,你们几位都是乡贤,同时又是跟政府、跟茶农都有接触的。应该会比我们感悟得多。

  总的来说,这是一个,另外一个,回来后我想,因为最近几年我都是做城市化,有一个问题就是当下的产业对城市的聚集,产业链的改变,从交通、地势、公路、铁路这些交往方式对城市的影响,在今年初,我就写了一篇中关村的衰落,从我们这里往南走,以前你不可想象,根本走不过去的,但这两年,畅通无阻。中关村路口,过去我们称"中国的硅谷",现在已经空空荡荡的了。写这个的时候我就想,我们在安溪开会,去年我去你们那个溪村,坐在那里等人,就看见快递公司过来取货,后来我回来就联想,这也是一个巨大的改变,产业化茶叶的冲击。回来我写这个,就查了一下,其实对你们来说,影响挺大的。通过网购,也就是电商来销售茶叶,今年可能已经到了20亿了,去年前年可能14亿,大概是这么一番的上升。这个是一个巨大的改变,还有直接开网络上的茶店,大概在你们安溪是有五千多户。我看的一个材料是这么说的。要么电子商务,要么无商可务。

所以这个事加在一起,其实我们现在顺着茶性来做是有好处的,因为实际上,不管互联网公司,马云,阿里巴巴赚了多少钱,实际上,一个大的改变,它是把厂家和消费者之间的所有中间环节给替代掉了,所以中关村是空了,但是很多人是躲在城中村里卖的,他不需要这个系统,这个系统倒是有点像我们安溪的那个大茶厂,那里也挺冷落的,这个值得我们思考。而且我觉得是有好处的,这使我们的生产、文化研究直接和茶的本性连接,从经济的方面来说成本降低了,从这方面说,我就想到这些,这五千个网点差别化,物性的差异,过去三十年我们想把它变成高质量的,但实际上只能把它变成一只平庸的中质量。就像陈主席说的,表面有茶叶,内在就没有了。今天我们可以有这样一个改变,反而给我们提供了一个契机。我是这么在想,这个跟我们有关系,我们的学生在做茶的研究时候扩展一些研究的视角,我们不仅仅是盯住人文视角,现在把这个搁进去,可能我们会对茶的未来有一些新的想法。还有一个,刚刚飞舟说的时候,我有点想说乡贤这个问题,不过现在好像已经有点忘了……

王铭铭

非常精彩,我觉得是在讨论两个联系,一个是和我们的思想的联系,几位乡贤讲的事情和我们学科的思想的联系,另一个是从我们的研究来看它能够对我们实践有什么启发。下面我们是不是请罗杨博士来说一点回应?

罗　杨

评议和回应都谈不上,因为三位是我的老师,简单讲一下三位老师的演讲对我的启发吧。刚才听谢部长说呢一不小心就知道了自己和闽南之间的一个差距了。我听说王老师办公室有一尊他从安溪买回来的清水祖师的佛像,那三位安溪来的老师都在那里笑而不语,可能在我眼里,那尊清水祖师雕像他就是一个商品,那在三位闽南人那里就是一尊神灵了。这不是说闽南人只懂在我们看来的一些封建迷信,商品的理解,闽南人经商的这个本事和范围就像讲的,在海外的整个华人圈子里面,闽南人是最厉害的。那最近一段时间的,我是和孙静、敏红一起读了一些闽南的书,我们通过讨论也在不断地追寻,什么是闽南和闽南人,初步的一个印象就是,闽南是文人、进士、商人都得出非常多非常杰出的一个复杂交织的地方。一方面,它可以土到你在那里做田野感觉像是生活在古代社会一样,看到一些可能早在汉人移民区以前的那样最为原始,仿佛是从原始社会传下来的信仰观念,包括汉人移民去了以后,给我们的感觉是"礼失而求诸野"的那种感觉。另外一方面就是它可以最洋气的,比如说在18、19世纪就是闽南商人通过以茶叶为主的贸易,它使得西方人能进入到整个东南亚和中国的这个市场。闽南人在海外是最受西方殖民者欢迎的,因为他们最懂得做生意,最懂得西方人的那一套经商的逻辑。另外一个就是,闽南在外回来的这样一些人,可以说是开启了近代现代化的一个进程,就是那些所谓的华侨。中国近代的这个现代化确实是从东南沿海开始的,而且和海外的移民是有紧密的关系的。所以三位老师刚才的讲演也使得我觉得他们对茶,这样一棵产自闽南的植物的理解,我们对闽南的,从书本上读到的是一些,三位老师都见到感恩的心态,我对这棵植物好了,那么它相对就会回报我。这就和闽南人会在神像前面烧拜,然后祈求神灵的保护,这个逻辑是一脉相承。另外的话,像陈木根老师讲到的铁观音的这个半发酵性,他归结为是一种中庸之道。我觉得这种所谓的半发酵性和中庸之道,它和闽南安溪这个地方,它背靠的是整个帝国、面向的是整个海洋世界。这和闽南商人在地方上,在近代既是西方来的这些外国商人和土著之间的一个中介,那他也是国外的商人和中国整个市场之间的一个中介,闽南人的这个特性和这株植物的特性有一些相通之处吧。那所谓的一方水土养一方人,谢文哲老师也在他的一本书中说到铁观音的风土,当时为了给谢老师这个书写书评呢,我就去查了一下风土这两个字的含义。其实它最开始是古代的一些仪式,每到一个时节的时候,通过一群史官做一些仪式把地里面的一些东西散发出来,这个仪式就叫做"风土"。

如果说铁观音这样一个物,实现了安溪的这个地上的东西通过这棵植物把它散发出来了,那么三位来自闽南的老师,他们的角色和铁观音是相似的,把闽南的这个东西,通过他们的仪式般的呈现,使得我们外来人也感受到了。从这个意义上来讲,不管是铁观音还是三位,刚刚老师讲的"乡绅"这个阶层,都对我们理解闽南和闽南人有了一个丰富。

王铭铭

嗯好,那现在轮到吴正元发言。

吴正元

我先把这几句话记录下来。发言是不敢的,我们闽南发展基金会主要做的是闽南文化的记录者和传播者,所以我一直在做笔记。从三位,我跟谢老师,谢文哲部长是师生关系,我在读高中的时候他是我的老师。那我今天能在这里说几句话,其实得益于安溪这片土地给我的营养和老师对我的培育。在这里很冒昧地说,我对铁观音不了解,但是我对普洱茶很了解。为什么对普洱茶很了解呢,那我就讲一个故事来引证一下我今天听下来的感受,用两句话一个词就是:铁观音的舒筋活络和强身健体,还有一个点穴功能。那么舒筋活络这句话不是我发明的,前两天和王建老师在聊,聊到城南聚宝街怎么治理的时候,他谈到了城市的治理功能的时候用的一句话。这个舒筋活络,强身健体呢在铁观音的人文属性里也好,更多的它的神性也好,其实它能够带给我们这个社会的,就是舒筋活络,强身健体,它最强的就是点穴功能。我在东南亚这边一直走的话,最近在这边,接触大量的华侨,当他们把家庭对我敞开的时候,让我最感兴趣的是,他们有一种茶叫正溪茶,就是来自安溪的铁观音。但是它用闽南话来说就是正溪茶。刚才陈主席在讲这个的时候谈到一句闽南话"(音 lilu)"其实就是罗杨老师你说的仪式的问题,我们对物对人的那种尊重。我最近在思考,茶这种介质,在海外,我们这个所谓的帝国,强大的贸易的时候,茶这个物品在海外他们人的地位中是什么?在欧洲人的地位是什么?前一段时间我请了一个人准备到荷兰,到那个博物馆里去查找东印度公司里跟茶的关系,茶的位置。中国的茶在东印度公司里的分量和它整个流传的关系,他的材料很快就会送到我这里。当时他和我谈的最多的是,从武夷山出去的茶然后,最让我感兴趣的不但是中国有"lilu",西方人也有。那么,茶,这样一种介质,在这个江湖里面是怎么形成这个地位的,普洱茶有江湖,铁观音的江湖在哪里?所以我一直在拜读这个老师的书,从《茶之原乡》到《寻茶记》,我把他的《寻茶记》带到了海外去,在书里面呢,有一个安溪西坪人看到写安溪西坪这一章的时候,他就很有想法,可是很遗憾,我带去请他喝的是普洱茶。所以我抛一个议题给大家,我不知道人类学的角度是什么,抛一个议题就是茶叶的江湖如何来形成?铁观音的江湖又将怎么来理解?我有一趟去日本的活动,我一直在想日本的茶和铁观音的关系,那我现在在做这方面的资料,日本的这个抹茶,绿茶,茶史,更中国的铁观音有多大的渊源。我抛一个议题给大家,茶叶的江湖,铁观音的江湖。期待着下一次再来学习。我就说这些吧。

王铭铭

感谢精彩的发言。那我们第二个比较正式的评议的环节就算告一段落。下面的第三个段落是开放给在座的老师和同学,主要是给(向)三位嘉宾请教问题的机会。我们除了评议人之外,还有一些老师。张亚辉老师是……不好意思说他是哪个大学来的。他是清华的物理学的本科,后来不小心跟我读了个博士,现在很后悔。然后舒瑜老师刚才介绍了,也是不小心跟我读了(博士),但是她是我学生里最早关注"物"的。清媚,然后再介绍敏红,舞蹈学院的副院长,可以说说茶会不会跳舞之类。那个是个音乐学的博士,萧舒文。还有很多同学是以我们的研究生为主的,博硕士生为主。我们就自由地来请教或者谈一谈自己的感想。

舒 瑜

那我来说一下,我其实觉得刚才大家讲的都非常有收获,我只是有一些联想,那么也是非常浮想联翩的。就是,铁观音这个名字,因为刚才大家讲的都是这个茶和礼的关系,那刚才陈主席好像也强调这个禅茶的问题,就是说这个茶和禅的"禅定"可能是对茶的传播是非常有关系的,特别是在整个西南。因为我当时是去过四川的蒙顶山,现在他们说他们那里是全世界人工种植茶的发源地。他们那个地方的茶的发展其实就是跟寺院发展起来是

非常有关系的。我就在想说说铁观音这个名字,是不是说我们安溪的茶在历史上会不会跟佛教的传播,或者说跟禅宗有一定的关系。就有这么一个想法。

王铭铭

请教哪一位老师呢?

舒　瑜

都行。

陈木根

铁观音这个茶,铁观音名字的由来刚才我们谢部长也粗略地介绍一下了。它有两个传说,第一传说就是"魏说"的,"魏说"也就是"梦说"。"梦说"里说这个茶就和观音——南海观音有一定的渊源了。三炷香向观音保佑平安、家庭幸福。那由于形成这么个习惯,有一天晚上他就在睡的过程当中梦见一个女人。一直远远地走过来,说在一个大石刻的那个地方,一块大石头下面,有一株摇钱树。意思叫他第二天起来到那边去看一下,他大概刚要问在什么地方。天要亮了,狗叫了听见狗叫的声音,所以就醒了。第二天,五点多起来马上就到到那个地方看一下。一块大石头下面果然有一棵茶树。走到那边之后刚好天亮。天亮太阳刚要出来,照射出来,所以闪光照进去闪闪发光。它就真的是一棵茶树,这棵茶树跟其他的不一样,就把它这棵茶树挖上来——怕被别人挖去嘛。挖上来放到家里,家里用铁锅培植起来。用铁锅培植起来因为量太小啊,制作的时候就不好制作嘛。所以说就用红线把它一叶一叶串上来,跟其他的茶叶一起种。培植两年的时间还不知道叫什么名字。就有一次刚好他好像农村这个在办喜事,他邀请很多的亲戚啊还有私塾的老师啊,把这个名人请过来。有人喝了这个茶,唉,跟这个其他的茶不一样。他就说你们觉得这个可以叫什么名。他们问他这个茶是哪里来的。他就把这个梦通讲一下。那有人说叫"铁罗汉",因为制作出来有黑色很重;另外一个私塾的老师,老师听了这个以后,他说:"你们梦中一个女人就是南海观音,女的较有代表性。"他说平时敬观音,既然这样你这个就是南海观音托梦。这个摇钱树就是让你把它照顾好来庇护人间、造福万民。所以说"铁罗汉"也好,那用铁锅种,未来就叫做"铁观音"吧。这个是梦中传说得出的一个铁观音跟这个禅意有些相似的来源。

第二个就是清朝乾隆年代1736年,那时候一个秀才在一座山的那边读书。他在一块石头下面发现了一棵茶树。他在西坪祖传都是做茶的。所以说他也是关注这个茶树,把这个茶树采上来,自己去产。做出来以后两年他进京赴考,赴考就拿去作为一个贡品。因为乾隆喜欢茶叶嘛。当时的士人是要封包的,通过封包他就转送给乾隆。乾隆当时他母亲,就是这个皇太后生病,就封包说这个茶可以治病——因为他奉承的话嘛。因为他没有想到说这个喝下去又很香,喝起来有韵,而又会助消化。那可能就是,好像说肚子不好啊什么,刚好这个治好了。所以说乾隆就感到,哎这个茶是哪里送过来的?封包打开说是从一个考子带过来的。他(乾隆)问这个叫什么名啊。他说不知道叫什么,不然的话你给它一个名吧。它看起来很焦炙,很沉重,重如铁,外形它手工又做得很漂亮,重如铁美如观音。就给他叫做,看什么地方来,南岩就叫做南岩铁观音。它是另外一个传说。所以铁观音这两个传说到我们县志记载就是两说并存,是这样来的。

铁观音真的这三十年来也发挥很大的作用。现在是第一品牌,全国茶叶品牌协会在在公布那个品牌价值的时候,安溪铁观音是58.7个亿,排在第一位。而这个茶叶真的除了我们安溪县脱贫致富做了极大贡献以外,也推动周边的发展。所以说真的达到了好像说观音托梦庇护万民,让群众发财致富。

谢文哲

我说一下。讲到这个茶禅一味或者说禅茶一味,茶跟禅的意味共同对照起来谈,从闽南的这个角度讲,就是说因为禅宗到了五祖跟六祖,弘忍跟慧能,就是"一花开五叶"。"一花开五叶"影响闽南的主要宗教禅宗应该是临济宗跟曹洞宗。泉州的三大寺庙开元寺、崇福寺和承天寺,在临济和曹洞当中呢,因为两个宗派是有交叉的。福州的雪峰寺跟南安的雪峰寺是应该是临济宗的祖庭。五祖到六祖,六祖"一花开五叶",整个宗教就转入到山林,变成一种山林的佛教。山林佛教的庙宇非常多,在闽南,就像安溪没有

建县的时候庙宇就有三四十座。这些和尚他们有庙产,寺庙都有庙产,庙产有种茶的这样一种传统。他们种茶、制茶。你到闽南到安溪去都知道山地都是丘陵,那如果要去生活生存,庙宇都要种茶、制茶。喝茶除了能够帮助禅定之外,它其实是一种传统。比如说它是一种生活必需,其实就是一种生活必需。这跟宗教走入山林以后,它为什么从民间宗教——特别在闽南的信众那么多。它就是走入山林以后扎根的这个土地,扎根的这样一个深林。那我觉得说如果这个茶跟禅同样一个味道,这个味道是什么呢?其实就是土地的这样一个味道,山林的味道。其实处理好人与自然的关系,这个茶禅一味或者说禅茶一味共同的味道是什么,在闽南就是它的乡土性和民间性。

孙东波

想问一下廖主席几个问题。就是刚听您讲,第一个就是说现在安溪通过一个公司来管理茶叶的投入品。那具体这个公司它是怎么来操作?我就很想了解这个情况。第二个就是您说的那个"退茶还林"和"退茶还耕"。"退茶还林"就您讲到我觉得有些地方可能茶树不是很适合栽培,所以把它还原到以前那种树林。但"退茶还耕"我就不太好理解,因为安溪茶农买了茶以后粮食完全可以从外面买进来。第三个就是您也讲到说传统工艺与现代市场的矛盾,是不是说这个——因为铁观音我不是很了解——所以我想问是不是说它本身不是很适合大部门生产,照您讲的意思。我就是想问一下,谢谢!

廖皆明

投入品的管理实际上原来最早应该是通过供销社这个渠道进行统分。那就是改革开放以后我们对农药的管理开放,由市场来进行。包括现在,我们整个国家的流通,农药的这个流通啊也是市场化。那这一种市场化也带来一些问题。有的农民,指茶农,认为什么能够消灭病虫害、效果好的他就买过来。贪图高效,他只重视高效。那实际上我们在好几年前就注意到这个问题。那这个可能,因为茶本身啊,它不是水溶性的,所以说它泡出来的茶,绝对不会超标。所以你如果使用,包括使用这个高毒高效的这个农药,你泡出来是通过泡而不是通过吃,它是绝对安全的,它溶解不了。因为我们农药不是水溶性的,很多是非水溶性的,所以它泡不出来。但是这个实际上作为一种食品,它就有问题。所以说安溪,因为整个产业要制定出标准。特别是我们对茶叶的尊重,也要体现对生命的尊重。所以安溪县委、县政府就在比较早关注这一个问题,就制定了规划,就是如何对农药,对茶叶的投入品进行管理。所以我们当时就成立了供销社,来成立一个管理公司。供销社由市场组建,五个营销公司来统一进行,做到几个统一:就是统一招投标,统一识辨农药、农药的品种,还有统一农药的销售价格。在五个销售公司下面,有各镇的销售点。这个应该说是解决了一个什么问题啊?价格的问题、标准的问题——投入品、药品的标准问题。实际上,而且把网络建到了各个销售的点,设到各个茶叶的主产区去,这实际上就形成了一个管理的网络。然后在这个管理的网络的基础上,使招投标过来的每一瓶的农药,通过我们设置的一个管理系统贴上了标签,等于说这一瓶农药就给了它一个身份,农药卖到了哪里网络的中心都可以查得到。这个茶叶是卖到哪个茶农,比如说卖到吴主任那一边,卖到我们陈主席的家,你在网络当中都可以查得到,因为给这一瓶农药、每一瓶农药都有一个条形码,都重新贴上条形码,然后每个茶农你要购买农药卡上就显示出你买了什么农药,你买了多少农药。那我们应该说根据茶叶的生产的特点,每个时期都不同,由专家来决定每个时期应该使用哪种农药。那么实际上也是给茶农一种明白:你不一定要过度地投入、过渡地使用农药。那实际上茶叶的整个用药的成本就节约了下来。因为有专家在管控,我们选择的就是一些低毒、高效、符合国家规范的投入品。这个应该说效果非常的好,农业部把安溪作为典型,福建省更不用讲,几次的现场会都是在安溪开。而且整个管理系统——他们也感觉到这个管理系统很有效——特别是对那一些有茶叶没有买农药,没有农药购买记录的,我们还会进行定期的抽查。抽查你为什么没有买农药,你要说清楚,要说清楚不是你不使用农药。有过度使用农药要管你,没使用农药也要抽查。因为说不定你是从其他的地方买来的农药,逃避了这个管理。所以说这个管理中心还有管理队在进行——每个乡镇都有管理队——在进行管理。投入品的管理大体上是这样的体系和规则。

那"退茶还林"和"退茶还耕"应该说在茶业发展高峰期有一些茶农原来种水稻的也改成种植茶叶。那么这一部分应该种植水稻的。大家都清楚,南方种水稻的都是海拔相对比较高,不,相对比较低的。我们为了,就像刚才几位专家说,我们也在往精品做,把不适宜种茶的一些坡度比较高的我们就"退茶还林",把一些坡度比较低的农田呢也"退茶还耕"。就是还原来,你该种水稻的你就种水稻,种蔬菜的你就种蔬菜,实际上也是应对当前"供过于求"的这一种问题。那更主要的是走向精品化、精细化的管理。还有一个就是调整结构,鸡蛋不要全部放在一个篮子里面。安溪的整个经济,特别是茶农的经济也最不能专门靠茶叶。特别是有些,比如说我们现在有种淮山、种山药、种蔬菜,这个相比种植茶叶,特别是在一些农产品也是一种结构的调整。

那传统工艺与现代系统的矛盾我们是这样考虑的。刚才我们木根主席都已经有谈到这个问题了。我说的传统技艺的传承跟市场这几年流行的,或者说市场上常见的一种茶叶的味道,简单地说就是味道,现在应该说市场上一部分,或者说还有相当一部分的茶叶生产的技艺不完全是传统的技艺。那这一种生产出来的产品,有损铁观音的原韵,或者我们说的这一种传统技艺所传承生产的这一种产品。那么我们应该说啊,目前就是如何通过加工精品的这一种传统技艺的引导、传承,来进一步地来引导市场回归传统,那实际上也是提高对铁观音的品味的认识过程,一种新的认识。就像刚才我们朱老师所说的,实际上就是还原铁观音的本色。

王铭铭

各位老师同学?亚辉你说几句。

张亚辉

我不是太明白这个事儿,我第一次喝铁观音是在王铭铭老师家。王老师当时就说谁谁谁送他的铁观音嘛,就喝了一下。其实当时就觉得很奇怪,就是一个茶叶为什么会从一个领导那到一个知识分子家里,这个通路是怎么走通的?(众笑)然后所以其实我有一点问题是和刚才罗杨想问的问题是一样的,一个三百年历史的茶叶,不太出现在陆羽的《茶经》里头,那个《茶经》所奠定的茶的正统性并不包含它。铁观音恰恰出现在一个流动性、商业性很强的社会中,而且它一直、包括刚刚老师讲的,它对商业强烈的依赖,那么它背后的商业网络和铁观音的意义的获得之间到底是什么关系？这个是我刚才听得不是太清楚。因为听起来像刚才周飞舟老师说的，从一个上古的哲学体系来的东西，是不是真的这样？它还是说是一个世界贸易体系，还是一个三百年的切入那个地方之后，然后今天我们为了让它在世界贸易体系里面走得更顺畅？然后我们赋予它一些东方价值，就像其实我们都在喝立顿嘛，这东西上没有什么东方价值，但它也是茶叶。然后我自己家是农民出身，我家里到现在还有地。我家是东北的，从来不出茶叶的地方，出了山海关就没有茶叶的，种的是大豆。然后我们那个大豆也是世界贸易体系里的，但是我们不会说大豆代表了我们天地人和的精神，对吧，你不会去把它和中庸啊什么的结合在一起，就是大豆，我们可以榨油！为什么同样从地里出来的东西，就是你单独去讲它的乡土性一定是够的。它这里面意义获得的方式是我特别好奇的事情。这个事情为什么我这么好奇，刚才好像是廖老师讲到那个事儿，他说茶王那个事好像是模仿那个王爷信仰，那它这个实际上是一个超级地方性的一个意义的类比，因为那个王爷实际上是一个地方宗教的事儿，地方宗教其实和和知识分子还有宫廷之间都还有一个很大的距离。因为我跑过那边，当时读书的时候，跟着王老师。那么它是这样的一个问题，这个让我想到什么呢？让我想到说，我曾经去研究过一个砚台，是在做这个土木的研究的时候，是在甘南，卓尼这个地方，一个藏区，但是藏区它产中国三大名砚之一，叫洮砚。当地的砚工基本上都是藏人，他们也不会汉字，然后它就通过回民，通过临洮的回民从汉区拿来一些图样，其实这些图样不知道什么意思，然后照着就开始弄。弄完了之后呢，这个就变成了汉人知识分子特别宝贵的一个东西，它跟歙砚、端砚是并称的。其实在当地就完全没有任何意义。然后它在采石头的时候还有特别血腥的献祭，它是宰羊的。这个其实和汉人知识分子的反仪式主义很不一样，可是汉人知识分子并不关心这玩意儿，你爱怎么来怎么来，随着你一旦走出这个乡土之后，我给它的意义是我给它的，其实跟你一个地方没有太多关系。但是现在三位本地的老师突然好像很努力的想赋予它意义。那么当你赋予它意义的时候，它对市场到底是好事还是坏事是我很不确定的。因为你没有办法确定这个东西现在是在汉人地区销售，那么你这套意义能走到藏区吗？藏区也是一个很重要的茶叶销售区，能不能走到东南亚，走到国外，走到英国去？

我觉得这个,当它向外走的时候,这个意义体系会发生什么样的变化?我现在其实特别困惑的是这件事情,就是一个物当它是依赖市场而生的时候,它跟费先生讲的"乡土中国"很不一样,那个"乡土中国"里面那个水稻是乡土的,他那个缫丝厂根本就不是乡土的,它那个意义不可能从本地获得。那么当它其实一早我们就有这样的高度商业化的乡土生产的时候,它是不是和我们的所谓的"乡土中国"不是太一样?比如说我们在藏区调查的比较多,我其实从来没有看到过,我自己也不敢这样干:你泡一个铁观音,然后再打酥油茶。我也做不出这样的事来,我家里虽然也没有酥油也没有铁观音。但是如果人家送你最好的普洱你是可以这样干的。那这个中间到底是刚才朱晓阳老师强调的,是物性决定的,说这铁观音加上酥油茶就会爆炸,还是说它是文化决定的呢?这个边界到底在哪里?为什么说全发酵茶就能拿来做酥油茶呢,也能拿来做奶茶呢,然后蒙藏人就会接受?然后,铁观音还可以想象,拿龙井打铁观音就不可想象!所以这中间有一些物的边界,它是怎么产生的,我其实特别好奇这样的事情。我大概就是一些感悟吧,也没有太多问题,确实是外行。

王铭铭

你好像跟生态文明建设,呵呵,地方经验,比较超越,所以我不知道哪一位老师要回应?

张亚辉

我其实特别想请教陈老师,因为他刚才讲到农业的(?)可比性。因为你拿着铁观音,你不可能满世界去讲王爷的故事。

陈木根

这个可以我说,按照我的想法,我谈谈。我们有好东西,应该会介绍给别人,这是人,包括从经济学,包括人的一种本能。为什么要这样介绍?首先鉴定下这个东西是不是好东西,这是第一,你说你刚才举例别的地方?什么那其实就不一样了。啊,我们关心铁观音,我为什么说所有的茶叶当中,十大,我就讲十大名茶。那铁观音是最年轻的一种,三百年的历史。铁观音它的茶叶跟其他茶叶为什么不一样?铁观音是"乌龙茶当中的一颗明珠"。"乌龙茶当中的一颗明珠"其实说明它的茶性。其实现在有几十多个、现在有一百多个茶叶品种当中,铁观音的茶种是明珠、是唯一性的。它具备了什么样的条件呢,一个小茶叶能够做出来酸、甜、香。张天福老先生106岁是并称我们中国十大茶人之一,他说铁观音好茶,就苦涩口感,啊,会甘甜。他是形容铁观音的,你的触感当中最高的境界。天然的,啊,那么铁观音它,所以我刚才说了三个韵,铁观音是观音韵,唯一品种韵。现在全国、全世界茶叶有几千种,只有铁观音能够叫做品种韵,这品种会造成观音印这个名称的,是唯一性,这是第一。那第二,这个唯一性要让他形成又牵涉到一个工艺问题。工艺的问题,就是传统就半发酵,这个"半"字,半发酵就很奥妙,啊,说实在的,也不是百分之五十、百分之四十。它通过的工艺,啊,"一泡好茶半年功",就从源头要具备几个条件,就是生态环境。为什么我七百到一千的茶叶,这个做出来的茶,铁观音才会最好,但是六百到一千你不一定什么都好,就是首先这块山一定要靠阳面的。第二,土壤当中,你一定要红壤。第三,周围环境,也要是你日照要充足,所以它位置的身处的环境,形成一个好茶,是非常严格的。在这个前提下面,管理过程到采制的过程,这个采制为什么中午一点到四点,它就是说,它对自然气候条件要求很严格。能够促进酶的转换,这是第三。第四就是整个工艺大概完成要二十五个小时,茶农在做这个茶的情况下面,啊就从采茶到晒青,到摇清,到第一遍摇青,做这个工艺,第二遍,第三遍,第四遍……就是"由活摇到死,由死摇到活",就是这么一个道理。你通过做这个工艺,那个水分的挥发,促进酶的转变,形成他的化学环境,就把内涵物能够展示出来,啊。到晒青的阶段,这很关键的,这就师傅要有经验。所以做茶,传统茶的做茶就是辨看,师傅很会,就辨看,就根据经验的总结,能够告诉我这点,就是不带青味,不苦不涩,那才晒青,晒青后面的这个过程,十道工序,一如既往的每步,环环紧扣,不能有任何的差错,如果有任何差错就是杂味了,就意味着不是好茶了,所以铁观音好茶,铁观音有清香型,有涩的,浓香型等,你也有几十块的,有一百多块的,两百多块,一千块都有,那这要产生我们喝到能够这么好的茶,这个是可遇不可求的。可遇不可求,它的价值就不是我们来定的啦。所以说对铁观音它的妙处,追求最高的这个境界。我到台湾去,跟台湾人开一个海峡两岸茶文化交流会,台湾人提出这么一个问题。当时我们中国去的就是,这个泰斗,带了七十几个人,去参加,我有幸被邀参加那个活动,那么我就提出,铁观音怎么会这么贵,到处都是铁观音,价格乱叫,几千块,几万块,我最后看,他们按315打假来回答,说实在的,他们不满意。不满意之后我站起来补充,我说这个是怎么讲呢,铁观音价格是有等级的,有等级的就说,我们清香型的四级八等,浓香型的五级十等。那就说你怕被骗,你就按照那个等级。我们出厂价、保护价,最低不能超过一百块,一百块批发出去,市场上买是三百块;我们二级的,是两百五十块,市场上面是卖五百块;一级的是批发价是四百块,市场上面是卖一千块;特级以上的出厂价是六百块,市场上面就一千以上的就可以叫特级了。特级就牵涉到你说的这个最好的问题了,几万块的问题了。到几万块的问题,这个就要具备几个条件了。你经营者,首先你要懂茶你这个分类当中,你这个茶一定要达到特级,这第一。第二,你的卫生以下要一个个,质量要过关,为什么质量要过关,具备这两个条件。那你要买茶的人,你要具备什么条件:首先你要懂茶,第二,你要喜欢,第三,你要买得起。要具备三个条件,其他地方买这种茶,那你双方在交易过程当中,你要多少钱就多少钱,"一个愿打一个愿挨"。就好像我举一个例,徐悲鸿的那个《八骏图》,它在拍卖市场上面具有唯一性,它在拍卖过程中它拍了一个亿,拍这个的人肯定要有钱,要是收藏家,还要很喜欢,很识货,他才要去拍嘛,他拍这个感到很有价值。你外面的人很多人说,哎呀,他怎么那么傻,那个价值怎么会达到一个亿!说实在的,我说,你不要看那个傻,你喜欢《八骏马》如果不去参加拍,新华书店有十几块的,看你要买多少,都《八骏马》嘛!所以这个概念要弄清楚,所以说这个茶,铁观音,是无限的多样性,变化无穷!它具备了一百多个香型,不同的气候、不同的条件,做出来香气不一样。就是说你要尊重这个工艺,尊重这个茶,你要喜欢,你要懂得,你要去追求,你就会感到它无价之宝!我认为是这样的,它不是钱的问题,而是它整个的这个品味的问题。包括它能够一百多块,我们都是农副产品,我们的茶叶能够作践自己吗?那个立顿红茶一斤两百块,它用了十天的时间来形成它的品质,它走进平民市民家,都买的起,但是它用的时间,它唯一的品牌。所以我讲就是我们整个要回归传统,百花齐放,要按照标准,等级分明,要货真价值,真的好东西,那是无价的,那个品味!我就说到这,如果有什么说不清楚的，多包涵。

王铭铭

还有问题吗？

在场学生

我是安溪的，我现在在清华大学念硕士，法律系的，所以我作为安溪人在外面，就是我们倡导这种茶文化内涵是很深的没错，但是如何让这种文化走出来呢。首先茶农是没有文化的，一般意义上文化程度比较低的，我说这个是指知识程度上比较低……然后，现在像我们这种读书比较多的人，毕竟我们也不去做茶叶生意，那只有中间阶层的人他去茶叶市场卖茶叶，那么真正跟这个茶叶打交道、推动这个茶叶走向外边的时候，那么其实他们的文化水平可能没那么高，那么如何完成这个使命呢？可能有这种乡贤这种推动，但是大的主题在哪里？这是蛮困惑的。

王铭铭

好像是给谢老师？（众笑）

谢文哲

我们这几年来，就是说因为安溪人很多啊，号称一个十万人的营销大军，这营销大军怎么营销文化？因为茶叶不仅仅是生活的必需品，现在我们也讲究的，刚才张老师讲的，中国老是要把我们的整个物品商品化，这可能是中国人这个族群呢本身的特点。他说的是中国人不会呢把这个大豆认为是文化，其实闽南人他跟其他的族群还有不同的地方。比如说我们会认可以茶叶的文化，也同样会认可北方大豆这个文化，觉得说大豆一定会是东北最好的，它是这样一个完整的体系。认为自己好的同时也会承认对方好的东西，这是一个完整的体系。那这一支十万的营销的大军，提高水平、提高素质，我们也一直在考虑这个问题，这像学生他也考虑了这样一个问题。我现在就说在整个国家，我们这个铁观音营销大军比较集中的地方都有成立了这个"安溪茶叶协会"这个分会，那这些分会的组织呢，我们县里面经常会这些茶叶的主管部门,比如说茶普技术部门,质检局、工商局,组成一个好像是宣讲小组一样,这个宣讲小组呢,就到全国各地去做一个巡回的这样一个培训,那就一个地区、一个地区的培训,怎么样去建立一套"说茶"的这个系统,我们去讲茶是种在哪一个地方,种在什么的海拔,我们怎么样去制作,怎么样去审评,然后一个地区一个地区这样去培训。希望就是说通过这样一种手段这样走下来,一轮一轮走,能够把这个营销大军的文化素质水平提高。

廖皆明

实际上我不知道你自己,就是说你有没去到过茶店,茶店呢你去的时候他就泡茶,你问他说这一泡是什么茶,他假如说这一泡是铁观音,浓香还是清香,他可能给你介绍,那么他的整个行动,他的整个泡茶活动过程呢,实际上就是一个文化的传播。但是他不可能呢,系统的给你介绍,说像……实际上他也不需要这一种。他的整个经营活动过程当中,本身就是有文化的传播,整个活动是文化传播的过程,那个泡茶,功夫茶,他怎么泡,你看他冲杯,或者说这个闻香,实际上这个就是一个文化传播过程,一个介绍茶文化的过程。

王铭铭

由于时间的关系,今天的会议就到这里,感谢来参加会议的三位嘉宾。

(孙静、金婧怡、邓琳、蔡逸枫、黄世芳、方洪鑫录音整理)

斗茶:闽南茶叶经济中的品味、技艺与宇宙观

孙 静

一、导 论

汉学人类学的奠基人弗里德曼(Maurice Freedman)这样评价他眼中的闽南人:"中国东南的商人不仅知道自己应当怎样劳动,而且知道如何让金钱劳动起来";"他们一有钱就拿去投资,让钱生钱。"① 苏基朗的历史学研究表明,闽南人有着出海冒险家的商人精神,这是他们能够在14—19世纪取得商业成功的关键。② 尤其在16世纪后,当西方殖民者来势汹汹涌入东南亚地区的时候,华人成为了当地土著与西方殖民者之间的中间人。另一位历史学家王赓武在《中国与海外华人》中评价道,"他们(闽南人)在创业精神和勇气方面都不亚于欧洲人。"③ 虽然屡受中央帝国海洋政策的限制,但"在较为安定的世纪里,他们主要经营经济作物,如糖、茶、靛蓝、木材、水果,乃至棉花。"④ 15世纪,郑和下西洋,中国与南洋之间包括茶叶在内的贸易更为发达;到晚清时,在南洋的一些地方,华人甚至已经成为当地的多数族群。

身处闽南腹地的安溪县,也是众多东南亚、台湾华人移民社会的原乡之

---

① Maurice Freedman, "The Handling of Money: A Note on the Background to the Economic Sophistication of Overseas Chinese" in *Man* 59(1), pp. 2-26.
② 苏基朗:《刺桐梦华录——近世前期闽南的市场经济(946—1368)》,杭州:浙江大学出版社,2012年。
③ 王赓武:《中国与海外华人》,香港:商务印书馆,1994年,第114页。
④ 王赓武:《中国与海外华人》,香港:商务印书馆,1994年,第99页。

一。清顺治末,康熙初迁台人数达210人,郑成功率兵复台期间,安溪不少乡民随郑往台,仅官桥赤岭就达500多人。康熙二十二年(1683年)施琅率兵继复台湾,此期,仍有大量台眷迁台。民国时期,因兵荒马乱,社会动荡不安,近千人乡民往台。据安邑海外同乡会引证,在"台北25姓叙例"中,据族谱记载有十姓源于安溪。民国15年,日本驻台督军府官方调查,当时安溪籍在台湾44万人。① 侨居在新加坡、印尼、马来西亚及泰国、缅甸、越南、菲律宾、日本、柬埔寨、老挝和欧美诸国的安溪籍侨民30多万人。②

在闽南人下南洋的历程中,茶叶扮演着重要的角色。但到了18世纪,当英国人用锡兰茶控制了伦敦,福建茶山的两亩三分的小农再无力与之抗争。可是南洋的移民社会却没有抛弃茶山的乡民。或者说,茶叶的重要性于我的田野地——茶乡安溪来说更为凸显。1905年,高铭壬和胞兄高铭胞在新加坡福建街6号创设"高铭发"茶庄,这是安溪人在新加坡开办的最早的茶庄,后来将业务发展到吉隆坡、马六甲等地。他的同乡和同族高云平,因生活所迫下南洋谋生,1918年创办了"高建发"茶行,陆续在新加坡、马来西亚开了80多家分店。与虎邱镇的高家相聚不远的另一大家族林氏,与茶叶也有着非常深厚的渊源。吉隆坡、新加坡等地的"林金泰"茶庄是林氏几代人的心血。毗邻虎邱镇的大坪镇也有东南亚茶叶外贸的历史。1924年,大坪人张彩云去缅甸仰光经商,随身携带了自家产的茶叶数箱,馈赠亲友。谁知亲朋好友品尝之后,视为珍品,竞相传颂,纷纷来找他购买,供不应求。张彩云于是萌生了在当地经营茶叶的念头。他发现仰光的茶商没有一个与茶乡有联系,都是委托办配的。他决定回到家乡选办,随船往来,起初数件,继而数十件。茶叶运抵仰光后,他亲自到各地推销。经过数年苦心经营,他经营的"白毛猴"名茶享誉缅甸。③

这样驰骋南洋商海的故事不胜枚举,茶叶在近代历史进程中被演绎成一个极为重要的角色。然而,诸如此类关于茶与所谓"海外贸易"的故事读得越多,越令我产生另外一种好奇心:为什么福建茶山总是商人世界微不足

---

① 安溪县地方志编纂委员会编:《安溪县志》,北京:新华出版社,1994年,第137页。
② 安溪县地方志编纂委员会编:《安溪县志》,北京:新华出版社,1994年,第137页。
③ 引自罗杨2013年未刊"安溪茶史梳理"报告,未出版。

道的背景与注脚?它们是否真的没有太大重要性,以至于应成为"贸易"的"背景"与"注脚"?或者说,在"海外贸易"话语支配我们的理解和想象的时代里,我们如何给予茶山里演绎着的故事合适的位置?

(一)研究的缘起

1.进入田野

自2013年7月至2015年4月我先后六次历时两年在茶乡安溪县开展田野工作。这次田野工作的机会得益于北京大学中国社会发展研究中心与安溪县政协合作开展的"安溪铁观音人文状况调查"这一课题。课题调查由王铭铭教授带队,中国侨联的罗杨博士、北大博士研究生翟淑平、黄雅雯与我参与。自2013年7月起,我们先后在县城、蓬莱镇、虎邱镇、西坪镇、祥华乡、感德镇、大坪镇、龙涓乡等茶叶主产区进行了为期两个月的调研活动。2014年5月在"中国茶的世界"国际研讨会上正式联名发表了《安溪铁观音人文状况调查报告》[①]一文。调查报告以"人文状况"为考察焦点,从人—物—神三者之间的关系入手,试图扩展一种新的人文关系范畴。我的田野兴趣正是在这两个月的集体调查中萌发的。初步的调查经验形成了我对安溪县人文地理总貌的基本了解。10月,为了论文研究,我又再次回到安溪县龙涓乡对当地的茶叶生产展开深入调查。时隔三个月后,我在当地度过了难忘的春节。2014年至2015年的春茶(4—5月)、秋茶(9—10月)期间,我屡次回访田野地,以龙涓乡的福都村为核心开展田野调查工作。

我的研究兴趣是在"人文状况"概念中所延伸出来的"人—物"关系这一方面。我的调查主要围绕人们如何制作茶叶展开,也因此常常需要各乡镇茶山之间奔波。闽南湿热,我常在乡下的茶山之中为蚊虫叮咬所困。因为茶叶易蹿味,所以我只能忍耐着痛痒,不涂抹任何药膏。茶乡的乡民却笑着告诉我,茶叶是最好的止痒药,说着给我抓了一把茶渣。我放在脚踝处揉搓,果然舒服了好多。茶,始作"荼"。北魏贾思勰的《齐民要术》中记载说,

---

[①] 王铭铭、罗杨、翟淑平、孙静、黄雅雯:《安溪铁观音人文状况调查报告》,《文化学刊》2014年第2期,第47~77页。

"《尔雅》曰:'槚,苦荼。'"①可见至唐朝前期,茶叶仍是山野草药,难怪贾氏说"聊以存其名目,记其怪异耳"②。虽然在近代社会经济史学家的笔下,茶叶作为闽南海外贸易的重要土产,构架了经济贸易史实。但茶叶,绝不是一个简单的经济饮品。它在漫长的贸易史前扮演着草药的角色,至宋代已席卷入中央王朝的税贡体系之中。因此,它在当代(20世纪前叶至今)又如何嵌入在当地人的生活世界里,同时扮演了外销及内陆贸易的多重角色是我关注的主要问题。

"人—物"关系方面的研究既不是从茶叶制作入手的技术学研究,也不是从闽南人的商业精神、冒险精神入手的社会经济贸易史研究,而是一种基于闽南茶叶经济的现实展开的文化解释。我将首先对安溪的人文地理状况展开论述,以此说明人文地理的"事实"与"观念"之间存在联系。接着,我将基于此,回到田野经验中,提出本研究的问题,并且围绕这个问题阐述本研究的研究路径。最后,我将说明何以通过"斗茶"可以达致一种对经济事实的文化解释。这一文化解释对于我们理解闽南茶叶经济中的核心概念——品味、技艺及宇宙观为何如此重要。

2. 安溪的人文地理

安溪的人文地理总貌是理解茶对于安溪意义的关键。在与茶有关的品味、技艺、神话的竞争过程中形塑了不同的空间结构,这些空间结构上的次序与等级又在品味、技艺、神话的竞争中展现出来。斯坦福大学的人类学家施坚雅(G. William Skinner)1960年代初期以后开始发表一系列论文,讨论如何结合人类学、地理学和历史学的观察来研究中国社会,提出了研究中国社会和文化的空间结构分析方法。他认为,要理解中国的历史与社会必须要对中国的地方次序和区域体系进行考察,因为中国的历史和社会都受到一定的地方性空间制度的制约。③ 以这一点可以来探讨安溪的茶史与地理

---

① 贾思勰:《齐民要术(附杂说)》(下),上海:商务印书馆,1939年12月初版,1960年1月补印,第273页。
② 贾思勰:《齐民要术(附杂说)》(下),上海:商务印书馆,1960年,第233页。
③ 王铭铭:《中国民间宗教:国外人类学研究综述》,《世界宗教研究》1996年第2期,第131页。

格局之间的关系,以便理清人们在品味竞争中"老茶区"、"新茶区"的观念。这是探讨品味竞争背后的技艺竞争的第一步,因为正是在空间上所形成了的这种张力,才使得我们身处安溪时空,难以辨别不同乡镇之间纷繁复杂的品味与技艺竞争。对于社会科学研究者来说,可能首先要问自己的是,当他们在说"老茶区"的时候,他们在说什么?

(1)地理格局

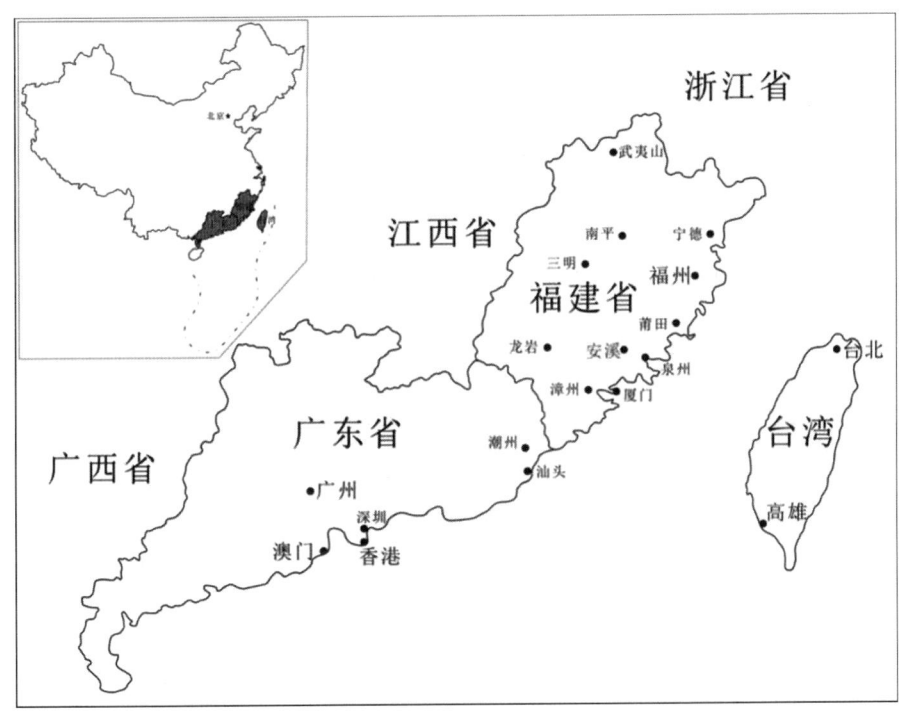

安溪县地理位置图

吴文斌制图

安溪位于福建省东南部,全县面积 3057.28 平方公里,约 107 万人口。它位于晋江西溪上游,东接南安县,西连华安县,南邻同安县,北毗永春县,西南与长泰县接壤,西北与漳平县交界。通山达海,是闽东到闽西的必经之路,也是连接沿海与山区的枢纽,可谓山海交通走廊。从安溪出发往厦门机场、晋江机场、厦门东渡港、泉州港,驱车都仅 1 个多小时即可抵达,漳泉肖铁路贯穿全境,省道、县道、乡道纵横交错,覆盖到各个乡村。①

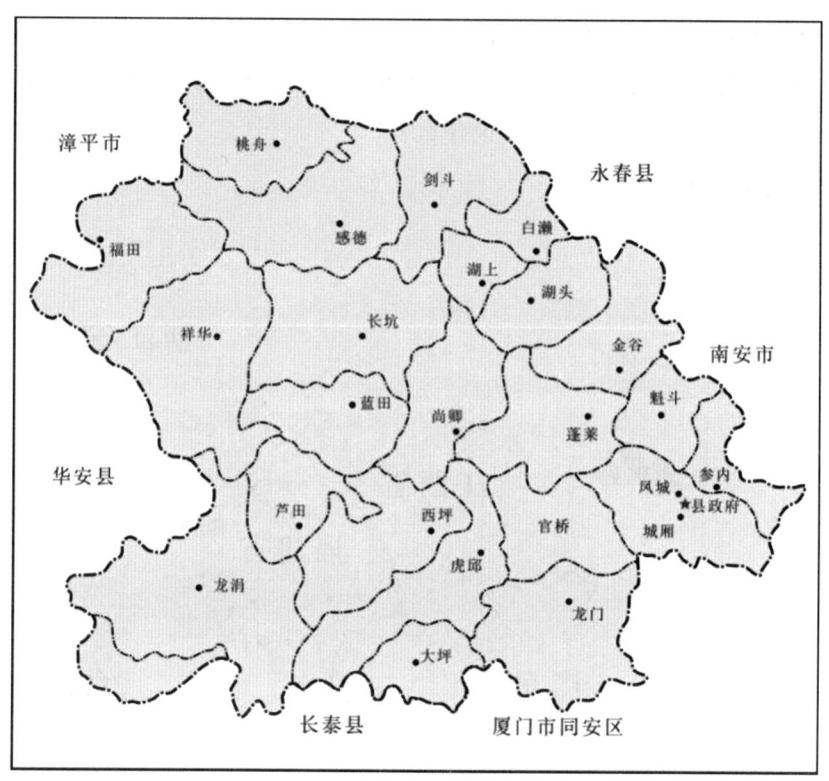

安溪县行政区划图

吴文斌制图

安溪在行政区划上属于泉州市。根据陈志明、丁毓玲所写的《中国南方茶叶的振兴:旧产业的传统再发明》一文②,1993年安溪政府与泉州市茶果局在泉州市合作举办了铁观音茶王赛,"这是中国改革开放以后首个茶

---

① 王铭铭、罗杨、翟淑平、孙静、黄雅雯:《安溪铁观音人文状况调查报告》,《文化学刊》2014年第2期,第49页。

② Tan Chee-Beng, Ding Yuling, The Promotion of Tea in South China: Re-Inventing Tradition in an Old Industy, in *Food and Foodways*, 2010(18): pp.121-144.

王赛。"①

茶王赛助推了安溪茶价的攀升,之后厦门、上海、北京等地陆续举办茶王赛。行政力量极大地促成了这次重要的合作。但一说到茶叶的民间贸易,安溪人似乎在情感上更倾向于表达自己与厦门的关系。厦门至安溪官桥的高速路于2012年通车之后,安溪人会推荐我坐飞机到厦门,这样往来安溪更加便利。厦门的经济发展更具有活力,厦门港口带来的新的商机让安溪人跃跃欲试。但是,在安溪人对泉州与厦门复杂的情感亲疏之间,可能还有更深远的历史动因起着作用。这或许与他们的新老茶区观念息息相关。

安溪境内统辖24个乡镇466个村(居),人口115万,有汉、畲等多个民族。② 按地形地貌之差异,以湖头盆地西缘的五阆山至龙门的跌死虎西岭西缘为界,分成内外安溪两个茶区。内安溪茶区,属中山低山茶区,中亚热带气候。其范围有虎邱、大坪、西坪、龙涓、芦田、长坑、蓝田、祥华、感德、桃舟、剑斗等。1980年该区茶叶产量占全县茶叶产量的75.23%。外安溪茶区,属低山丘陵茶区,南亚热带气候。其范围有凤城、城厢、参内、魁斗、蓬莱、金谷等。1980年该区茶叶产量占全县茶叶产量的24.76%。③ 在《安溪县志》的内外安溪之别的论述中,特意提到内安溪"在唐末就有茶树栽培,为县内老茶区,茶叶量多质优"④,外安溪则"明代有部分乡村产茶,解放后逐步普及,为县内新茶区"⑤。安溪在空间上形塑了内外安溪的观念,而与内外安溪相对应的则是新老茶区的观念。在我从事田野工作期间,几乎跑遍了全县的大部分乡镇。人们普遍认同内安溪的茶叶质量更高,而与茶叶等级评判相联系的是该地区的生态环境。可以肯定的是,无论是地理格局还是生态环境,安溪人与此有关的观念都是和茶叶相关的。

(2)生态环境

---

① Tan Chee-Beng, Ding Yuling, The Promotion of Tea in South China: Re-Inventing Tradition in an Old Industy, in *Food and Foodways*, 2010(18), p.131.
② 引用自"安溪县人民政府公众信息网"。
③ 安溪县地方志编纂委员会编:《安溪县志》,北京:新华出版社,1994年,第222页。
④ 安溪县地方志编纂委员会编:《安溪县志》,北京:新华出版社,1994年,第222页。
⑤ 安溪县地方志编纂委员会编:《安溪县志》,北京:新华出版社,1994年,第222页。

"八山一水一田"通常用来形容山多水少田少的地区。福建、贵州大抵都符合谚语所描述的状况。茶叶的生长环境是茶叶质量的重要保障。福建的广大山区为茶叶种植提供了方便。可以说,福建人尤其是安溪人眼中的自然环境之优劣与茶叶生长环境息息相关。他们眼中的"生态环境"也是依据内外安溪之别来加以论述的:

气候:东部外安溪属南亚热带,年平均温度19~21摄氏度,年降雨量1600毫米,夏季长而炎热,几乎占尽半年时间,冬季短暂而无严寒,农作物一年可三熟;西部内安溪山峦起伏、地形错综复杂,受西北方气流影响较大,加上山脉走向各不相同,坡谷地形成复杂气候气候状况,夏秋局部多雷阵雨,固有"隔山不同风,同时不同雨"之说。全年四季分明,夏季不酷热,秋季冷得较早,春季来得稍迟,农作物常受"三寒"危害,一般一年只有两熟,生长比外安溪普遍迟一个节气。①

降水:一年中降水日数,内安溪多于外安溪。②

湿度:相对湿度一般内安溪比外安溪大5％。③

日照:外安溪(城关)年平均日照数为2030小时,占全年可日照数的46％,而内安溪(芦田)年平均日照时数为1857小时,占全年可照时数的42％。城关与芦田相比,日照时数平均少173小时。④

安溪人依据气候来行事,还反映在他们众多的气候谚语中,比如:

正月"立春"春水迟,早暖后冷。

未食五月粽,破袄不甘放。

重阳一阵风,久晴到"立冬"。

重阳无雨看"立冬","立冬"无雨干一冬。

干冬节(至),湿年兜。

春南(风)夏北(风),无水磨墨。

---

① 安溪县地方志编纂委员会编:《安溪县志》,北京:新华出版社,1994年,第113~114页。

② 安溪县地方志编纂委员会编:《安溪县志》,北京:新华出版社,1994年,第114页。

③ 安溪县地方志编纂委员会编:《安溪县志》,北京:新华出版社,1994年,第115页。

④ 安溪县地方志编纂委员会编:《安溪县志》,北京:新华出版社,1994年,第115页。

清明谷雨,寒死虎母。

清早宝塔云,下午雨倾盆。[①]

制作茶叶,是一件与天有关的事情。我想安溪人对这点一定不会否认。这个天的事情十分重要以至于使得安溪的地理空间内部形成了一次分裂:内外安溪。至迟到康熙年间的县志,还没有这一划分的根据。我这样推测:内外安溪所反映出的地理区隔,表达了安溪人对天的重视,这种对天的重视可能随着茶叶生产的重要性而逐步加强。这种地理空间上的竞争关系之所以引起关注,是因为随着1985年茶叶流通市场的开放,安溪地界之内又逐步形成了南北安溪的竞争。这次竞争也依然与茶叶生产这件事有关。因此,生态学的观点、地理学的视角在社会研究中占据很重要的部分,它启发我们以全面的而不是割裂的方式来研究现象。所以重要的是去理解当他们在说内安溪或外安溪的时候,他们在说什么?

本研究正是基于当地人"新老茶区","内外安溪"的地理、生态观念来探究这背后的社会历史动因,理解当代人的宇宙观。

(二)研究的路径

1. 引子

当我第一次到茶乡安溪时,当地人总是很爱问我,喜欢喝浓香型的铁观音还是清香型的铁观音?喝茶前,他们以我爱喝的滋味来判断我对茶叶了解的程度。如果我爱喝香气浓郁,口感清爽,汤色浅淡的清香型,他们往往会说,"哦,果然是外地人,刚接触铁观音的人都爱喝这种口感清清的茶。"我的报道人之一陈木根既是老茶人也是政府官员,他和颜悦色地看着痴迷可乐的我,"慢慢接触铁观音,你就会喜欢传统的、正味的铁观音啦。"于是,我渐渐意识到当地人对茶之滋味的品鉴饶有兴趣,并且以茶之"滋味"的偏好来判断一个人的"品味"。

当我第三次到安溪做调研时,适值春节,拜佛祈福的民俗于我这个江南

[①] 安溪县地方志编纂委员会编:《安溪县志》,北京:新华出版社,1994年,第116页。

出生的人实在是异文化的集体展演,精彩刺激。然而在礼佛繁忙的正月里,某日,我被热情的房东老肖拉到邻村的村委会大厅参加了一场别开生面的品茶大赛。又是检验我的"品味"的时刻了!乡民对我这个来自北京的大学生充满了好奇,好奇我是否能顺利通过这次公开公平的品味检验,担得起大学生的称呼呢?村委会联合乡里、县里的老茶人遴选了七泡品质各异的清香型铁观音,分别以不同的编码封装在塑料袋子里。标准答案已于数日前由这几位老茶人共同品泡,商议得出。每位参赛选手从组委会那领取一个塑料袋子,随机选取一张备有泡茶器具的茶桌,根据看、闻、尝等方式,排列出七泡铁观音的品质顺序。想来,这半年光景,我对清香、浓香口感的区分已经了然于心。但在更细致的程度上区分清香型的等级,确实是更大的挑战。

或许是半年的茶水浇灌,让爱喝可乐的年轻少女获得了"品味"位阶的提升,我竟然最终获得了全场第二名,乐不颠儿地捧回了大冰柜赠予了我的报道人老肖。当晚,村里的制茶能手老陈家中又兴致高涨地邀来难得下乡的老茶人们一起品鉴铁观音。我这个"外地人"终于得获大家的肯定,加入了私下品茗鉴赏的"内行"聚会。

这有趣的反转是品茗大会——一场品味的测试促成的。当我沾沾自喜对品味了如指掌的时候,我发现在那次品茗大会所习得的品味在安溪并不是通用的。品味的高低不仅在相对的场景中才成立,而且有时候会令人意外地颠倒。我在A茶区所喝的高品味,在B茶区却被认为是低品味。这种品味之争随着时间的改变还发生着各种变化,新的品味被创造出来,或是旧的品味重新赢得一席之地。于是,我的问题是:

(1)什么是品味竞争的标准?

(2)人们在什么样的场景中进行品味的竞争?

(3)人们在进行品味竞争的时候,人们在竞争什么?

2.概念:品味与技艺

(1)品味

喝茶,似是极简单容易的事。备好茶桌和开水,便可以开始品鉴茶之滋味。我在安溪所遇到茶之滋味的品味壁垒,恐怕在诸多其他场景中都能再现。区隔出物的等级是成为内行人的关键。玉石行家掌握玉石等级的知识,茶壶专家掌握茶壶等级的知识。进入喝茶情境中,首先需要通过身体来实践茶叶等级的知识。芝加哥大学人类学教授冯珠娣(Judith Farquhar)运用人类学、文化研究和文学批评的方法,从"食"和"色"两方面入手,审视当代中国人"欲望"的变迁,挑战"食色、性也"的论断,揭示"快乐"的政治与历史本质。在有关养生探讨的章节,冯氏将身体的视角纳入了探讨之中,使得"饕餮之欲"的讨论更贴近中国社会的现状①。厦门大学的彭兆荣教授将身体与食物之"品尝"(tasting)结合起来思考:感觉和感受属于一种社会化"具体经验"、"身体经验"以体现具有"对话性质"的体验范式——包括客体与主体、客观与主观、经验与理性的对话。同时,食品也超越了以往纯粹的"被吃"、"被消费"、"被消化"的对象,成了引起、唤起人们记忆的特殊物和特定物②。

身体固然成为味道重要的载体。在安溪,作为评茶师的中间人之身体承载着滋味的往复,调度着滋味的清浓。但无论是品尝或品味(tasting)在具体的社会情境中一定超越了身体的物质层面,是"社会化"的。

张帆博士在美国完成的硕士论文"Wenren tea:A Practice of Self-cultivation"一文中,从泉州的文人茶入手,探讨了文人群体以"如何喝茶"(包括喝茶的姿势、程序、过程)来区分自身的品味阶级,同时在当地社区的文化事业中施加影响力。她的论文通过刻画后毛时代(post-socialist era)的文人传统是怎样在茶的滋味(先苦后甘)的建构中复兴起来的,来展现泉州地方文人的美学意趣与政治哲学。③ 在她的文章里,品味的区隔成为文人群体得以自我文明化的实践形式。这一点从理论意义上回应了布迪厄(Pierre Bourdieu)对品味区隔理论的论述。品味之区隔是由嵌于人们脑海中的先验的社会结构而不是物的物质层面促成的。更重要的是,布迪厄所阐释的区隔是人群得以区分,并由此造成压迫(repressive)的根源④。以上几位学者

---

① 冯珠娣著,郭乙瑶译:《饕餮之欲》,南京:江苏人民出版社,2009年。
② 彭兆荣:《饮食人类学》,北京:北京大学出版社,2013年,第78页。
③ 张帆,Wenren tea:A Practice of Self-cultivation,2013年,未发表。
④ 来自张帆未发表的论文 Wenren tea:A Practice of Self-cultivation,第10页。

的论述都对我颇有启发,而通过品茗大会比赛的获奖,我得以进入内行的聚会,参与茶之滋味的鉴赏,又让我了解到:

首先,品味的标准并不一定是具有文化资本的人来制定。张帆博士所界定的泉州文人阶层,他们以文化资本来影响当地的文化事业,以茶之苦味来表达"苦乐相生"的宇宙观①。但是,安溪的品味竞争中具有卡里斯马的阶层却并不一定是文人阶层。甚至,在大部分时候,文人阶层被排斥在品味竞争之外。"他们只是会在书房写字的人,却不懂茶。"②因此,能够对品味施加影响力的方式唯有通过品味的竞争——"能说出点一二三四五。"③来实现。"能说出点一二三四五"表示能够说出这样的话语:"清香型"、"浓香型"、"韵味明显"、"鲜爽"。④ 而被认为是最专业、最内行的话语是:"摇青摇重了"、"晒青晒早了"、"炒青晚了"、"消青"。

第二,品味的标准并不固定,品味的高低只能在具体的场景中得以确认。一旦这个场景结束,那么品味的高低就无法重现,只能组织另一场来开展品味竞争。因此,品味高低带来的阶级压迫在安溪的品味竞争中无法成立。而且品味的标准并不固定,当从局外人转为局内人受邀参与内行聚会时,品味由局外与局内人共同来塑造。这个局外人的因素对于品味标准的形成至关重要。当遭遇不同场景的不同品味卡里斯马持有者时,同一泡茶可能面临着品味颠倒的风险。

因此,我们必须回到当地人的生活场景中对品味竞争作出阐释,以便我们理解品味区隔背后的社会历史事实。但首先,需要对本研究的品味作出明确界定。品味是本研究的一个核心概念。品味,一方面具有动词的含义,指的是喝茶这一行为。品,即尝。味,即茶的滋味。另一方面,品味具有品位的含义,在安溪社会生活中品味(喝茶)象征着与地位、声望、资本有关的部分。所以,品味的目的是对茶叶等级作出排序,品味的表达是对茶叶的色、形、味等各方面作出鉴赏,品味的实质是地位、声望、文化资本的竞争。

---

① 来自张帆未发表的论文 Wenren tea: A Practice of Self-cultivation,第 26 页。
② 来自对 2 号报道人的访谈。
③ 来自对 2 号报道人的访谈。
④ 详情参见附录《清香型安溪铁观音各级感官指标》、《浓香型安溪铁观音各级感官指标》。

表 1　清香型各级安溪铁观音感官指标

项目		级别			
		特级	一级	二级	三级
外型	条索	肥壮、圆结、重实	壮实、紧结	卷曲、结实	卷曲、尚结实
	色泽	翠绿润、砂绿明显	绿油润、砂绿明	绿油润、有砂绿	乌绿、稍带黄
	整碎	匀整	匀整	尚匀整	尚匀整
	净度	洁净	净	尚净、稍有嫩梗	尚净、稍有细嫩梗
内质	香气	高香	清香、持久	清香	清纯
	滋味	鲜醇高爽、音韵明显	清醇甘鲜、音韵明显	尚鲜醇爽口、音韵尚明	醇和回甘、音韵稍轻
	汤色	金黄明亮	金黄明亮	金黄	金黄
	叶底	肥厚软亮、匀整、余香高长	软亮、尚匀整、有余香	尚软亮、匀整、稍有余香	稍软亮、尚匀整、稍有余香

表 2　浓香型各级安溪铁观音感官指标

项目		级别				
		特级	一级	二级	三级	四级
外型	条索	肥壮、圆结、重实	较肥壮、结实	稍肥壮、略结实	卷曲、尚结实	稍卷曲、略粗松
	色泽	翠绿、乌润、砂绿明	乌润、砂绿较明	乌绿、有砂绿	乌绿、稍带褐红点	暗绿带褐红色
	整碎	匀整	匀整	尚匀整	稍整齐	欠匀整
	净度	洁净	净	尚净、稍有嫩幼梗	稍净、有嫩幼梗	欠净、有梗片
内质	香气	浓郁、持久	清高、持久	尚清高	清纯平正	平淡、稍粗飘
	滋味	醇厚鲜爽回甘、音韵明显	醇厚、尚鲜爽、音韵明	醇和鲜爽、音韵稍明	醇和、音韵轻微	稍粗味
	汤色	金黄、清澈	深金黄、清澈	橙黄、深黄	深橙黄、清黄	橙红、清红
	叶底	肥厚、软亮、匀整、红边明、有余香	尚软亮、匀整、有红边、稍有余香	稍软亮、略匀整	稍匀整、带褐红色	欠匀整、有粗叶及褐红叶

(2) 技艺

那么,接下来的问题是,当他们在表达"韵味明显"、"鲜爽"的时候,他们为什么又表达了"摇青摇重了"、"晒青晒早了"、"炒青晚了"、"消青"这些"行话"呢?这些行话为什么象征着声望、地位、文化资本呢?随着田野工作的深入,我收集到越来越多的技术培训资料,了解到安溪人对技术的重视。国家的非物质文化遗产也参与到了这项大规模的技术指导工作中来。国家级、省级、县级、乡(镇)级非物质文化遗产铁观音技艺继承人人数逐年攀升。政府推广各项技术标准来普及茶叶制作技术的标准。的确,"摇青摇重了"、"晒青晒早了"、"炒青晚了"、"消青"是技术学的行话,是人们在品味竞争中对技术等级所作的评判。"摇青摇重了"所以不那么"鲜爽"了,"炒青晚了"所以没有"韵味"了……因此,本研究的第二个核心概念与技术学有关,我将它定义为技艺。

在马塞尔·莫斯(Marcel Mauss)的《技术学》论述中,认为,技术学是对技艺进行研究的学问,这种对技艺的研究"是新近才发展起来的"①。而博物馆则是这种技术学逻辑展示的绝佳场所,比如牛津皮特里夫斯博物馆——这个兴建于1885年藏有世界各地的设备、武器、纺织品、面具、刀子、护身符、鸦片烟斗等等的博物馆。通过对来自世界各地的"物"进行技艺水平的历史排序,来塑造16世纪之后以大英帝国为中心的世界秩序。在博物馆学的逻辑里,对造物进行进化论式排序的背后,还表达出技艺与技术在知识论层次上的高低之别。技艺是零散的,非系统化的,非科学的,非理性的,原始人的知识,而技术是系统的,逻辑的,理性的,科学的,现代人的知识。

在莫斯看来,除了对技艺进行技术学的分析之外,还有必要进行心理学、社会学、地理学的整体分析。因而他对技艺的定义是:"行动和活动的整体……这个整体是被组织起来的,传统的,通过写作达成共识的物理的、化学的或者有机的目标。"②"技艺在本质上就是全人类的同时,它们也是各个

---

① 马塞尔·莫斯著,施琅格编,蒙养山人译:《论技术、技艺与文明》,北京:世界图书出版社,2010年,第100页。

② 马塞尔·莫斯著,施琅格编,蒙养山人译:《论技术、技艺与文明》,北京:世界图书出版社,2010年,第163页。

社会环境的特征。"①

因此,技术学是技艺研究的一个方面,技艺还有心理学、社会学等其他方面。技艺往往是嵌入生活中的零散的、未系统化的经验,而技术则是规范的、系统化的理论。在本文中,我试图通过"技艺"这个概念来分析铁观音等"造物"之"营造"地理的、历史的及观念的复杂性。技艺是不变的名词,但随着各个历史时代的变迁,出现了不同的技艺类型。铁观音等造物,正是在一些技艺的"在场"及另一些技艺的"不在场"中涌现出来的。人们在创造技艺的同时创造了自身,同时创造了自己的生活方式,人的思想又深刻地嵌入这些造物中。

综上所述,品味的竞争,是深嵌入身体之中的地位、声望、文化资本的竞争,技艺的竞争,亦是深嵌入造物之中的地位、声望、文化资本的竞争。品味的表达是对茶叶色、香、形的评价,技艺的彰显是对茶叶色、香、形的制作。品味的高低是茶叶等级的高低,技艺的高低也是茶叶等级的高低。特定的品味对应特定的技艺,也对应特定的茶叶等级。茶叶等级对于身处茶叶经济网络上的来说,就是定价的依据。可以说,茶价以及市场就是这么喝出来的。在这个意义上,要理解闽南的茶叶经济,必须把握品味与技艺两个概念。可以说,习得品味之时,也是在习得技艺;习得技艺之时,也在习得当地人的世界观念。这既是一个喝茶的事情,也是一个品味和技艺的事情,更是一个由局外人变为局内人的事情。

(三)格尔兹的遗产:斗鸡

1.作为一个文本的"斗鸡"

著名的美国人类学家克利福德·格尔兹(Clifford Geertz)在《文化的解释》一书中收录了他在巴厘岛所经历的一次斗鸡。斗鸡场上充满热血、羽

---

① 马塞尔·莫斯著,施琅格编,蒙养山人译:《论技术、技艺与文明》,北京:世界图书出版社,2010年,第163页。

毛,是"一种情感爆发、地位之争和对社会具有核心意义的哲理戏剧的综合体。"①通过对斗鸡的刻画,格尔兹认为,斗鸡,是一个剧场。"斗鸡,尤其是深层的斗鸡根本上一种地位关系的戏剧化过程。"②雄鸡,是行走的阳具,是巴厘岛男性生殖力的象征。斗鸡,与其说是男性之间的争斗,不如说是一次"地位的血的洗礼"③。王铭铭在《格尔兹的解释人类学》一文中,认为,通过一个小小的斗鸡场景的文本设置,格尔兹把我们带入了个人情感与集体表象密切互动的关系当中,迫使我们观看民族精神和文化的理想型与特定社会中的个人人生观揉成一体的过程④。

格尔兹因此常常被视作解释人类学的先驱:对文化的研究既不是结构功能论的视角,也不是政治经济论的视角,而是以意义或符号的阐释为方法论而达致理解。他宣称"把斗鸡作为一个文本看待"⑤,因为"它本身就是这些使社会得以建构、个人得以汇聚的情感的例证……对巴厘人来说,出现在斗鸡现场和投身于斗鸡是一种感情教育。人们在那学到他的文化气质和个体的感知力……"⑥在格尔兹另一篇深具影响力的文章《深描说:迈向文化的解释理论》中,他更加鲜明地表达自己的文化观:"我以为所谓文化就是这样一些由自己编织的意义之网,因此文化的分析不是一种寻求规律的科学,而是一种探求意义的解释科学"⑦。因此,"对于任何事物——一首诗、一个人、一部历史、一项仪式、一种制度、一个社会——一种好的解释总会把我们带

---

① 马塞尔·莫斯著,施琅格编,蒙养山人译:《论技术、技艺与文明》,北京:世界图书出版社,2010年,第489页。

② 马塞尔·莫斯著,施琅格编,蒙养山人译:《论技术、技艺与文明》,北京:世界图书出版社,2010年,第514页。

③ 马塞尔·莫斯著,施琅格编,蒙养山人译:《论技术、技艺与文明》,北京:世界图书出版社,2010年,第513页。

④ 王铭铭:《格尔兹的解释人类学》,《教学与研究》1999年第4期,第35页。

⑤ 克利福德·格尔兹著,纳日碧力戈等译:《文化的解释》,上海:上海人民出版社,1999年,第529页。

⑥ 克利福德·格尔兹著,纳日碧力戈等译:《文化的解释》,上海:上海人民出版社,1999年,第529页。

⑦ 克利福德·格尔兹著,纳日碧力戈等译:《文化的解释》,上海:上海人民出版社,1999年,第5页。

入它所解释的事物的本质深处。"①

一场由巴厘岛的男性、作为局外人的格尔兹夫妇、骄横的殖民地警察共同演绎的斗鸡逃跑场景,成为格尔兹夫妇转为局内人的契机。他们与巴厘岛人一起奔跑着逃离现场,却发现"第二天早上,这个村庄变成了一个完全不同的世界。不仅不再被视而不见,甚至突然间成了所有人注意的中心,成了热情、兴趣特别是快乐大量倾注的对象。"②这种由局外人转为局内人的场景,对于身处巴厘岛的格尔兹来说,是斗鸡;对于身处闽南腹地安溪的我来说,却是斗茶。如格尔兹所启发的那样,把斗茶视作一个文本,品味与技艺如何透过这个场景来调度茶叶的等级,如何来彰显个人与集体的彼此辉映,是本研究能够对闽南茶叶经济作出文化解释的方法论根本。

在茶的研究中如何具体来理解"文化解释"这一方法论呢?斗茶的场景中,最引人入胜之处在于,人们在纷繁复杂的茶味之中,表达这个茶等级最高,而不是那个,当他们选择这么说的时候,到底在说什么呢?

英国人类学家埃文斯·普理查德(Evans-Pritchard)在《阿赞德人的巫术、神谕与魔法》③中论述过阿赞德人对白蚁蛀洞,房梁坍塌的悲剧事件的解释体系。在埃氏看来,阿赞德人当然知道是白蚁使得房梁坍塌的,但是他们想要弄清的是到底为什么是我,而不是他,在房梁底下坐着的时候,塌下来了呢?他们认为是社区有人对他施加了巫术。在表面的荒谬解释中,恰好蕴藏着巫术的真正价值——它是对因果链条中缺失的补充,也赋予了事件以社会意义和道德价值④。

因此,经济学的供求关系原理当然会教导我们价格与价值之间的关系,营销策略对商品的增值效应,但是它永远没办法探知这个茶味,而不是那个茶味被表达背后的文化逻辑。萨林斯(Marshall Sahlins)在《文化与实践理

---

① 克利福德·格尔兹著,纳日碧力戈等译:《文化的解释》,上海:上海人民出版社,1999年,第18页。
② 克利福德·格尔兹著,纳日碧力戈等译:《文化的解释》,上海:上海人民出版社,1999年,第488页。
③ 埃文斯·普里查德著,覃俐俐译:《阿赞德人的巫术、神谕与魔法》,北京:商务印书馆,2010年。
④ 刘琪:《何为人类学的宗教研究?——埃文斯普里查德人类学著作评述》,《西北民族研究》2009年第3期,第192页。

性》里谈过,美国人的饮食结构并不是供求关系决定的,而恰恰是意识形态的文化逻辑决定的。

简而言之,"是这个茶,而不是那个茶",在以往的人类学研究中要么归究于由斗茶者所处的社会情境中的功能性结构(或文化),要么归究于人类共享的心智结构。这都启发我们,不要武断地将斗茶的重要方面——议茶价仅看作是经济方面的事实,而忽视其背后所共享的一套超越经济的文化体系。

2. 斗:人类学的物性隐喻

(1)物的本真性研究

近来另有些学者对物的研究,尤其是对茶叶的研究倾注了物的本体意义的探讨。云南大学张静红教授对普洱茶进行了长期的调研。她认为,"对于普洱茶的生/冷或陈/暖的偏好,都是当地文化的某种显现。"① "普洱的本真性不仅仅表现从一个空间换到另一个空间时的差别,同时也体现在同一空间里不同时期的千差万别。一旦被置身于历史的时间线上,普洱茶的本真性就会表现为多张变幻的脸孔。"② 通过本真性的探讨,张静红教授展现了"普洱茶不同时期的政治经济以及其与香港、台北等地的关联。"③ 西南民族大学的肖坤冰教授对闽北乌龙茶颇有研究,在她所出版的《茶叶的流动:闽北山区的物质、空间与空间叙事(1644—1949)》一书中,她持有与张静红相似的观点,即认为贸易、物的流动带来了茶叶的"本真性"的改变。她尤其以闽北乌龙茶与俄罗斯之间的茶叶贸易为例,"茶叶在俄罗斯由一种神奇的药物转化为一种异国适用商品,并将实用属性、商品和异国情调基于一身。在这一过程中,茶叶经历了由卖者到买者、由本土到异域以及知识与市场的调

---

① 张静红、桂慕梅、黄隽瑾:《本真性的多元化视角:普洱茶在云南与其他地方的消费研究(上)》,《内蒙古大学艺术学院学报》2013年第1期,第124页。
② 张静红、桂慕梅、黄隽瑾:《本真性的多元化视角:普洱茶在云南与其他地方的消费研究(上)》,《内蒙古大学艺术学院学报》2013年第1期,第124页。
③ Tan Chee-Beng, Book Review of Puer Tea: Ancient Caravans and Uban Chic, in *The Australian Journal Of Anthropology*. 2014(02), p.401.

适后,其'本真性'完全置换"。①

在安溪,无论制茶的水平如何,很多茶人在不同的场合向我抱怨,"现在的'正味'越来越少了。"正味的说法,在其他手工艺品那里可能被演绎为"真品","正宗"等等。在张静红、肖坤冰的研究里,就是"本真性"的研究。这样的讨论,如两位学者所展现的那样,往往涉及"跨文化"的物的分析。例如刘禾的《燃烧镜底下的真实》一文中,他将研究的重点放在了文本书写之上:"从欧洲人最早相信真瓷是瓦器久埋底下而成,直到他们发现高岭土和瓷泥,并开始在欧洲批量生产,这里面有一段值得我们特别重视的跨文化的价值生产的历史。"②对"真瓷"的知识论建立过程本身就含有欧洲建立自我认同的认识论基础,以此正是在这种区分"真假"的过程中,使得西方及其他者的认同固化下来。China一词在《牛津英语词典》中的释义就充分证明了这一点。

将这种对"真"的探讨在殖民主义语境下继续推进的是历史学家布莱恩·斯波纳(Brian Sponer),他通过比较东方地毯售卖至西方市场,人们对"一张东方地毯的本真性"的观念体系,剖析了本真性背后的逻辑,是对"东方人,天然神秘的,并且与庞大的宗教理念相联系"的想象,而从不考虑"工艺的一般社会背景。"他因此总结道,西方市场对本真性的需求,实际上促成了毛毯成为一个文本,"可以读到东西之间的关系史。"③

以上几位"本真性"的探讨,对于解释"正味"具有启发:要将"正味"看作一个跨文化的关系文本,而不是对"真实"性的探讨。另外,张静红将物的流动与社会变迁的探讨具身化,落实在茶之冷/暖的口味上,从而呈现了一幅既有个体行动者,又有跨文化的集体记忆的社会历史图景。这种对物的本真性的刻画,实则也是对物的文化解释。

(2)茶性的显现

---

① 肖坤冰:《茶叶的流动:闽北山区的物质、空间与历史叙事(1644—1949)》,北京:北京大学出版社,2013年,第92页。

② 刘禾:《燃烧镜地下的真实》,选自孟悦、罗钢主编《物质文化读本》,北京:北京大学出版社,2008年,第360页。

③ 布莱恩·斯波纳:《织者与售者:一张东方地毯的本真性》,选自孟悦、罗钢主编《物质文化读本》,北京:北京大学出版社,2008年,第264页。

但本文研究与以上几位的茶文化研究所采取的视角略有不同。茶之口味的变迁,品味之高低均与茶性的显现有关,而确认这一点意味着,当地人有足够的经验和智慧来调整口味,而并不是被动地受外部的操控。张静红、肖坤冰均以生产、消费的二分视角来阐释生产地如何调整品味,消费地如何来转译本真性。但是茶性的显现这件事将要表明,在安溪的"斗茶"场景中,"本真性"的争辩已经化约在当地人的生活世界里。当他们在表达品味的分歧,技艺的分歧,他们即在表达对茶叶等级的看法,这一表达的背后往往隐含着他们对"本真性"的见解。而正如张静红、肖坤冰所指出的,"本真性"的刻画折射的是跨文化的社会历史图景,绝不单是行动者的个性的宣称。可以说,斗茶,正是如格尔兹的"斗鸡"一般,是一个社会剧场,在这个剧场中,人们对什么是正味茶、什么是好茶、什么是有观音韵的茶的探讨,既是个人的彰显,也是安溪的地方性文化气质的彰显。所以,"本真性"只是地方性展演的表征而已,我们必须通过深描,探知斗茶的逻辑背后深层的社会心智结构,本文称之为"宇宙观"的部分。在这个意义上,生产与消费的二分实际上化约在了小小的"斗茶"场景之中。人们通过斗茶来组织生产,也通过斗茶来推动消费。这种"斗",我称之为竞争性展演。物之斗,与人之斗融合在这一场景中。生产与消费的博弈也融合在这一场景中。因此,对茶叶经济的文化解释才得以成立。在这个意义上,本文认为"斗茶"继承了格尔兹的"斗鸡"的遗产。

一片小小的茶叶,人们对之施以技艺,加以品赏,赋以观念,这是一件听起来不可思议,却实实在在发生在过去百年的安溪土地上的事情。安溪的人事沧海桑田,无穷变迁,茶叶却始终是茶叶。说茶叶始终是茶叶的时候,并不是以科学实验的数据加以分析而得以确认的。对于人文研究者来说,当说茶叶始终是茶叶的时候,他是在讲"茶性"——正如人性一般,茶叶也具有其茶性。

本研究第二节将刻画安溪的茶叶经济网络的运行逻辑,以及网络节点之间的关系。人们通过喝,这一真实的身体实践来品味,通过品味的区隔,来确定茶价,形成市场。第三节将入手深描斗茶的场景,并且总结安溪地方实践中的斗茶形式,概括它们的功能。第四节将切入品味背后的技艺之争,以此来看茶叶生产的观念与安溪的地理空间结构(共同体)之间的关系,人们是如何将品味通过身体嵌入在技艺之中,并继而影响了人们的生计方式。从第五节开始,本文则从宇宙观的角度来探讨这些不同的共同体之间如何通过神话的叙事来"竞争",这种竞争性展演背后转喻了什么更大的社会历史想象是这一节的主旨。

二、热闹的茶季,多样的品味

(一)从品味到茶价

"咻~咻~!"两个男子拿起白色瓷杯,快速地喝干,用手一甩,又倒了第二杯。他们不断互换眼色,给了那个拿着红色开水壶的女子几毛钱。茶商付一毛钱买碗热水就能冲一泡茶,品鉴手上这泡毛茶能否上架售卖。品茶台上凌乱摆放着的白瓷碗送走了一批茶商又迎来新的一批,一旁的垃圾桶里则溢满了茶渣。远处,箱型车上卸下吨吨茶叶,被接力式的推往交易大厅。小贩向厅内川流不息的

品 茶

茶商、茶农兜售着手中抱着的茶叶。这是县城城关附近的"中国茶都"的茶季交易场景,亦是各乡集镇交易中心的缩影。

通过斗茶来决定茶价,敏锐的商业嗅觉在这一喝一吐中显露出来。茶商往往有自己的一套商业策略来判断茶叶的市场前景。这是一套看似简单却十分复杂的技巧。喝茶的技艺甚至能决定一家茶店的生死。每逢茶季,斗茶成为安溪各产茶集镇、村落里最为热闹的茶事。人们争相将茶叶拿出来与别人的竞争,在这个过程中,茶价得以确认,并时时面临调整的可能。

1. 喝:真实的身体实践

对身处茶叶经济网络中的人来说,确定自己所收的茶叶与其他茶价的茶叶之间的关系是他们的核心要务。制定出各价位的茶叶标准样,是他们

定价的基础,也是赖以谋生的基础。我在祥华乡对老茶农们的访谈①也证明了这一点:

访谈人:那你们怎么知道这个茶叶哪个价位?

3号访谈对象:我们凭市场价咯。

4号访谈对象:这个有行业里的透明度。就是喝出来的。评茶师都是专业的。这个茶,要做茶公司,采购这关要通过。不懂茶叶的人,也就进不了这个行业。

"喝出来的"说的是,品味这一行动意义上的尝茶味,与茶价之间的密切关系。茶价不是漫天给的,也不是如1985年前的茶叶统购统销制度下由国家定价的。品味不够好,"不懂茶叶的人,也就进不了这个行业",说得正是在国家定价取消后,地方如何通过自身的品味实践来调整市场与制茶之间的关系——喝的身体实践如此真实!在这个复杂的"地方"指称中,主要由茶农、茶商、茶企代表评茶师构成。这是目前安溪茶叶经济运行的第一条逻辑。

访谈人:比如八马的评茶师250,我茶农说不行要300。这个怎么处理?

4号访谈对象:比如你是做茶的,我是买茶的。感觉可以买了,可以卖了。看两个人的智商了。如果我喜欢了,就多出一点。如果长期做生意,就是我多加一点,你减一点。

3号访谈对象:那就是互相让一让,变成270咯。

访谈人:但也不可能变成27吧?所以有一根线在那里吧?

5号访谈对象:最多一两块之差。

每个人的品味不同,品味所对应的茶叶等级不同,那么如何定出合适的价格?既然茶价已经没有强制的国家力量来决定,那么,品味如何与茶叶等级之间形成有效的关系?如茶农所说的,茶叶的价格是有"一条线"在那里。在具体的议价场景中,当然会出现"我多加一点,你减一点"的策略博弈,但是270元的茶与27元的茶不能同日而语,"最多一两块之差"。

---

① 以下访谈内容均来自于2013年7月在安溪县祥华乡所进行的访谈。

2. 茶价的制定

无论是对于小茶商,还是大茶企来说,茶价的制定是非常复杂的事情,也是进入这个行业的基本门槛。我们可以从以上访谈中探查茶叶经济运行的定价逻辑:

3号访谈对象:这个要这样说。在行业里,做的比较大的,都有自己的标准。他们去采购茶叶,去到五六个地方,稍微泡一下,根据季节来定标准的,像我们买春茶,买了五个地方,评委用哪个质量来衡量。今年的茶叶价格在哪个地方。五个不同区域。本县的。如果一个乡里面,就找五个村。大概喝出来一百钱的茶什么样子,三百块什么样子,五百块的什么样子。

访谈人:有个标准曲线。

3号访谈对象:如果有人来买茶了,就拿标准样来比一下就行了。懂茶的人就要用标准的。比如我茶农自己的话,今天做的还不错就50元吧,明天不行了就40元吧。和去年是没得比的。

访谈人:去五个地方,是不是相当于做一个市场调查,再来定价?

访谈人:每个茶农都像您这样吗?

3号访谈对象:我个人是这样。每个茶农基本都这样。像外省过来买茶叶,收购比较多,抓一点样,25元了,再向你拿,向你拿,一路过来,一直喝,一直比较,找出25元的是什么样子,然后明天就按这个样来买茶叶。

通过对这一段来自祥华乡老茶农的访谈,可以初步探知茶价制定与品味之间的关系:

(1)茶价不稳定。因为安溪县的复杂地理格局,山川众多,造成气候环境多变,所以每年需要根据不同的季节来制定标准。去年"三百块的样子"与今年"三百块的样子"可能大不相同。因此,大茶企、小茶商为了稳定的口感,必须在每年的春秋两季下乡喝茶,以此确定标准。贸易对数量的要求,对稳定口感的要求也就造成了这种定价的策略性展演在茶季期间尤为地明显。

(2)"一路过来,一直喝,一直比较"说得是茶价调整的依据有时候是别的县的茶叶状况,有时候是别的村的茶叶状况,有的时候是别的人的标准样。在这种不断与别人的区隔、别村的区隔、别县的区隔中,逐步制定出一个合适的标准样来谋求市场的生存空间。或者说,市场也是在这样的竞争性区隔之中形成的。只有在这种不断的竞争性区隔过程中,茶的等级才得以显现,茶价才得以制定。

3. 赛珍珠的故事

资本雄厚的茶铺(stores)往往发展自己的品牌,成为茶企(corporation)。在这个过程中,他们需要品味高超的人来为公司的"口味"掌舵。在安溪县,目前最成功的茶企之一八马茶业,它最著名的营销策略是推出了以许晴为广告代言人的"商政礼品茶"——赛珍珠。赛珍珠浓香型分为若干等级,在其茶叶包装上直接将与商品等级相应的价值(价格/斤)标注了上去。如赛珍珠1000,意思是这个"口味"的铁观音价值是1000元一斤。这一营销策略获得了空前的成功,人们以给茶叶讲故事的方式给予茶叶适当的价格。所以一入安溪的茶叶市场,除了热闹非凡的斗茶议茶价之外,就是使人眼花缭乱的茶叶包装。有的包装上,赫然标注着茶叶的身价。当人们以金钱交换茶叶的时候,仿佛也在用金钱表明自己的身价。茶叶的等级在其中起着至关重要的作用。

因此,在茶季期间,奔波于乡镇、村落之间的评茶师(拼茶师)往往需要极为高超的技艺。他们的决定可能会影响一个茶企的生死。茶铺与茶企的区别在于:茶铺老板可以既是制茶师,又是评茶师,又是卖茶人,身兼多职,建立一个家庭形式的茶铺;而茶企老板所需要的专业化的评茶师——需要建立越现代的公司制度,他

赛珍珠

就越需要专业人才。可以说,评茶师的专业化与企业的现代化之间是成正相关的。在企业里,老板通过雇佣关系购买评茶师的技能,支付相应的薪水,形成专业化的人才群体。这是现代企业的逻辑,政府的一系列举措也在顺应和推行专业化的人才,比如说,安溪县分管茶叶的部门每年组织数次的

评茶师考核大赛,在评茶师的系统内分为高级、中级、初级评茶师。每一个级别的评茶师相应的有一系列考核措施与办法。评茶师这个群体的出现是非常晚近的事情,而且与茶的"商品化"过程密切相关。这个群体对于我们理解今日安溪茶叶的现状至关重要,我在后文会重点论述。现在,我们至少理清了品味与茶价之间的关系,了解到茶的定价逻辑,并且勾勒出了安溪茶叶经济运行的基本模式:茶农负责粗制(初制)茶;茶商,茶企评茶师负责精制茶。从初制茶到精制茶的过程是由茶季时分游走于各乡镇、村落之间的"喝"的身体实践来完成的,"喝"的目的是以区隔的竞争性形式来确定"市场"。

(二)茶叶经济网络

安溪在地理空间上有内外安溪之别,各乡镇之间的茶业发展历程也有先后之别。这二十多年以来,安溪以"爱拼才会赢"的闽南精神打拼出了一幅茶叶经济网络。在这幅网络之上的结点处,是竞争性区隔展演的地方,是斗茶的喧闹,是商业的博弈,是金钱的流动。下南洋的商业传奇往往称颂这幅经济网络的海洋彼岸的故事,本研究主要关注安溪地方性茶叶网络,所以首先试图在其地界之内勾勒出茶山的茶叶经济网络。

1.交易中心:茶都

(1)新的空间

2000年,对于安溪茶业来说,是个重要的转折点。茶都作为安溪县之后二十年最重要的地景之一,塑造改变了众多安溪人的生活。茶都的集约化贸易形式,使得斗茶、议茶价在交易大厅集中展演。在泉州从事茶生意二十多年的陈文山回忆道:

安溪原本有个肮脏的茶市场,就在南门大桥旁,卖茶的人在那里养鸡、养猪,卫生很差!也使得茶叶的质量很差,当时的茶店还不到现在的二十分之一。茶都刚建的时候,民众的评价很差,大家都在骂,当时店铺一个是十二万,现在要一百多万了!那里地方远,但二三年后做起来了。①

茶市场

后来,县政府虽于南门大桥旁设了茶市场,但小商小贩的经营方式,无法解决安溪茶叶量大、质优、价格却低廉的问题,从而无法形成自己的品牌,产生不了效益。为吸引各地茶商至安溪,并防止本地茶商外流,安溪县政府创建了中国茶都——安溪全国茶叶批发市场,由安溪中国茶都集团总公司管理,希望将饼做大,以培育、繁荣本地茶市场。

茶都,是个集茶业贸易、信息交流、茶文化研究、旅游、科研、质量检测于一体的茶叶市场,总占地250亩,建筑面积18万平方米,总投资5亿元,设有三个茶农交易大厅、3000多个交易摊位、1860间(套)商住店铺,建有接待

---

① 访谈来自2013年8月黄雅雯的访谈记录。

中心、服务中心、茶叶质量检测中心、价格指导服务中心、网上交易中心、茶文化博览馆以及客运、酒店、物流等配套设施。2000年,茶都的设立带动了安溪茶店的开立数量与规模,改变原本安溪种茶,潮汕卖茶的传统。茶都,已经成为安溪县新的城市空间。很多人自2000后开始把自己的家安在茶都里,茶都成为他们日常的生活空间,而不是简单的交易市场。

(2)从茶铺到茶企

自2000年从福建农业大学毕业后,便一直在安溪茶业总公司工作的副总经理陈加勇回忆道:

> 从2000年到现在,是安溪茶产业发展最快的十几年。2000年以前还是传统的门店式交易,当时的门店不像现在这么多,现在安溪人在全国有五万多个门店,2000年以前企业比较少,安溪的茶叶多是从家庭式发展起来的,包括全中国、台湾都是这样,2000年以后很多企业慢慢做大了。①

这些企业不仅逐渐做大,在经营模式上也从家庭式企业走向品牌式经营,广福包装公司的董事长林为棒从包装销售的变化来分析茶产业经营模式的改变:

> 我们通用包装的消费群占20%,厂家直接下订单的占80%,2000年时比率刚好相反,刚好逐年倒置过来到现在,这是因为市场规范化,这是因为人家对产品的认知度,还有茶厂也达到一定规模。……现在很多人对产品要求很严格,没有品牌的就不要。……这说明市场的自然规律已经在变化,品牌意识变强,购买人的综合素质和品茶的习惯,这些提上去以后,对质量的卫生要求比较高,综合素质高起来……②

茶叶经营单位的变化,在当地茶人看来是一种品牌化、规模化、现代化的趋势。抓住这个趋势的年青一代正在当地通过茶生意掘得人生的第一桶金。安溪的年轻人鲜有在外打工者,对他们来说,在泉州、厦门,或者安溪县城开个门店,就是最重要的事业之一。互联网的趋势也使他们嗅到了商机,所以以互联网为平台来销售茶叶,成为很多九零后的选择。在这一代90后

---

① 访谈来自2013年8月黄雅雯的访谈记录。
② 访谈来自2013年8月黄雅雯的访谈记录。

中,政府工作人员骄傲地告诉我说:"他们中有的人缴的税额都已经超过很多大茶企了!"①在葛希芝的论述中,认为中国自宋代开始就涌现的两者生产方式,一是为国家所用的"朝贡生产方式",另一种是由亲属联合体管理的商品生产方式,即"小资本主义生产方式"。两者生产方式一直互补地浸润在中国人的日常生活中。直到今天,"他们为了市场而非仅仅为了使用价值而生产,其企业是通过亲属制度的习惯组织的……通过师徒关系和薪资劳动力,来提供劳动力"。②在安溪,即便我被多次邀请参观当地的现代化企业,但是,以亲属关系、宗亲家族构成的家庭小作坊才实际构成了当地茶叶生产的主要力量。因此如何看待这种"品牌化、规模化、现代化"的发展与安溪根生地固的宗族亲属制度的传统之间的关系?在安溪的茶的生活世界里,两者并行不悖,运行良好的根源在哪里?

可以说,1985—2000 年是安溪茶叶发展的第一个阶段,2000 年至今是安溪茶叶发展的第二个阶段。每当人们谈及"传统"的时候,有时候指向的是 1985—2000 年,有时候指向的是 1985 年之前的计划经济时期。总之,2000 年之后的安溪通过茶都更为主动地加入到了更大的,更为复杂的外部世界体系之中。它不仅塑造着改变着安溪的品味,而且深深影响它的技术变革。

2. 集镇网络

(1)茶叶基层管理组织

在 1985 年之前,安溪茶叶"一片茶叶五家管",县茶叶局管生产,茶叶公司管收购,经委管精制加工(安溪茶厂),省茶叶进出口公司管出口,科委管科研,各家管各自的事,难以协调发展。③ 另外,在安溪各乡镇上原本就设立了农技站、农机站、林业站、水利站等县直单位的基层延伸机构,唯独没有设

---

① 来自 2014 年 5 月对林姓访谈对象的对话。
② Hill Gates,*China's Motor*,Sage House:Cornell University Press,1996. p. 7.
③ 蔡建明:《浅谈安溪茶业的管理体制》,陈水潮主编《安溪茶业论文选集》,2004 年,第 67 页。

立基层茶叶站。① 1985年后,对茶叶进行管理的政府组织发生了重大的变化:

表3 安溪县茶叶相关部门一览表

名称	性质		负责人	备注
安溪县茶叶管理委员会	协调机构		陈文聪	全面抓好县茶叶工作,下设办公室
安溪县农业与茶果局	行政机构		蔡建明	抓好茶叶基地建设、茶园管理、茶叶农残控制、茶叶初制生产等方面工作
安溪县茶叶总公司	事业机构		刘青州	抓好茶叶企业管理、品牌建设、贯标识证和市场的开拓工作,是"安溪铁观音"证明商标的持有人
安溪县茶业协会	社团机构		李文通	茶叶行业组织
安溪县茶叶科学研究所	事业机构		宋建设	负责茶叶相关的科研工作
安溪乌龙茶检测中心站	事业机构		林缎炼	负责茶叶的卫生质量检测检验工作
中国茶都	事业机构	安溪中国茶都党委会	刘青州	
		安溪中国茶都有限公司	陈加勇	
		安溪全国茶叶批发市场开发有限公司	陈加勇	
安溪铁观音研究院	科研机构		陈水潮	
安溪铁观音同业公会	社团组织		王文礼	

资料来源:中国茶叶发展促进会、安溪县茶业协会、安溪铁观音同业公会编:《中国茶都:安溪铁观音品牌大观》,长春:吉林科学科技出版社,2012年,第67页。

---

① 蔡建明:《浅谈安溪茶业的管理体制》,陈水潮主编《安溪茶业论文选集》,2004年,第67页。

安溪县茶叶总公司(事业单位,行使行政职能);安溪县人民政府茶果局(监管生产环节);福建省安溪茶厂(加工龙头企业);安溪县茶叶(支)公司(监管销售环节);安溪县茶叶科学研究所(科研);安溪县职业中专学校茶叶专业班(教育);安溪县茶叶技术推广站(推广)……这些涉茶部门和机构的设立,使得安溪县成为全国产茶县中拥有较为完备茶业机构的地区,这些在功能上互补的部门和机构,形成了完善的茶业服务体系,对于政府宏观管理和调控提供了基础。

以我熟悉的龙涓乡为例。1955年成立龙涓茶叶采购站,人员10人。1969年与供销社、食品站合并为龙涓人民公社人民购销服务站。1972年恢复龙涓茶叶采购站,人员17人。1978年设立举溪7分站。1993年全站人员11人,建筑面积750平方米(包括举溪分站),固定资产净值6.53万元。①

茶站撤销以后,茶叶转由个人经营,为了促进茶产业发展,2008年11月经安溪县茶叶协会批准,由茶商、茶农、茶企业联合成立安溪县茶叶协会龙涓分会。对于后期之秀龙涓来说,为了追赶上西坪、感德等茶区,成为新的茶乡,他们必须适应茶叶基层管理组织的改革,也必须效法最有效的茶叶交易模式。于是,自2007年底起,政府通过在各村遴选50名制茶能手,统一到深内龙涓茶叶城制茶,创办了龙涓茶叶城。茶叶城给每人提供2套商品房,2年免收房租。在这里形成铁观音初制一条街,茶季每天可制作1吨优质铁观音。

2000年竖立在县城西北角的"中国茶都"成为重要的空间模板,它由起初被骂得很厉害,到如今为各乡镇复制,成为乡镇发展的新地标。在茶站被撤销之后,基层组织除了交易市场的新空间营造之外,还有哪些新的组织形式呢?

(2)从合作社到"精致农场"

合作社,是安溪县政府这十年来极力推广的组织形式。农民专业合作组织普遍规模小,以同姓宗族为单位。但有些只是简单的合作制茶,茶园还是各自耕作,跟原来的单户独干相差不多。因此,信息不互通、抵御风险能

---

① 龙涓乡乡政府宣传办编纂:《龙涓乡志》,未出版。

力也较为微弱。根据《龙涓茶业》的一则《攒起拳头劲更大——安溪农业专业合作社探索再联合》的新闻报道:2014年1月,在龙涓乡内灶村成立了泉州首个合作社联合社,将原先的内灶茶叶专业合作社与内灶农作物病虫害防治服务专业合作社及赤片金笑佛、长其、碧乾、西林等4家茶叶专业合作社并入联合成龙涓内灶茶叶专业合作社联合社。根据章程,联合社在依照茶园面积向各家合作社支付茶园租金的基础上,根据占股比例二次分配,派发经营红利。① 不管是合作社,还是如今在合作社基础上成立的联合社,其目的都是要将茶叶的产销模式进一步地专业化:生产资料、市场渠道、技术都实现资源共享。

2015年4月,当我的调查即将结束离开安溪之际,众多的茶农向我普及"精致农场"的观念。我并没有对此做进一步的田野调查,但是我猜想,这是当地茶农在组织形式上的又一次更新,他们的专业化趋势越来越显著,而在这种专业化的背后依然是以强大的宗族、家族力量来组织生产。这与我们在销售环节所见的"从茶铺到茶企"的趋势如出一辙。产销现代化的动力根源于地方性的家族共同体这一点在安溪是非常显著的。

综上所述,我们在安溪构筑起了一幅以茶都为中心,集镇交易市场为结点的经济网络。自2000年起,在政府推动下,安溪兴建了茶都的新的城市空间,茶叶的基层管理组织发生变化,农民的茶叶生产组织形式也随之发生变化,更重要的是,由茶铺向茶企的过渡,从合作社到'精致农场'的过渡,既是"品牌化、规模化、现代化"的过程,也是宗族式的亲属制度内在运行的结果。在热闹的茶季,茶农、茶企、评茶师就在安溪地界之内的茶叶经济网络上穿梭,品味着多样的"正味"。

(三)失算:茶价的混乱

除了八马茶叶的"赛珍珠",安溪各企业也各有主推的品牌茶,以使消费者易于将它和企业文化进行连结。例如:铁观音集团的"浓露香涌";华祥苑

---

① 《攒起拳头劲更大——安溪农业专业合作社探索再联合》,《龙涓茶业》2014年第1期,第1页。援引自《福建日报》,由刘益清、何金、张志攀报道。

的"金凤凰"等等多达七十九家的品牌企业①,随着民众对品牌意识的提高,这些企业旗下又分设有多种品牌茶,使得整个市场上的铁观音品牌令人有种目不暇给之感。对此,老茶人陈文山认为,铁观音以前是大家的,现在的品牌开发把铁观音搞乱了。品牌上的铺张浪费使得铁观音距离大众的生活越来越远,价格越来越高,陈文山强调说,"铁观音是农产品","不能和大众脱离"。

> 安溪铁观音现在出现过热、过度的现象,价格过高、包装过度,因为广告费太多,应该要靠量而不是价,产品要有生命力,就要让大家都消费得起,太高的价钱只会扰乱市场。如果上万是最高级,那么几千块要什么级呢?价钱只是企业的标准,国家没有标准,现在很多东西费用(包装)比成本还大,广东规定包装费不能超过东西的1%,这些木头、漆都是资源。②

陈文山的这段话值得玩味。茶叶一下子陷入如此巨大的"价格狂欢"中,开放地自由竞争,这个时段不过不到二十年的光景。很多老茶人也常常在访谈中抱怨说,现在茶叶市场很乱。这个乱的根源主要是茶价与品味博弈的"失算"。这种失算,有人将它归结为是"市场"这个恶魔的出现,扰乱了公平议价。也有人将它视作是"人心"坏了,少数中间商以次充好,使得外地茶商误把差的铁观音当作好的。茶企盲目追求文化包装,忽略茶叶的本质。政府只为卖地融资,不顾茶业的可持续发展……更多的人,则将"市场"和"人心"视作一回事。陈文山的话语里不断地提及"没有人想保护","没有人来规范文化"——好像这个问题是在追问:市场失效了,国家去哪里了呢?无论是国家去哪里了的追问,还是铁观音是大家的呼喊,都有其历史缘由:他们这一代安溪老茶人或多或少地经历过茶叶市场放开之前——1953—1984年供销社或国营专业公司的计划经济的时代。

本节首先由茶都热闹的议茶价入手,铺展了安溪茶叶经济的网络结构,从而探知了2000年后安溪茶业发展的新动力与新问题。茶都作为当代安

---

① 中国茶叶国际发展促进会、安溪县茶业协会、安溪铁观音同业会编:《中国茶都:安溪铁观音品牌大观》,吉林:吉林科学科技出版社,2012年,第18~21页。

② 根据2013年7月24日黄雅雯对陈文山访谈资料。

溪茶业的重要地景,述说着当代的新神话,缅怀着过去的旧传统。虽然安溪人的"传统"有着不同的内容与指向,但是现代化的发展与传统之间的断裂危机却深深烙印在安溪茶人的言说中。

但更有趣的是,无论是身处县城的茶都,还是乡镇的合作社、交易市场,每逢热闹的茶季,茶农、茶商、茶人们都在运用着相似的器具、程序、规定。我将其称之为"斗茶"。那是知识、观点汇集的场景,那是策略、技艺交锋的场景,也是界定局内人与局外人的场景。在这个场景中,茶叶是绝对的主角。人的品味与技艺在这个场景中共舞,这个场景又同时向外开放的,边界是流动的,它教化着初学者,外地人,同时又被局外人塑造着,教化着。更重要的是,在这样一个开放流动的场景中,茶述说着当地人在认识他者的过程中对外部世界的关系性想象——在当代,有时候表现为赛珍珠包装盒上的货币数字,有时候表现为"思想者"、"老朋友的茶"、"茶禅一味"、"谢师茶"等等文化创造,有时候表现为"这泡茶没有遵循技术标准"、"这是消青的茶,不够正味"、"使用了压茶机"等等技术话语……

如今安溪十分焦虑的茶价虚高的问题[①]——茶价与茶之本质相距太远的问题。看起来是计划经济之后,市场恶魔缔造的人心变坏,规则缺失,技术失调。但实际上,茶的价格、文化创造、技术、以及技术话语、规范等级都是在"斗茶"的场景中生成的短暂"历史瞬间"。

三、斗茶:竞争性展演

这把当地人理解世界的钥匙——"斗茶"是在历史过程中由多方力量角逐之下涌现的场景。它既然是历史的,便一定是多样的。本节通过对"斗茶"的深描,试图说明无论是茶都的市场交易,还是我初临安溪的"品味"之

[①] 说起茶产业,许多政府讨论最多的就是如何文化搭台,经济唱戏。文化与经济是地方政府的不二法宝。安溪的事情却让我了解到,当我们在说经济的时候,文化在起着作用。当我们在说文化的时候,经济也要起着相应的作用。这并不是谁决定谁的问题,而是在一个共同的场景里遭遇彼此,建构彼此。这件事情更加启发我们,没有必要将经济与文化割裂开来,去分清哪些是经济的、市场的事情,哪些是文化的、宣传的事情。经济与文化的分类观念本身也是十分近代的事情。

争,都是"斗茶"在其中运作。

(一)深描:斗茶

1. 缘起

克利福德·格尔兹在《文化的解释》一书中有篇很著名的论文《深层的游戏:关于巴厘岛斗鸡的记述》。在文章开头,他以极为随意的笔调讲述了自己与妻子在巴厘岛所遭遇的一次"突然袭击",那是"与该社区关系的一个转折点,我们确实已经'身在其中了'。"我所亲临的第一次"斗茶"并没有警察追击的紧张刺激,却也是在偶然之间开始的:

我的报道人老肖所在的福都村位于龙涓乡。它是乡镇中心下洋村和新兴的茶叶贸易中心深内村的中点。茶季到来的时候,深内村的茶叶贸易市场人头攒动,斗茶、比茶、卖茶好不热闹。来这边买茶的大概有三类人群,一类是懂行的外地茶商。他们渐渐摸清了安溪县的茶业产区的状况,不辞辛苦驱车百余公里进山来,只为联系合适的卖家。第二类是本地茶企的经营者。除了自营茶叶基地上的产量,他们需要在乡镇寻求提供稳定供货源的生产商。第三类是像老肖这样的农民转而做生意的本地人。他们在茶叶贸易市场寻找"漏网之鱼",以低茶价买到好茶。对老肖来说,他有自己的优势——那些遍布乡村的以亲属关系、行政关系联系的家户网络。老肖开着他的小轿车放心地带我去收茶,因为我无法透过复杂的闽南语获知他的议价策略与商业秘密。后来老肖虽然对茶业形势有所,但他还是喜欢从客厅的冷柜里拿出一两泡低价的好茶与我分享,"不比今天那家卖出600块一斤的差吧!"我立刻担心地说道:"这么贵的茶被我喝了,太可惜了!你怎么不卖!"老肖哈哈一笑说:"无所谓啦。"

我对那家卖出了600元一斤的茶念念不忘。趁着晚饭之后的清闲,老肖说带我去走走,出发前他从冰柜里取出两包茶揣在了怀里。

2. 过程

老肖是个非常称职的报道人。在夜晚的乡镇街道上,老肖向我讲述了这几年茶价的起起伏伏。今日卖出天价的那户做茶师傅陈永彬,正是与他一起长大的发小。"前几年是修摩托车的!"我很惊讶,"但是他极聪明,而且善于钻研,所以做茶做得好。就是脾气不好。"说着,到了陈师傅家。刚坐下没多久,就进来一对泉州的茶商夫妇。他们在泉州市区开茶店数年,也是龙涓乡人,大概和我一样听到消息,过来向陈师傅讨茶喝。陈师傅穿梭在楼上的做青房和楼下的客厅之间,做茶时节,晚上是摇青的关键时候,陈师傅需要时刻把好关。但是看起来今晚的客厅会更加热闹,他就把楼上的主战场交给了刚满20岁的小女儿静子来打理。

泉州的茶商夫妇刚坐下没多久,永彬师傅的徒弟,隔壁村的做茶好友也揣着茶叶过来了。正当大家要开始动手摘茶梗的时候,县里的茶人苏老在乡政府官员的陪伴下出现在了家门口。大家随即纷纷站起来迎接这位德高望重的茶人。每当茶事活动,苏老都要赶去各个产茶乡当评委,主持"品味"之争。不一会儿,一桌子的人围绕着陈师傅家的茶桌坐下来了。陈师傅从屋里取出了十几只白瓷盖碗,杯子和汤匙。大家纷纷从自己的口袋里掏出"自己的"茶。对于泉州的茶商夫妇和老肖来说,自己的茶不是自己所做的茶,而往往是近日从他处收购来的茶;对于苏老来说,自己的茶可能是因为德高望重的权威而获赠别人的好茶;对于永彬师傅的徒弟和隔壁村的好友来说,自己的茶则可能是近日来自己做出来的比较满意的茶。总之,这泡从口袋中掏出的"自己的"茶——是"我"的表达;恰如在格里茨所描述的斗鸡场景中,鸡是巴厘岛人的表达一样。

毛茶未经拼配和标价,尚在粗制阶段,因此需要先拣梗才能参与"战斗"。老肖和另一位做茶师傅先在小号竹篾中将毛茶的茶梗去除,使得斗茶过程中的杂味减少。接着,苏先生取出了记号笔,随机在每一泡茶叶上标上了号码1,2,3,4,5,6——保证茶叶的匿名性。随后,陈师傅从每一包茶叶袋中取出茶叶在电子称上称重。茶叶重量非常讲究,6克、7克和8克泡出来的口感都是不同的,所以为了公平起见,必须保证每泡茶叶的重量相等。

此时,苏老会提醒大家,把烟头熄掉,减少空气中外在的杂味。陈师傅也提醒说,最好要指甲干净,手洗干净,清洁口腔,才能保证"品味"的准确性。

等到矿泉水烧开了,老肖从主位旁的小桌上拎起开水壶快速从左往右依次冲泡。这个过程,不能有任何懈怠,因为必须尽量保证茶叶是以相同温

度的水来冲泡。等待50秒至1分钟，围坐在茶桌边的人依次开始闻盖碗。他们告诉我，这叫"闻香"——判定茶叶之优劣的第一步。老肖催促着我也闻一下，看能不能找到不同的"花果香"。我拿起杯盖，一股幽香扑鼻而来，但从左至右依次比较起来，我已然分不清它们之间的细微差别，却见其他茶人若有所思地一边点头，一边观察着周围人的反映。闻香之后，需要快速出茶，保证茶叶不因浸泡时间不同而有差别。这时，是闻香之后的第二步——看汤色。老肖告诉我，金黄透亮的茶色最好。我努力调动眼力，仔细琢磨"金黄"、"透亮"的含义。最后一步是用汤匙将茶汤舀在茶杯里，用舌头品尝，来判断是否具有"韵"——这是个回甘悠长，更难以表达的境界。我以复杂而迷糊的眼神看着身边的茶人，像是误入了异国他乡的新奇世界。虽然语言的表达沟通是相通的，身体的性质是相同的，但是却在最关键的时刻又无法沟通与传递。花果香、金黄、透亮、韵味……这些便是品味的具体内容。

闻香、出水和品尝的过程历时一遍是为一泡，斗茶往往要经历至少三遍（三泡茶）以上，才算完成了"斗"。因为有的茶茶性显现较为缓慢，所以第一泡的时候还没施展出它的全部魅力，然而随着泡的次数越多，越发显现韵味。有的茶茶性显现较为早，刚泡下去没多久，出味很快，韵香浓烈。在这种情况下，往往认为前一种茶要好过后一种。

进行到第三冲之后，苏老从兜里拿出一叠厚厚的评审单，给在场的每一位参与者分发一份。这份评审单上标上了序号、编号、名次及主要优缺点。我们只需按照苏老之前的编号依次填好，然后按照自己的"品味"来给茶排出1,2,3,4,5,6名的等级。苏老给我递来一张，我惶恐地看着老肖，老肖说，"没事，怎么想的，怎么填。"看起来，茶的等级是按照闻香、汤色和品尝三部分综合来评的，任何其中单独的一条标准都没办法成为等级衡量的标准。我体会到茶之等级评判的复杂程度。

苏老见大家都填完了，便收回评审单。看了每个人的单子后，又点评了几句。大家也认真倾听着苏老的见解。苏老看着我的单子，说，"还要学习啊。"大家哄笑起来。我尴尬地看着其他人，不好意思地笑了，心里惦念着那一泡陈师傅的茶——600元的天价茶。在苏老的"标准"里，天价茶并不是第一，他认为香气还不够醇厚。我似懂非懂地点头。等苏老走后，陈师傅对我们说，他并不完全赞同苏老的话，斗茶过程中很多因素都会影响茶的品味。

拣梗　　　　　　　　　　　　泡茶闻气味

茶叶装袋标号　　　　　　　　出茶看汤色

茶叶称重　　　　　　　　　　品茶判高下

斗茶的顺序

散场后，老肖悄悄跟我说，他的茶比天价茶好喝，说这话的时候，老肖对自己的收购能力得意起来。我猜想，参与这场斗茶比赛的其他人，是否也与身边人有这番对话。在斗茶结束之后，人们总能找到其他解释方式来调整自己的品味与苏老的"标准"之间的差距，同时依据社会关系来表达茶的等

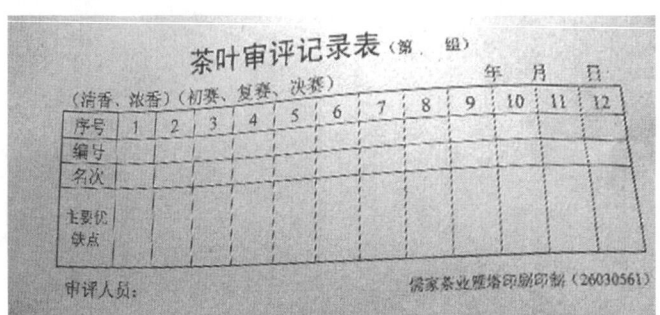

斗茶的茶叶审评单

级。自50元/斤至600元/斤的茶价所表达的等级,在斗茶场景中被社会关系重塑和改造。这个社会关系有时候表现为,苏老这样的德高望重的茶人所指定的"标准",有时候表现为老肖与陈师傅的私人关系。

苏老的"标准"在时隔三个月的春节品茗大赛中,再次成为衡量众人品味的标准。我正是通过这个比赛,进入了苏老及其茶人的圈子,分享了标准的制定与调整。苏老告诉我,品茗过程中既要能喝出"地域香",也要能喝出"品种香"。

可是在那场我初临赤片村的品茗大赛,也有不同的声音挑战着苏老的"标准",赛后有人告诉我说,5号和6号的顺序应该是颠倒的。他们并不认同苏老师这样的排序。同时,他们也说,当然有可能是因为同一堆茶叶,取了不同的部分来装袋,苏老师所取的标准样恰好等级排序是如此,而他们所喝的是同一堆的不同部分。可见,年轻茶人既基本认同和尊重老茶人的"标准",同时又在不同的场景中表达着对标准的"分歧"意见。这无疑是社会关系的再次运作。

于是,我们通过"斗茶"的深描亲临了安溪的一场茗战。斗茶区隔了品味,反映出了品味的多样性。老肖,陈师傅,苏老都有各自的品味倾向。品味表达着它们对茶的理解。看似是茶在斗,实际上是社会关系通过茶叶在互相角力。抽象的"市场"并不是决定茶叶等级的唯一标准,人们在斗茶过程中既会依据自己的标准调整与市场标准之间的差距,也会表达出对市场的不以为然,认为那只是"关系"的缘故。陈师傅技高一筹,固然是由于他卖出了天价茶叶,而且因为他有海南的茶商力捧的关系。于是在斗茶的场景里,人们相互区分着自我与他者,表达出"无处非中"的想象力。斗茶无胜负,说明品味的区隔没有高低之分。

但是,在斗茶的过程中我们又通过各种细节观察到人们对胜负的欲求,比如处处要求公平,以便使得各自的茶叶茶性得以彰显。规则和程序这些"礼"必须以十分严格的步骤进行,对品味的准绳的说法也如此一致"香气、金黄明亮、回甘、观音韵"。什么是使人们能够围坐在一起,进行对话、斗茶、品鉴的前提?

技艺的细节纵容不同,导致了品味的多样性,但是毫无疑问在品种上我们坚信这是铁观音,在工艺上我们坚信这是乌龙茶的半发酵技艺。因此,当在斗茶过程中表达着这一泡不如那一泡的时候,实际上在表达着对制茶技艺的不同见解。有人不喜欢消青的制作技艺,有人却喜欢。有人喜欢祥华的茶,有人喜欢龙涓的。大坪人爱喝毛蟹,罗岩人爱喝黄金桂。如苏老提醒我的那样,要会喝出"地域香"和"品种香"。看似品味的区隔没有高低之分,但是却也有内行与外行之分。内行是了解茶性之人,对于地域差别,品种差别,技术差别都了然于心。

斗茶的场景由此既是开放的,也是封闭的。它的边界并不稳定,常常依据具体的社会场景来调整和变化。

(二)新社事:茶王赛

1.教化的功能

这一"斗茶"的场景,既在农户家中上演,而且在茶都、集镇频频上演。茶王赛是以斗茶为比赛形式的,一方面促进茶户的茶叶生产,提高他们乌龙茶的制茶技艺。另一方面,茶王赛能够打出文化效应,提升茶价——这在很多老茶人眼里,是铁观音价格腾飞的助推器,也是所谓的"茶文化"。

在此之前 1987 年举办过安溪铁观音征歌大奖赛。那是比较早的一次。后来主要通过茶王赛(走出去的方式),到香港、上海和泉州厦门。那时候主要是通过茶王赛这种形式,那时候品牌的意识还没那么强。那时候通过文化的形式把铁观音带出去。2000 年铁观音的产量达到了一定的数量,但是很多本土茶叶流向了外地。这对安溪本地茶产业的保护、发展都是很不利的。真正起的作用不大。这个产业的发展需要更大的平台需要把它带向新的高度。这时候政府就决定在安溪本地建立茶叶市场。①

在吴小猛看来,2000年的茶都落成是茶王赛"走出去"之后的"引起来"策略。在茶都这一贸易市场建立之前,铁观音要为人所熟知,靠的是茶王赛这样的品茶推介会。通过茶王赛来区分好茶与劣茶,这个逻辑与茶都的议茶价是一致的:也就是斗茶的"区隔"方面。但另一方面,茶王赛还在安溪的农户之间形成了技艺的比拼。以技艺来展现品味,影响茶价。

"上世纪80年代初,安溪茶厂高级工程师李宗垣到产茶乡镇去培训时,明显地感受到了茶农高涨的热情。有一次,李宗垣到湖上乡沙堤村,在一个茶场的晒青场上讲课,100多个茶农全神贯注地听了两个多小时,中途竟没有一个人离场。"②

但是这种以茶王赛来教化技术优劣的方式在如今的感德镇被创新为"评茶孙"的比赛。无论是赛茶王,还是评茶孙,无非都是想要从"怎么做好一泡茶"入手提高制茶技艺。

陈志明:他们有一个活动叫评茶孙活动。他们会比较比最差的茶,评出来之后,介绍这泡茶怎么做出来。其他人就会帮我分析,我哪个环节没有做好,才会出现这些问题和后果。通过这样的活动,推动整体质量的提高。这个也是方法上的创新。反其道而行之。通过这样的方式,对提高制作技术效果很好。这是我们感德镇长想出来。

陈清元:在泉州,评茶孙活动受到好评。评茶王,也要评茶孙。茶不好,不好在哪。参加的人很多,来听在什么环节不好。

陈志明:几个人一组的,就是有点像茶王赛。是粗制赛。一个人做一个茶样,有的时候五个人、十个人、三十个人一起做一个茶样。这十道工序如何。这几道工序怎么进行,共同讨论,现在该不该摇,摇多久,

---

① 基于笔者2013年7月对吴小猛的访谈。
② 谢文哲:《铁观音:一棵伟大植物的传奇》,北京:世界图书出版社,2010年,第177页。

摇多快。农户之间相互学习。老祖宗的方法可能不一样,但是在这里可以相互碰撞,学习。有次,要开始摇青了,你同意,他不同意,怎么办呢,少数服从多数,举手表决。做出来的茶样再来比。几组对比下来,有时候也不是多数人对。所以最后到底是谁对,还是看结果。

在陈志明和陈木根看来,提高制作技术是茶王赛的最终目的,也是茶性能够彰显的唯一方式。在很多人看来,这是拯救铁观音危机

作者和村民一同品茗

的唯一出路。有趣的是,虽然二陈同是技术派的呼吁者,但是却在技术上产生了深刻的分歧。这无疑是在提醒我们,回到斗茶的场景中,理解竞争性社会关系这一层面的内涵。曾经作为茶价助推器的茶王赛,如今被许多老茶人嗤之以鼻,他们纷纷表示说,"现在的茶王赛已经没有公平性了,都是凭关系搞来的。"[①]但或许他们恰恰忽略了,茶王赛本来就是人与人关系的博弈,是社会关系的展演。茶价,及与之相应的品味,正是在与他者的区隔的社会关系之中形成的。技术,亦是如此。品味与技术之所以如此约等化,也是现代安溪茶叶发展的需求所致。技术派可以说恰恰迎合了当代的物的神话。

2. 经济的功能

茶王赛以对内进行技术教化,对外进行品味教化的方式活跃在茶季的众多场景中。但是对于后一种功能,即对外进行品种教化的功能,主要在2000年前,茶都未建成之前,安溪人"走出去"的主要方式,即他们称之为"茶

---

① 基于2013年7月的访谈。

文化"的方式。2000年后,对外教化的功能交付于了安溪的茶艺团——年轻的姑娘以舞蹈、戏剧、书法的编排向局外人传播川文化。茶王赛则更多地担负对内教化技术的功能。

陈木根,无疑是2000年前安溪茶文化推广中的重要角色。他将这种斗茶之中的"斗"的竞争性扩大化,并且充分展演出来,获得了经济与文化的双份效益。在他看来,1995年的秋茶茶王赛是铁观音价格腾飞的起点,是安溪茶发展的一个里程碑。在蔡崇达于2006年所写的一篇《天赐的神树,庞大的江湖》中,他对安溪老茶人陈木根及彭朝金做过这样一段采访记录:

"我当时一直在琢磨怎么样才能影响市场定价,想来想去想到传统的茶王赛,如果通过斗茶选出茶王然后拍卖,或许能冲击价格。"陈木根说。1995年秋茶收成,陈木根几乎动用了他所有的关系,请来了国内外的大厂商一起到西坪来看茶王赛。当时他精心策划了一套规则,一千泡茶入围选一百泡,一百泡经过专家和厂家的评定选五十泡,然后五十泡进十、十进五、五进三、三进一。结果茶王当天就以一斤5.8万元被新加坡一个客商拍走了,这个事情当时可以说轰动了海内外,我们的茶商再拿茶出去卖,没有想到广东的客户一开价也就有上千的了。彭朝金后来是这么理解1995年的变化,"或者说正是茶王赛拉开了利润空间,使得经营的人越来越多,毕竟大家只卖好赚的东西"。①

陈木根和彭朝金的话反映出当时茶王赛所带来的巨大利润空间和经济效益,茶王赛以一种新的文化创造形式给安溪带来了茶产业的第一次跨越式发展。

安溪乡绅谢文哲所编写的《铁观音:一颗伟大植物的传奇》中也对"斗茶"作出了相应的论述:"安溪铁观音茶王赛,就是中国民间斗茶风俗的遗存。每年春秋两季,安溪都要由组而村,由村而镇,由镇而县,进行一轮又一轮的铁观音淘汰赛,最终的茶王,要由进入决赛的七款茶一决高下。"②在谢文哲看来,茶王赛是中国民间斗茶风俗的遗存,而安溪则很好的保存了这份

---

① 蔡崇达:《天赐的神树,庞大的江湖》,《三联生活周刊》2006年第3期。
② 谢文哲:《铁观音:一棵伟大植物的传奇》,北京:世界图书出版社,2010年,第145页。

斗茶:闽南茶叶经济中的品味、技艺与宇宙观

文化遗存,他们的生活中仍然实践着这种古老遗存。谢文哲还在茶王赛的经济功能部分补充了另一些社会事实:

> 将安溪茶王赛发展到县外、境外,发展到极致,发展出效益的,则不能不说道林文侨——福建远太集团、安溪铁观音集团董事长,一个具有传奇色彩的企业家。林文侨起先不做茶,但他爱茶成癖,从小就会斗茶。与众不同的是,他在上个世纪90年代到香港经商时,就将家乡的茶王赛移植了过去。林文侨炒茶王、赛茶王,有时自己也买茶王……等到1999年,1000克铁观音茶王在香港已被他卖到118万元人民币了。①

陈木根、林文侨等茶人在20世纪90年代,通过茶王赛提升了茶叶价格。但是在对两位进行访谈的时候,他们固然都承认茶王赛带来的经济效益,但是"之所以不遗余力地'斗茶',并不是为了自己的商业利益,全在于对家乡的感情。当然,更多的还有兴趣、乐趣。"②可见,茶王赛除了经济的效益之外,它被称为"茶文化"必然有其文化的应有之义,而作为一种新的文化创造形式它所依赖的文化基础确实来自安溪当地的民间文化——为50年代至今的汉学人类学所密切关注的民间宗教信仰实践。

综上所述,茶王赛以竞争性展演区隔品味、技艺的方式实现了教化的功能、经济的功能。教化的功能是双向的,茶王赛以教化的方式对内销市场的局外人进行品味的教化,促成了茶价的腾飞。同时,茶王赛以教化的方式对局内人的茶农进行品味的教化,目的是为了实现制茶技术的提高。这一看法与人类学家陈志明的论述有所不同,在陈看来,"茶王赛对品牌的推广、茶价的提高基于的是地方政府与茶商之间的合作,极少有茶农的参与。"③茶王赛实际上是由茶农、茶商、地方政府的多方互动、合作下实现的,茶价、品味、技艺都在茶王赛的实践中演绎出来。它最基本的逻辑依然是斗茶中的"区隔"这一方面,只不过茶王赛也更为丰富的方式,通过借用民间宗教的元素,实现了地方文化的展演。

---

① 谢文哲:《铁观音:一棵伟大植物的传奇》,北京:世界图书出版社,2010年,第145页。
② 谢文哲:《铁观音:一棵伟大植物的传奇》,北京:世界图书出版社,2010年,第145页。
③ Tan Chee-Beng, Ding Yuling, The Promotion of Tea in South China: Re-Inventing Tradition in an Old Industy, in *Food and Foodways*, 2010(18), p.131.

(三) 从社事到茶事

1. 旧社事、新茶事

将斗茶的竞争性区隔的这一方面放大,并进行文化的传播,实现经济效益的是陈木根、林文侨等茶人。那个年代的安溪老茶人,不仅敏锐地抓住了斗茶的地方活力,而且通过借用民间宗教实践中的传统,进行了文化的再创造。茶王赛正是这种对旧社事的再创造而成的新茶事。

对安溪人来说,"事"这个词很重要。家事是处理家族的关系,社事是处理社区共同体的关系,茶事是处理与茶有关的关系。"茶"与"事"相连,在安溪人口中习以为常。因为"茶"也是一件处理关系的人事。在王铭铭的塘东村个案中,他提到说,"在传统的塘东社会中,仪式与象征是社会-文化的组成部分,与社会-经济体系互相作用,是地方性社会网络与地方社区认同形成的辅助。塘东的祖先崇拜与地域崇拜与地方的社会组织相对称,并服务于社区的内部团结与外部联系。"[①]

在王铭铭看来,"民间宗教仪式在现代化过程中可能起着:(1)联络地方社会关系;(2)操演社会竞争的作用。民间宗教在现代化过程中的延续,不是'落后'的现象,而是与民间商业精神的兴起有关。"[②]王铭铭的论述在安溪的茶叶研究个案中仍然具有解释力。茶王赛正是通过借用民间宗教的形式,复兴了民间商业精神,将之运用在斗茶的民俗活动上,实现了教化和经济的双重功能。

魏月德在魏荫茶叶博物馆向我们展示了当年获得茶王的情境,所乘坐的茶王轿,并向讲述了风水师出生的他如何第一次坐上了茶王轿:

> 我现在还比那时候年轻啊!那时候瘦巴巴的,手全是做茶的,衣服帽子都是政府买的,就像中状元,茶状元,绕了两个半钟头,整个街都去

---

① 王铭铭:《地方政治与传统的再创造——福建溪村祠堂议事活动的考察》,《民俗研究》1999 年第 4 期,第 11 页。

② 王铭铭:《地方政治与传统的再创造——福建溪村祠堂议事活动的考察》,《民俗研究》1999 年第 4 期,第 11 页。

游街啊！放鞭炮、放烟花,给你像神明一样去弄啊！不只大家都来看,连走路都走不过去啊！人山人海啊！现在没有了,就比一比而已了！看这次茶王的人,好几万个,整个镇都影响,还有上海的,那多的是啊！做这次茶王啊,也可以是很光荣……①

想起当年,魏月德脸上再度显现当时坐在轿上的光彩,当时乘轿踩街的照片还被放在公司的宣传单中。

魏月德的叙述"给你像神明一样弄"佐证了陈木根的初衷:"用民间迎王爷的方式来办茶王赛"。在安溪人眼里,茶王赛借鉴民间迎王爷的社事运作显得自然而然。通过让茶王头带礼帽,身穿礼服,坐在轿中,被民众簇拥的欢腾感,不仅增加了茶农的参与意愿,而且在这种集体的欢腾中促成了教化与经济的双重功能,无疑实现了旧社事向新茶事的良好过渡。文化的新创造显得不矫揉,乃是因为安溪人遵从了地方性,认识到了茶王赛所构建的社会共同欢腾的情感,是这个社会显现的方式,如同在茶叶经济网络上的某个具体的斗茶场景之中一样,茶之斗,乃既是个人之斗,又是社会气质的彰显。

如今,在安溪,不仅有茶王赛作为茶事在各乡镇举办,而且还有粗制技术大赛、品茗大会等一系列以斗茶为逻辑,以教化与经济为目的功能,以具有品味卡里斯马的老茶人为标准的各项茶事活动。每逢茶季,茶农、茶商、老茶人便穿梭在安溪的茶叶经济网络之上,构筑起品味、技艺之争。

2. 技术派当道?

在前一节我由切身的田野感受入手,抓住了"品味"一词试图去理解当地人的世界体系。接着,又由新地景茶都看到了当地人对茶价混乱、文化创造、技术失衡的诸多"危机"之说。但无论是我初临安溪的品味之争,还是茶都的议价场景,都有斗茶的逻辑在其中运作。于是从这一节开始,我抓住"斗茶"来理解"品味"、"茶价"以及"技术"之间的关系。将斗茶置于具体的情境去深描,一来是我初到乡下的偶然遇见,二来是我以为斗茶是理解人物关系的关键。茶作为斗茶情境的主角,既有一系列的规范来保证斗茶的斗

---

① 根据2014年7月的采访录音。

的公平性以彰显茶与茶之间的等级,同时又有其他的解释体系来调整和平衡斗茶情境中的结论,使得茶的等级变得模糊。也就是说,评判茶之等级高低的标准是多样化的,人们对标准的阐释也是多样化的,阐释的依据往往是具体的社会情境。茶价、品味、技术既是这些标准的依据,又是被这些标准以竞争性区隔的方式形塑出来。

以"斗茶"的模式来运行的新社事——茶王赛也出现在20世纪90年代前后,是茶都落成之前安溪政府的重要茶政。茶王赛在安溪茶业发展初期,是以斗茶—拍卖的形式,拉开利润空间。但是,当下的茶王赛虽还是以斗茶的形式,却演变为"技术培训"的样态,在调整茶价与其之间的关系。但无论是哪个阶段的茶王赛,实际上都是茶价、品味、技术在其中交互上阵、更替、演绎着不同社会情境中的人人关系。

值得注意的是,我们通过斗茶的深描,莅临了一场没有边界的、互相建构的情境,可是无论以茶价来衡量茶,还是品味来衡量茶,亦或是技术来衡量茶,茶始终是茶。只是情境在变,标准在变,自我与他者的关系也在变,而茶独独没有变。为了说明这个观点,本文还必须从微小的斗茶场景中暂时抽离出来,直面安溪的茶叶技术发展历史,来阐释技术迷信、市场迷信以及品味迷信是如何在近代的社会历史变迁中逐步塑造出来的?在这些迷信塑造的过程中,又如何在安溪的地理空间,观念形态上形成了丰富的多样性?

四、技艺的变迁

茶叶的等级既非品味来规定,也非市场来规定,更非技术来规定,而恰恰是社会关系来规定的。斗茶,表面上规定着茶的等级,实际上是在具体的场景中塑造和调整着人与人的关系。既然技术在当代安溪人看来至关重要,技术甚至"斗茶"场景形成的关键要素。人们可以坐在同一张桌上对品味进行判别,恰是因为当下的安溪人认同乌龙茶的品种具有各异的品种香,乌龙茶的技术锻造了各异的地域香。那么茶之竞争性关系如何在制作技术的内部展演出来?在莫斯的技术学论述中,他认为技艺是全人类的总体,是生理的、社会的及心理的综合。透过这种综合,茶演绎出了各种不同的姿态、样貌、名称,在地理空间上、历史变迁中转述着物的心灵世界。在安溪的铁观音的世界里,正是在这样的空间与时间的综合里,我们看到了覆盖茶之上的层层心灵痕迹,铸就了今日铁观音世界的纷纷扰扰,熙熙攘攘。

(一)种法:从野生到栽培

茶最早是采集经济中的野生作物。在北魏贾思勰的《齐民要术》中,茶被记录在卷十的《非中国物产者》中,郭璞曰:"树小似栀子。冬生叶,可煮作羹饮。今呼早采者为'茶',晚取者为'茗'。一名'荈'。蜀人名之'苦荼'。"① 以采集时间早晚来区分茶是这个时期茶叶尚为采集经济野生作物的例证。又唐代皮日休所作的《茶经序》中写道:

> 自周已降,及于国朝茶事,竟陵子陆季疵言之详矣。然季疵以前,称茗饮者,必浑以烹之,与夫瀹蔬而啜者无异也。季疵之始为经三卷,由是分其源、制其具、教其造、设其器、命其煮,俾饮之者,除瘵而去疠,虽疾医之,不若也。其为利也,于人岂小哉。②

可见,野生茶叶自周代表起就是朝贡之土产,当时人们喝茶如喝蔬菜汤一样烹饪后饮下即可。茶的分类也只是根据采集时间的早晚来确定。可是今日茶叶世界的分类何其复杂,除了六大茶类之外,还有品种一说。光是在武夷山一地,品种就高达上千种,明目繁多,令人瞠目。对于今日安溪来说,乌龙茶、铁观音是他们心目中的骄傲。乌龙茶讲的是一种半发酵的制作技艺,铁观音则是安溪独一无二的品种。这个品种自2006年申请国家地理保护标志之后,从法律上将安溪与铁观音联系在了一起。"种"为什么如此重要? 安溪在地理空间上如何构成了品种的竞争?

1. 繁育:技艺的双重性

对于安溪来说,最引以为豪的一大贡献在于:1920年前后,西坪乡茶农实验"长穗扦插繁殖法"成功。1935年,西坪乡平原村教师王成文改"长穗扦插法"为"短穗扦插法"。1957年,国家农业部在安溪召开现场观摩会,向全国各

---

① 贾思勰:《齐民要术(附杂说)》(下),上海:商务印书馆,1960年,第273页。
② 陆羽:《茶经(及其他两种)》,北京:中华书局,1991年,第22页。

产茶省全面推广。① 之后,短穗扦插成为安溪铁观音大规模繁育的助推剂。

繁育发展最高级的阶段"短穗扦插",几乎是没有任何缺点的,既能保证种性良好,又能大面积种植。而其他几种方式都在不同程度上存在缺陷,无法兼顾纯种和产量这两方面。但这种优良技术的发明本就是十分近代的事情。直到 1935 年,在吴觉农的《中国茶业问题》一书中仍认为播种法是全国大多数地方普遍使用的种植方法,只是偶有提及福建部分地区开始使用压条法。

对于茶之种法,先有《茶经》的说法,"法如种瓜。"② 后有元代王帧在《农书》中写道:

> 先时而种,则失之太早而不生;后时而艺,则失之太晚而不成。故曰,虽有智者,不能冬种而春收。《农书》"天时之宜篇"云,万物因时受气,因气发生,时至气至,生理因之。

万物受时气影响很深,所以种茶与种稻谷、蔬菜、瓜果,要关注时气的变化,不能种得太早,也不能太晚。可见至迟到唐代,人们已经学会用播种茶籽的方式来培育茶苗,栽种茶树。茶之种法与时气的关系如此关键也可从安溪人对生态环境的看法,以及内外安溪的地理区隔中窥见一二。这种茶籽播种方式一直持续到了清朝末年,"种性观念"变得日益强烈和重要。因此人们开始在农事上关注种性的分别,茶叶因此开始有了"种"的观念。茶叶的"种性"观念与清末帝国面对西方之入侵是否有关?可以进一步探讨,但至少他们在时间点上出奇一致。表 4 即为安溪茶的若干种法。

表 4 安溪茶的若干种法

方法	优点	缺点
茶籽直播	快捷方便	苗木品种混杂,不能保持良种品本特性
压条分株	保持良种本性最佳	速度慢,数量少,且严重挫伤母本茶树
长穗繁育	保持良种本性	成活率低、浪费母本苗穗,不利于大面积育苗
短穗繁育	保持良种本性,大面积大数量快速育苗	无

---

① 安溪县地方志编纂委员会编:《安溪县志》,北京:新华出版社,1994 年,第 230 页。
② 勾利军:《宋代福建茶业生产述论》,《晋阳学刊》1996 年第 4 期,第 104 页。

当茶籽传播被抛弃之后,农事的第一步已经不再是关心时气,而是沉浸于一对悖论之中:种性优良与产量高低——种性优,产量低;种性劣,产量高。尽管政府大力推广看似无缺点的短穗扦插技术,但在那些主张回归传统的实践派茶农看来,短穗繁育在保持良种本性方面比不上压条法。魏月德在他西坪的茶基地展示了用两种不同方法繁育的铁观音的区别。最明显之处在于使用压条法的后代铁观音叶片肥厚,叶面拱凹,脉络不均——而这是纯种铁观音的特征。老茶农陈双算则有另一套选种方式:

> 根据我爷爷的做茶,是山上采茶,人工种的量不多,基本都是手工做的茶叶。这个铁观音是老人,古代传下来的。喝了是铁观音。人工种的,也有野茶,野生的红芽铁观音。这种铁观音最好。不是平常人可以喝的。那个采一点是很贵重的。比如说,冬天冒的芽是红的,鹧鸪,清明前冒芽,鸟会吃掉。一种野兽叫山獐、山羊,以前的性欲比较旺盛,比较多,会懂的这棵植物是宝贝,会把它吃掉,这棵野生的红芽铁观音。第一次冒芽,会吃掉。如果人工种植的,野兽就不会吃了。这一定是很大的区别。后来根据这棵茶,看到周围有山獐走过的脚印,铁观音树叶都吃光了,我就捡过这株来,进行了扦插。扦插开根,后来1984年,全县赛茶王,真正的红芽铁观音是这一种。第一次春茶,就是茶王。祥华茶叶收购站奖励了不少奖金。一斤茶叶一两块钱,甚至几毛钱。后来我认真研究为什么动物都爱吃这棵铁观音,而其他都不吃,说明这棵是真正的野生红芽铁观音。那后来几亩,传到几十亩,再到百亩。现在有了五百亩,都是纯种的红芽铁观音。①

陈双算是一位年过六旬的祥华乡老茶农,据他所述推测,大概在一百年前仍然可在安溪的山林树丛间觅得野生铁观音的芳踪。它的形貌是突出的:红芽、尾歪、肥叶、高个、长在山林里。陈双算在这里特意区分了人工种植的和野生的铁观音:"野兽不会吃人工种植的铁观音。"在陈双算看来,他的茶园之所以是纯种红芽铁观音,是因为他依据动物爱吃来判断真正的野生红芽铁观音。这与魏月德的观念是不同的。在魏月德那里,是技艺的经

---

① 笔者于2013年7月10号对祥华县著名茶农"鸭母算"陈双算先生的录音访谈。

验决定了他的茶园是纯种铁观音茶园,在陈双算这里,是野生动物决定了他的茶园是纯种铁观音茶园。

繁育技艺自诞生之日起,就带有无法克服的二重性。这是"种"的观念带来的。在"法如种瓜"的播种时代,人们多种多收,依照土地和上天的安排,只要符合播种的时历节奏,就可以获得收获。所以播种不需要考虑技术,只需要顺应时气就好——这和赫西俄德所描述的公元前7世纪的希腊小农①如此相似。可是当繁育作为技艺诞生之后,人们开始区分这一株与另一株的差别在哪里,哪一株更纯?我们当然可以通过分析株丛的数理化学数据依据来确定种性的优良,但是更重要的是理解人们在表达纯种的时候,他们在表达什么?魏月德和陈双算的例子提醒我们注意到纯种背后的逻辑——技艺的二重性:既有带有巫术的、无法解释的一面,也带有实证的、经验的一面。技艺虽以实证的、经验的,甚至科学的技术面貌出现,但是它在实践中却还带有茶籽播种时代的巫术记忆。

2. 品种等级

茶的"种性"观念,自安溪人发明扦插法之后,就一直在近代茶叶发展史上发挥重要的作用。这一种性观念首要表现在于它在安溪的地理空间上形塑了一个集镇的生计方式。1952年,安溪在虎邱镇设立良种繁育场。②2009年,虎邱镇成为国家级茶树良种繁育基地。良种场、良种基地建立的主要目的是,"进一步保护安溪优良茶树品种原有特性,提纯复壮,促进优良品种的推广种植,辐射和带动周边茶区的持续发展。"③

老肖告诉我,现在全县所购买的茶苗都是从虎邱镇来的。茶价波动对虎邱镇人的生活影响非常大,尤其是如今全村从事茶苗繁育劳动的方亭村,受到计划经济时期的良种繁育场的启发,应对日益增长的茶叶市场,全村由从前的烟叶生计方式转向了茶苗繁育的生计方式。根据《安溪县志》记载:

---

① 让-皮埃尔·韦尔南:《劳动与技术思想》,黄艳红译《希腊人的神话与思想——历史心理分析研究》,北京:中国人民大学出版社,2007年,第286页。
② 安溪县地方志编纂委员会编:《安溪县志》,北京:新华出版社,1994年,第87页。
③ 虎邱镇政府网站新闻信息。

"《泉州府志》卷十九《物产篇》载:'安溪出者胜过漳浦、石码。'以西坪柏叶家蚕林,芳亭岭脚,龙门茗山为上品。"①另一个有趣的生计方式转变的村子——虎邱镇西面的长坑乡珍田村。在殡葬改革之前,全村老少从事棺材业,棺材制作技术在附近的邻村内十分有名。但是殡葬改革之后,这个苏姓单姓村遂改为从事茶叶生产工作,并在我们于斗茶场景所遇到的苏老的带领下,在1996年成立了安溪县第一家珍田茶叶合作社。

这两个村庄的例子提醒我们注意技艺的"在场"与"不在场"对村庄生计方式的塑造与改变。第一个例子是在"种"的观念之下,由政府在行政政策推动下建立了良种培育基地,从而塑造了虎邱镇方亭村今日之生计方式。虎邱镇由此成为了现代茶叶发展在安溪地方社会上的重要注脚,它讲述的是一个"种"的观念如何在地方社会形塑出一个地理空间的故事。可以说,是技艺的变迁塑造了虎邱镇,也可以说,是虎邱镇改变了溪茶,它使安溪在良性品种的保存和繁育上拥有一定的标准与依据,而不至于像如今武夷山的茶叶那样陷入种类的无休止争论与竞争之中。茶的"种"的观念不仅形塑了一种技艺,而且推动这种技艺在地方的社会中形塑了一个地理空间,改变了人们的生计方式。

(1) 品种的地理空间

我们在"斗茶"中所观察到的品味之争,其分歧之整合在于对品种的认同。也就是说,人们只会选择在同一品种的状况下才进行斗茶的聚会。铁观音茶王赛,赛的是铁观音之间的优劣,没有人会将铁观音与别的品种进行比较。这不是"斗茶"的逻辑。因此,品种之争与品味之争是在不同层次上的竞争性展演。在品种之争中,我们将看到的是超越个人与个人之外的集镇共同体与集镇共同体之间范围的竞争性。

这四个镇在地理上并不遥远,甚至是在地缘关系非常之近的集镇。但他们因为各自的历史、神话或诗歌而拥有不同的品种。这个品种,而不是那个品种,是至关重要的。关于这个品种有一整套完整的神话观念体系、政治经济发展历程及社会宗族系统。

---

① 安溪县地方志编纂委员会编:《安溪县志》,北京:新华出版社,1994年,第185页。

乡镇	西坪镇	虎邱镇	大坪镇	芦田镇
品种	铁观音	黄旦	毛蟹	梅占

  在这个竞争体系之中,处于核心地位的是西坪镇。它是铁观音的发源地。铁观音的核心地位既是由西坪来塑造,它本身也因为其重要性成为西坪的象征。铁观音如此重要,因而围绕它出现了两个内部竞争的神话。这两个神话分别为谁最先发现了铁观音提供了依据。除了神话学的依据之外,它在社会学层面上也展现了各自的依据:自1916年,就有西平人在台湾举办的茶叶评奖中,凭借"万寿桃牌"铁观音获得一等奖。之后,在新加坡、泰国先后获得了金牌、特等奖。这三项国际性比赛获奖都是与西坪镇的王姓家族"下南洋"的贸易历史有关。除了下南洋之外,安溪西坪人王义成在台湾将乌龙茶的制作技艺改进,创制出包种茶并向乡民广泛传授;光绪时,王义成的同乡,安溪西坪的王水锦、魏静相继入台,在台北七星区南港大坑完善包种茶的制作技艺,被台湾当局聘为茶师,教导茶农。① 最近安溪人重新寻找其茶叶技术的传播历史,发现清嘉庆(1796—1820年)初年安溪西坪镇西源村的林燕愈,迁到了武夷山。当时武夷山虽有三十六峰九十九岩②,但基本都是荒山,林燕愈决定开荒种茶。最终西坪人在武夷山的天地里开辟了茶业发展的新天地。不管怎样,这些品种、技艺传播的故事或传说,都宣称了西坪镇今日之核心地位事出有因。可是似乎很难说是铁观音使得西坪在地理空间结构中处于茶叶叙事的核心地位,还是西坪人的聪明智慧使得铁观音在品种之争的等级结构中处于核心位置?但西坪确实与铁观音在当代的叙事中被紧密地联系在了一起,成为彼此的象征。

  与铁观音产生竞争关系的品种几乎都产自于西坪的相邻乡镇。其一,是拥有良种繁育场的虎邱镇。作为老茶区,虎邱镇还是国家级良种黄金桂的发源地。方亭村集约化发展茶苗培育,罗岩村则以集约化种植黄金桂而闻名。黄金桂成名很早,是唯一可以与铁观音平起平坐抗衡的品种。1982

---

① 罗杨未刊"安溪茶史梳理"报告。
② 谢文哲:《铁观音:一棵伟大植物的传奇》,北京:世界图书出版社,2010年,第24页。

年获得国家商务部授予的部级优质产品称号的只有铁观音和黄金桂。1986年两者又再一次被国家轻工业部评为优质产品。① 这种来自国家部委的名称对于地方社会影响有多大,我虽未深入研究,但是从最近的访谈可以看出,老一辈茶农谈及茶叶的历史时,都会不约而同地把"金质奖章"、"部委优质产品"当作衡量茶叶等级的标准。黄金桂无疑在那个时代获得了与铁观音较为接近的等级地位。除了国家级的嘉奖之外,黄金桂也是由两个竞争性神话构成的。同时,它还与西坪镇一样分享了早期安溪人"下南洋"的历史叙事。其人也是来自品种的发源地——罗岩村。林朝阳(公元1810—1862年),虎邱罗岩人。早期在汕头经营"林乾太"茶行,发迹后创有"福安街"一条,"林乾太"小巷三弄。②《安溪县志》记载,"茶商林金泰将黄旦运销东南亚各国,供应不求"③。林金泰是林朝阳的同宗后生,他是安溪人祖祖辈辈潮汕移民大军中的一个身影。神话的、贸易的、政治的叙事在品种之上再次被编织,形成当代"名优"产品的新叙事。

至于其他两种在等级上较之铁观音、黄旦又低一级的毛蟹、梅占而言,它们也有各自的贸易的、政治的历史,以及神话的叙事。我将在最后一章中回到品种发源的神话里,探讨他们各自在何种程度上转喻了彼此之间的关系,它在根本上处理的并不是集镇共同体层次上的区隔,而是与更大范围的共同体集体记忆相联系。

(2)等级的竞争性

在斗茶的品味竞争中,铁观音最核心的品种特性是"观音韵"——这个玄妙的概念。黄旦的品种特性则是具有"奇香"——茶季时分,罗岩村往往飘香万里,令人以为桂花开了,所以黄旦又名黄金桂。对于老茶人来说,品味意味着你的舌头首先能够区分出不同的品种。铁观音有其品味特征,黄旦、毛蟹、梅占亦是如此。品味等级看似是在处理人与人之间的关系,恰恰可能在处理品种等级的关系,而这品种等级背后又是与集镇共同体的关系

---

① 安溪县地方志编纂委员会编:《安溪县志》,北京:新华出版社,1994年,第247页。
② 谢文哲:《铁观音:一棵伟大植物的传奇》,北京:世界图书出版社,2010年,第45页。
③ 谢文哲:《铁观音:一棵伟大植物的传奇》,北京:世界图书出版社,2010年,第227页。

相联系。考虑到在安溪县的社会结构中,宗族特征尤为突出。如我们所提及的罗岩村、方亭村、珍田村都是单姓村,他们的生计模式也表现为集约化倾向。这一点在我的田野地龙涓乡福都村也得到印证。我们可以推测,这种集镇共同体可能恰恰是弗里德曼所论述的"宗族"共同体。至少,在铁观音和黄金桂的例子里,我们看到了王姓家族和林姓家族的贸易竞争。那么从品味之争到品种之争,我们实际上是从处理个人之间的关系上升到了宗族共同体的关系。

由局外人变为局内人的第一步是区分品种,第二部则是再现品种的等级。这是"斗茶"场景的浅层逻辑。"斗茶"的深层逻辑在于通过区分品味,来彰显人人关系,甚至宗族共同体的关系。后一种关系,甚至在品味过程的潜移默化中已经深深镌刻在斗茶者的心灵深处。为了证明我的这个判断,我还将论证整合"斗茶"品味的第二个标准,即乌龙茶制法。人们之所以能坐在同一桌子上进行"斗茶",除了品种的共识之外,还有对制法之共识。可是,乌龙茶的制法为什么那么重要?竞争性如何进一步形塑了安溪的空间结构呢?

(二)制法:从树叶到茶叶

乌龙茶的制法是由各种技艺组成的。我之所以要引入技艺的概念,恰恰是因为我要反对当今安溪世界的技术迷信。技术是短暂的历史瞬间,如茶的"种"的观念一样,茶的"技术"的观念也是产生于非常近代的事情。但是技艺却是贯通人类所有生活的。繁育技艺的"在场"在空间上形塑了一个集镇的新的生活方式,而且正如我在对繁育技艺的地方性知识进行分析时所指出的那样,技艺具有巫术性的一面。这一点在乌龙茶的核心制作技术上也展露无遗。这是本节第一部分的内容。

茶的"种"的观念使得繁育技艺出现,并且在地理空间上形成了四个集镇的竞争性关系。在每个集镇内部形成了一套其特有的历史的、政治的、贸易的、神话的叙事,而使得物成为其共同体的图腾。从本节的第二部分开始,我将试图进一步论述:茶之制法如何使得技艺如何调整自己的效度,并在地理空间上形成南北安溪的竞争性关系呢?这对应的南北安溪之间是否也同样有一套竞争性的历史的、政治的、贸易的、神话的叙事呢?

1. 茶叶制法:技艺的双重性

正如我们在本文开头所见,茶都的价格乱象在很多老茶人看来是铁观音危机的一个重要表现。如何扼住这个"市场"或"人心"的恶魔呢?安溪政府并不是"无为而治"的,他们很早意识到了这个问题,地方社会的精英们自2000年起起草和向福建省质量技术监督局提请了《安溪乌龙茶标准综合体》(DB35/T103.1—2000),2004年又起草并向国家质量监督检验检疫总局提请了强制性国家标准《原产地域产品 安溪铁观音》(GB19598—2004)[①],2006年调整强制性国家标准为推荐性国家标准(GB19598—2006)。

在2010年,安溪县委办公室进一步推进了茶叶标准化的工作,细分为《安溪铁观音生产初制加工技术标准(试行)》、《安溪铁观音精制加工技术标准(试行)》以及《安溪县关于规范茶叶销售行为的基本准则(试行)》。前两个技术标准参考的就是2000年向福建省提交的《标准综合体》以及2006年向国家提请的《地理标志产品 安溪铁观音》。

当我们亲临安溪的时候,稳定茶价的强心剂是初制加工技术标准、精制加工技术标准以及销售行为基本准则。"摇青没有摇好"是在说——初制技术水平不好,"烘焙过头了"是在说——精制技术不符合标准,"人心坏了,不诚信"是在说——违反市场准则。可是它却并不是一蹴而就形成这样的分类体系的。稳定茶价的外部力量在1984年之前很大部分来自国家行政力量。当这股来自国家的力量消失之后,地方经营亟需新的准绳来扼住茶价。

制作技术一下子在哄闹的价格战中被地方精英想起来了!对技术的强调,对与技术有关的知识的强调一下子通过各种形式向农民普及开来。农民的理论素养较低,需要通过这些技术知识的培训才能提高实践能力。因此这些铺天盖地的技术指导或规范犹如救命稻草一般发放到农户手中。在魏月德和陈双算的对比中,我们看到魏月德在压条法和扦插法之间作出了排序,因为是技艺的经验教导他在劳动的实践中哪一个繁育方法更合适。

政府的技术规范里将扦插法作为普及推广的繁育方法,但是就像对技

---

① 有关茶叶国家标准的信息,请参见:http://news.aweb.com.cn/2006/6/15/9412358.htm

术规范里的其他准则一样的不以为然的态度,茶农和做茶师傅有自己的看法:

访谈人:那五百亩是您的全部的茶园吗?茶农是当地的吗?

被访谈人:他们都有自己的地。但是做茶看起来简单,都要靠手艺的。不是那么容易的。

访谈人:那您有培训他们吗?

被访谈人:这个,做茶,要靠嗅觉啊,好几个方面。你知道这么一点就能做出好茶,你不知道就做不出好茶。只能做个一般一般的茶。整个安溪县,每个村每个角落,传授制茶的技艺,我做了三百多个村,但是一个村庄能够做出真正的好茶,三五个。

访谈人:为什么?

被访谈人:那就跟你们读大学一样,大学生很多,研究生读出来才几个嘛。没多少人能作出真正的好茶,但是一般的茶都是可以的。

我在龙涓乡了解到的情况与陈双算师傅所说的相差无几:技术是科学化、规范化的东西,但是"太理论了"。龙涓乡自2007年开始组建了技术宣讲团,每逢茶季前后,政府会组织一批做茶能手(往往被评为乡镇级或县级的非物质文化遗产继承人)到各个村庄进行技术宣讲。詹桂生告诉我说,"这些老师们可不能同时去一个村子。"我很好奇,追问他为什么。詹师傅告诉我,"每个师傅有自己的一套制法,虽然都是乌龙茶的半发酵技术,但是那里面的0.5是很难把握,很难说得清的。因此每个人的想法都不同啊。会打架的。"①

成文的、规范的工艺指导手册,在民间看来,是无用的。

"如果让茶果局的那些人来做茶,他们不一定会做,至少做不出好茶。""会做茶的,都不会讲。他们都在自己家里钻研呢。""按着上面做,做不出好茶。"②

几位做茶师傅都在不同的语境里,表达着其个人经验的重要性,这是技术理论书所没有办法涵盖的。尽管县里众多的茶叶管理机构分管各地的茶

---

① 基于笔者2014年7月对詹桂生的访谈。
② 基于笔者2013年7月在安溪对茶农的录音采访。

事，但是实践派的农民总有一套自己的实证性的技艺思想。这种思想既是经验积累所得，而且往往具有不可预测的巫术性质。感德镇的王奕荣师傅跟我讲了这样故事：

  王奕荣：我给你讲个故事。在霞村，有一对夫妻两个人自己做茶。有一些新的丛树，做起来比较好。那天天气很好，他就叫老婆下午去采了来，他们采了14斤半。那天晚上放下去摇，因为前两天一直在做茶，所以很累，所以想睡觉。旁边躺着，就睡着了。都四点了，他老婆看了下，怎么还没来，就去看一下。一个倒在那边。就把他叫起来，问他怎么回事啊。完了，把青摇坏了。坏了也没办法。只能继续把青放在晾青架上了。哇，那天中午，好香啊。从来没有做到茶叶那么香。然后那个茶叶卖到了一千多块。说实话，那个茶叶两千多块也卖。第二天，也是从那些新丛采了一笼回来，也是相同时间把它放下去，时间把它调到12点，第二天早上时钟响了，起来看，茶青全部死掉了。都是一样的人，一样的地方。为什么？因为湿度、温度都不一样。摇青的时间也不一样。做茶啊，就是工艺很难。

  访谈人：那天晚上也是偶然。

  王奕荣：对啊，是偶然。

  访谈人：茶叶技术书上的标准是否可靠？

  王奕荣：这个也要看茶青，有的茶青，茶叶比较厚，比较大叶。摇青的时间，几点摇，怎么摇都是要看的。摇青的温度、湿度都是不一样的，和昨天。

  访谈人：这个故事什么时候？

  王奕荣：前四年，大概2009年的时候。

  访谈人：他们现在还做茶叶吗？

  王奕荣：不做了，他们不懂茶叶。现在她老公出去打工了。

因为意外而做出的好茶是不可复制的，所以霞村夫妇"偶然所得"的好茶虽然卖出了高价，但是无法使他们致富，最终还是只能外出打工。王奕荣师傅讲的这个故事既启发我们看到制茶需要经验积累而形成一套熟练的"手艺"——烂熟于心的技巧，而且还需要一点说不清的微妙的"运气"。我把前者成为技艺的实证性方面，后者称为技艺的巫术性方面。在陈双算眼里,动物与真正的红芽铁观音亲缘,就是两者之间具有说不清的微妙的关系。政府所印制的《技术标准》的困境正在于忽视了技艺的这两方面,而对技艺缺乏应有的尊重。《技术标准》一方面与实证性的、经验性的技艺存在距离感,而且往往相对滞后,当它试图对农民的实证性的经验进行指导的时候,往往会被农民扔到一边。另一方面,《技术标准》不可能理解技艺的巫术性方面,甚至是反巫术的。这种技艺之中的不确定性、零散性、偶然性恰恰是《技术标准》想要规范化的、条理化的、系统化的对象。但是在制茶的场景和过程中,技艺的这个方面却又是乌龙茶制法中最为核心部分——与红茶、绿茶相区别的根本所在。

2.过程

(1)做青:半发酵

明末清初,安溪人开始以乌龙茶的制法。乌龙茶是半发酵茶,介于红茶、绿茶之间。对于乌龙茶和红茶、绿茶差别之理解,我比较赞同民国著名茶叶专家吴觉民的看法:

> 茶之制造,因其种类而不同。我国茶叶,大别之可分红茶、绿茶、乌龙茶数种。各种茶之制法,虽不尽相同,然其制造原理,就科学眼光视之,要不外使叶经过萎凋、揉捻、杀青、发酵、烘焙各极端。因其各个阶段经过时间之久暂,程度之深浅,于是即有红茶绿茶与乌龙茶之分别。[①]

"制法"造成了种类区分的根本。所以从根本上是"制法"过程中"时间之久暂、程度之深浅"导致了红茶、绿茶和乌龙茶的区隔。这个观念启发我们回到我上一节的论述,即繁育与安溪的品种之争:铁观音、黄金桂、梅占、黄金桂不也是繁育这一培育之"法"创制出来的品种区隔吗?如果没有繁育这一育种"法"如何能够在品种之间作出规定呢?所以乌龙茶只不过在更大的范围内,在与红茶、绿茶竞争的过程中,被区分了出来而已。

乌龙茶为半发酵之茶叶,叶之边缘虽为红色,而叶之中部仍如绿茶。制茶方法介乎红绿茶之间。法先取鲜叶使之凋萎,约经半小时,取

---

① 吴觉农、范和钧:《中国茶业问题》,上海:商务印书馆,1937年,第103页。

回室内凉之,放入竹笼,上盖布类压之,复置室内经过半小时以后,取出放于板上而揉搓之,揉搓时间约需半小时左右,搓后仍置笼内,时时翻动,以促水气之政法。此时茶色已泛红褐,已在发酵,且有熟香溢出,于是置锅内蒸之,使其发酵作用立即停止,发酵停止后,再入锅内炒之。揉搓、凉摊等手续亦如绿茶。故乌龙制法,开始则如红茶,待发酵到相当程度,而呈泛红现象时,即使其停止,采用绿茶制法。是以叶之中心仍作青色,俗所谓之"绿叶红镶边"者是也。①

简而言之,乌龙茶制法历经做青、杀青和揉烘阶段。红茶与乌龙茶的主要区别在于做青的不同,红茶置于日光下曝晒,使得鲜叶水分减少,待发酵完全后再进行炒青、揉烘,而绿茶则在采下鲜叶之后直接进入杀青阶段。因此,三种茶根本的不同在于——做青的工序及时机。具体而言,乌龙茶在做青阶段需要经过"摇青",即把茶青放置在竹篾或滚筒中,通过翻动,促进茶叶水汽流动。摇青的关键一步在于把握好停止发酵的时机。这个时机过头了,那么就变成了红茶,这个时机没到,就变成了红茶。正因为乌龙茶的发酵既非全发酵的红茶,也非半发酵的驴车,因此就为它的变动性和多样性提供了依据。

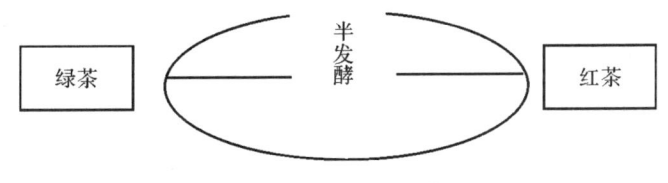

乌龙茶介乎于绿茶与红茶之间

(2)人茶混融

铁观音由采摘的鲜叶到烘干的茶叶,需要历经两天一夜的锤炼。这一过程均发生在一个特定的粗制空间内。这一空间讲究开阔、通气、明亮。讲究的人还会依据做茶需要的方位来设计窗户和门的方位。

在每个茶师傅看来,他手中的每片铁观音叶片都是颇具生命力的。做茶过程中的看、闻、听、摸等身体技艺的介入都是为了与铁观音发生对话,时时观察它与自然界、与自我互动后发生的细微变化。龙涓做茶师傅陈木叶

---

① 吴觉农、范和钧:《中国茶业问题》,上海:商务印书馆,1937年。

在凉青间这样描述摊凉在笳篱上的茶青:

> 它这个叶子,如果你观察,一会变涩,一会变亮,油亮。摇青,把细胞壁打破了,促进它的细胞质和细胞液产生生物环境。还有你要让它活着,你要不动它,它就死了,就干了。你要动一下,它就活过来了。你要把青消一下,它就诶,马上活过来了。你要动,它就不会死。你要不动它,它就慢慢蒸发,就死掉了,干掉了。你抓几叶放在旁边,没多久,它就干掉了,软了。你要动它,就会看到它很青翠,看到它的梗一直红进去。自然这样子放那边,还是青青的。有动它时候,水分就往上跑了。所以做茶好不好,关键看你这水分走不走。你这叫自然生长。怎么差也差不到哪里去。所以你一直要看到这个水分从下往上,一直一直往上走,一直走到红叶的边上。要保持这个活性。①

铁观音的茶叶形态在发酵过程中有明显的变化,水分从茎部流动到叶脉的位置,最终分布在叶片的边缘,形成"绿叶红镶边"的独特发酵效果。制茶师傅在解释茶叶发酵过程的时候是能够从生物学或植物学的角度来理解茶叶发酵的,比如提到"细胞质"、"细胞液"这些专业名词,但是他们又同时使用另一种非科学的、民间的、质朴的方式来描述茶叶发酵,比如"活过来,又马上死掉了。"陈双算的形容更为直接:

> 摇青的时候,苦汁、舌汁就没办法吐出来了。那个植物的细毛孔,和人的毛汗孔是一模一样的。它是茶叶的毛汗孔。嘴巴开口像月亮初二、初三的样子的嘴巴,一开口,就吐出苦汁、舌汁。肉眼是看不到。茶叶是隔断的,摇青一段时间,茶叶里面的叶绿素没有死。同样给他摇,晚上摇几次目的是给它吐出苦汁、舌汁。②

把铁观音在发酵过程中的变化与人的毛汗孔的张闭相类比。铁观音是具有如人一样的感受力的,它们会开闭嘴巴,会吐出苦汁、舌汁。这种质朴的描述不仅基于陈双算对茶叶发酵过程的多年观察经验,而且来自乡土之上的茶农对于铁观音最纯粹的情感想象。虽然承认这个过程"肉眼是看不到的",但是他们仍然坚定相信并且形象表述着茶叶"吐舌汁、苦汁"的生命

---

① 根据笔者于2013年7月30日对龙涓乡茶农陈木叶的访谈录音。
② 根据笔者于2013年7月10日对陈双算的录音采访。

图景。这是制茶师认为在制茶过程中自己始终与茶叶能够发生对话、互动的首要原因。铁观音的活性挑战了制茶师的技艺,也刺激了不同制茶师之间的竞争,从而成为增进制茶工艺的动因。这里我们再一次验证了技艺的巫术性的一面,也是深具创造力的一面。

一名普通茶农之所以被尊称为"制茶师"是因为其"术业有专攻",而这个"术"便是铁观音的制作技艺。铁观音的活性使得茶农在制茶中渐渐琢磨出一些规律性的经验总结,而其中悟性较高、善于钻研又乐于尝试的经验丰富者往往会得出一些"秘籍",这份"秘籍"便是制茶师能够做出好茶的技艺所在。祥华乡的茶农陈双算描述了他通过闻香来识何时下锅炒青的技艺,即根据不同的香气便能判断出是否该杀青,以及做出的茶是何种滋味。

陈双算:我举一个例子,茶叶采起来,晚上摇青,目的是散发出苦汁、舌汁。半发酵,铁观音属于半发酵,半发酵会转成菠萝香的味道,旁边削菠萝的味道,这个时候拿去炒,是兰花香的味道。还有一种呢,像荔枝的味道,像卖了三四天的荔枝的味道,粗粗的。荔枝的味道有点果酸味。这个时候拿去炒是桂花香的味道,就是八月十五桂花香的味道。可以这样的香味。还有一种呢,是龙眼的味道,炒出来是仙铺(?)花香的味道。现在这种仙铺花香已经很少了。晚上闻到某种花香就知道能炒出什么样的茶了,知道闻到马上下锅去炒。有菠萝香,闻到菠萝香,茶叶放下去炒,就是兰花香;你要是闻到荔枝的花香,有点酸味,放在锅里炒,就是桂花香的味道,量有,但是数量很少。

访谈人:你说的兰花香是茶青的味道吗?

陈双算:就是毛茶的味道。经过摇青,半发酵,吐出一种味道,就是菠萝香。茶青不是兰花香,茶青是菠萝香,但是还要加工成品才有兰花香。这个,没法用文字确切表达出来,用语言没法表达的。

访谈人:但是您闻到味道,就知道……?

陈双算:恩对,闻到味道,就大概知道了炒出来是哪种茶了。

访谈人:乌龙茶的制作比较复杂?

陈双算:工序是比较复杂的,乌龙茶的每个步骤是十分细节化的。技术很复杂,但是研究透了,就比较容易。下锅去炒最需要技术,闻到菠萝香、荔枝、龙眼的味道,就需要去炒。细节不好,要是没闻到某个味道,就是发酵过头了,那么出来水就是淡淡的,肉眼是看不出来的。最关键的一道工序就是摇青房的闻青。闻到味道,就知道什么时候下锅。炒了,就不能变化了。这时间是最关键,如果差那么一点,就做不出好茶了,就变成普通的茶了。上千块和几十块钱就在那几分钟。半个小时后,炒出来就是几十块钱,但是时间对的话,炒出来就是几千块甚至几万块。①

在陈双算看来,"最关键的一道工序就是摇青房的闻青。闻到味道,就知道什么时候下锅"。这听起来很玄妙,因为就算知道闻到"菠萝香需要下锅"这个知识,但是不同的人在不同的情境下的实践状况是不同的。陈双算也承认这种香气是"没法用文字确切表达出来,用语言(也)没法表达的"。因此这个闻香技艺在大多数情况下是个性化的,情境化的,但从另一方面这也说明了技艺的有趣与珍贵之处。

从以上个案的呈现与分析中,可以窥见铁观音作为自然物被拟人化的一面,以及茶师在应对铁观音的多样性的灵活变通。人与技艺是统一体的同时,技艺又与物无法割裂。因此围绕技艺,铁观音与茶师发生了勾连。当做茶师傅拿到今天的茶青,便开始想象今日所做的茶之滋味,在做青过程中,全情投入以味道、声音、形色来判断杀青时机的时刻,也就是茶师傅将自己当作铁观音,化成非人的时刻,恰是人茶混融达到巅峰的时刻。我们不禁回到"种法"中的繁育技艺部分,当陈双算说自己根据动物的足迹来判断种性的时候,是否也在某个时刻变成了非人的他者—动物了呢?我想,这是我们谈论人与物的关系的要害之处。

3. 技艺等级

(1)新机械 新制法

乌龙茶的制法——半发酵使得人们通过调节发酵程度来形成不同风格的铁观音。让我们回到本节开头的一套《粗制加工技术标准》,在这套技术的内容里包含着《传统初制技术》以及《空调制茶技术》,可见在茶农的制作

---

① 根据笔者于 2013 年 7 月 10 日对陈双算的录音采访。

实践中已经形成了技术的分裂。这个分裂并不是一蹴而就的。安溪人这么表述这一过程:

> 1979年后,随着市场经济的不断深入,安溪铁观音内销市场不断扩大,品饮人群迅速增加。1996年试验织造出的外形乌绿圆紧、内质鲜香爽口的铁观音,成为最受消费者欢迎的新品种。为适应市场需要,从1999年开始,安溪县茶农在继承原有传统工艺的基础上,对初制工艺进行了大胆的改革与创新,采用轻晒青、低温做青、薄摊叶、长静置、干杀青、温包揉、早干燥的工艺措施,使铁观音保留传统的品质风格外,创新性地生产出另一类品质风格。茶农称此新技术为"低温轻发酵"工艺。①

低温轻发酵工艺的积极推动者无疑是位于安溪西北方向的"中国茶叶第一镇"——感德。该镇的"白水观音"以水白、味甘为特点,一度在2008年左右赢得较大市场份额,同时也成为该镇铁观音茶叶的显著特色。轻发酵工艺大行于世,广受消费者好评,安溪县政府也趁着"铁观音神州行"的时机,确立了清香型、浓香型及陈年老茶三足鼎立的茶业发展思路。

2005年9月,农茶局茶叶科技人员与福建农林大学教授一起承担省科技项目《安溪乌龙茶加工新工艺与配套设备研究》。在此背景之下,新工艺空调制茶技术得到广泛的推广应用,结束了茶叶高温季节"靠天做青"、难制好茶的历史,迅速提高了茶农的收入水平。茶农王奕荣讲述了岐阳村村主任的故事,基本能反映当时空调制茶技术给茶农们带来的丰厚利润:

> 我们村主任问我买摩托车还是买空调,我和他说让他先买空调,他说不行啊,我要骑车去村里面开会。他今年买摩托车,后来买空调。后来他和我说,他亏了。如果先买空调,摩托车早就赚了。②

但是,另一方面空调带来的便捷性也导致了部分茶农惰性滋生,懒于钻研铁观音的制作工艺,从而使得茶叶品质下降。如今空调已走入了安溪茶农的家家户户,但空调制茶技术的标准也在逐年的创制与完善中。

不得不说,没有空调这种机械的大规模引入,轻发酵新工艺无法得到如此广泛的推广。摒弃作为机械的空调而回归到纯手工的制作环境已是逆行

---

① 黄建璋:《安溪茶经》,广州:广东经济出版社,2010年,第237页。
② 笔者于2013年7月17日对王奕荣的录音访谈。

之举。如何善加利用空调来适应气候的变化,提高茶农的空调制茶技术是安溪制茶工艺发展的思考方向之一。2010年安溪县茶叶学会召开了学术年会,李宗垣和张木树合作发表了《开创铁观音制茶新工艺 引领初精制一体化新潮流工艺》的论文,提出在总结传统制作工艺的基础上,整合了清香型铁观音初、精制加工流程,对铁观音制法进行创新。

通过以上的梳理,我们基本可以看出铁观音新制法的出现受多股力量的共同作用,贸易的压力,新机械的传入,政府的宣传,学者的论证以及茶农的创新。这多股力量最终再生产了铁观音制法,并一如繁育技艺一样再次在地理空间上形塑了观念的区隔:南北安溪。

(2)技艺的地理空间

南安溪正是我在前一小结所论述的品种之争的四个集镇,他们因为最早卷入茶叶的外贸之中,所以在面对新的铁观音制法的时候,集合成"老茶区"的面貌来共同应对"新茶区"的调整。这也是为什么在2006年的那份《技术标准》内委婉地将新茶区的制法称作"空调制茶技术"而因此区隔出了"传统初制技术"。后者主要指的正是以西坪、虎邱、大坪、芦田为代表的区域集镇。

在蔡崇达的报道中,他认为西坪的茶叶世家的故事只是安溪铁观音故事的一半,另一个核心正在政府的盘算里渐渐显现。他引用祥华的茶老板吴传家的话:

> 安溪分为南安溪和北安溪,从历史上南安溪,以西坪为中心,以收购和营销茶为主,北安溪因为山多且高,交通不便,从来就是让北安溪的茶商收购。不过事实上,虽然南安溪的西坪作为铁观音的发源地,铁观音茶产量却不是很大,而北安溪有更高的山和比较优质的赤土,从来种出来的茶青质量不错,只不过南安溪垄断着营销的渠道和制作的核心技术,一直没能追赶上。

蔡崇达认为一开始祥华所代表的北安溪并没有对西坪老茶区构成威胁。因为老茶区依然在走着他们上一辈所开发的汕头路线和海外路线,而祥华则走省出口贸易公司的路线。蔡崇达的报道也似乎也只是划开了南北安溪争斗的一个口子而已。茶叶公司的总经理苏少名为这个南北安溪之争提供了更为完整的图景:

斗茶：闽南茶叶经济中的品味、技艺与宇宙观

访谈人：您上次讲到很多政府在茶叶销售网络方面的努力，后来销售模式方面，您谈的比较少，通过一周的调查，我们发现，存在几种不同的销售模式，比如，有的是觉得要恢复传统模式，有的是说要适应市场，开拓不同的口味，比如轻发酵、花果香这些，不同的模式在较量。您怎么看这个？

苏少名：哦，您说的这个是制茶工艺上的把握，茶有不同的口味特征。

访谈人：对，那肯定和销售有相互关联。

苏少名：事实上，肯定是终端影响前端，销售的结果会影响生产的把控。

访谈人：应该是前端影响后端吧，因为如果你用手工传统做茶，品质高的话，应该会价格高一点吧。

苏少名：说的是，市场这种销售情况，消费需求，认可度，趋势，会影响生产，就是说，比较多人喜欢这个口味，或者说有了这样的市场需求，就要提供相应口味的茶叶。在十几年来，这也是一直在变动，口味怎么迎合市场和消费者的需求，但消费者的需求也会变动，不同时期，初级阶段和后边比较成熟的阶段也会有所区分。

苏少民与访谈人对于前端与终端的关系看法不同，反映了销售市场与生产之间错综复杂的关系。① 在苏少民看来，"消费需求、认可度、趋势会影响生产"，而访谈人的看法是，"用手工传统做茶，品质高的话，应该会价格高点。"在这段对话中，访谈人认为，传统茶等于品质高，也因此价格高。回到我们在第二节所论述的茶叶经济的运行逻辑，可知，茶叶等级对应的是茶价，但影响茶叶等级的是品味与技艺。在访谈人这里，传统茶，意味着技艺的高超，也是品味高的表现，却忽略了"传统"并不是技艺高低的标准，因为在斗茶的场景中，标准是流动的、变化的。人们只能在具体场景之中形成区隔，一旦场景消失，区隔就消失了。因此，"传统"只能视为话语，也就是要弄清的是，当人们在说"传统"的时候，人们在说什么？访谈人之所以如此论述

---

① 在这一部分，我试图将"访谈人"——也就是实现与被访谈对象对话的当时情境里的"我"抽离出来，成为可被解读的分析对象。

传统与茶叶等级之间的关系,乃是安溪人通过"斗茶"对其教化的结果。所以,"传统"意味着在技艺的竞争中,出现了与其相对的"现代"的这一面。而苏少民的回应恰恰是在说,安溪茶现代的"今生"所面临的消费市场变化,其"现代"品味的适应性变化,其"现代"技艺的适应性变化。传统并不一定具有道德价值上绝对的高,现代亦是如此。所以,苏少民与访谈人的对话,补充了蔡崇达的新闻报道,厘清了南北安溪是观念上的地理区隔,而这一观念的地理区隔既与安溪的茶业对外贸易的前历史有关,也与1985年之后市场流通政策的开放、安溪茶人国内市场的开拓的当代史密切相关。这种观念的地理区隔不但与历史有关,而且不断地更新并创造了新的神话叙事。这种神话叙事的建构无不与竞争性展演有关。2013年7月,我受邀去感德镇参观了茶王公祠的建筑现场,感德镇镇长陈志明兴高采烈地讲述了茶王公谢枋得流放闽地,流落感德,种茶为生,教化乡民的故事。北安溪的茶王公与南安溪的诸神话主角,在地理空间上形成相映成趣的对照。在这种竞争性的对照中,在技艺内部分裂,形成新的技艺手法——在南北安溪的关系中,显现为空调制青技术。当然,南北安溪的这种竞争性对照并不是在事实层面上绝对的,南安溪也有运用空调制青技术做茶的趋势,北安溪也有反对空调制青之人。但我讨论的问题是,在观念上,人们评判孰高孰低,孰优孰劣的时候,人们是否追溯了历史的因素、神话的因素、市场贸易的因素?而这才是新老茶区,传统现代对立存在的根本原因。

回到论文开始的引子,我们便可以理解:清香型和浓香型铁观音在等级上的高低,品味上的高低,正是通过老茶人对我这个局外人的教化构成的。浓香型被认为是品味高的、传统的茶,而清香型则不是。这种品味的区隔,是通过技艺的区隔(空调制青技术)达成的,但同时也是在斗茶之前的前逻辑里通过教化完成的。也就是说,当斗茶开始的时候,人们面对眼前的清香型茶品,在其脑海中已经构成了观念上的高低之分,有的人认为是清香型高于浓香型,而有的人则相反。而本研究认为,这一观念的高低与南北安溪的地理区隔是相对应的。为了说明清香型高于浓香型(或相反),他们能够各自利用神话的、历史的、贸易的话语来编织加以论证。因此,看起来斗茶之中未介入其中的种法、制法部分,但实际上却已经在斗茶之前的前逻辑里被深深地嵌入在观念之中。可见,茶之斗,并不是我们所见的品味之斗,技艺之斗,它在根本上是人与人的观念之斗,也就是宇宙观之斗。

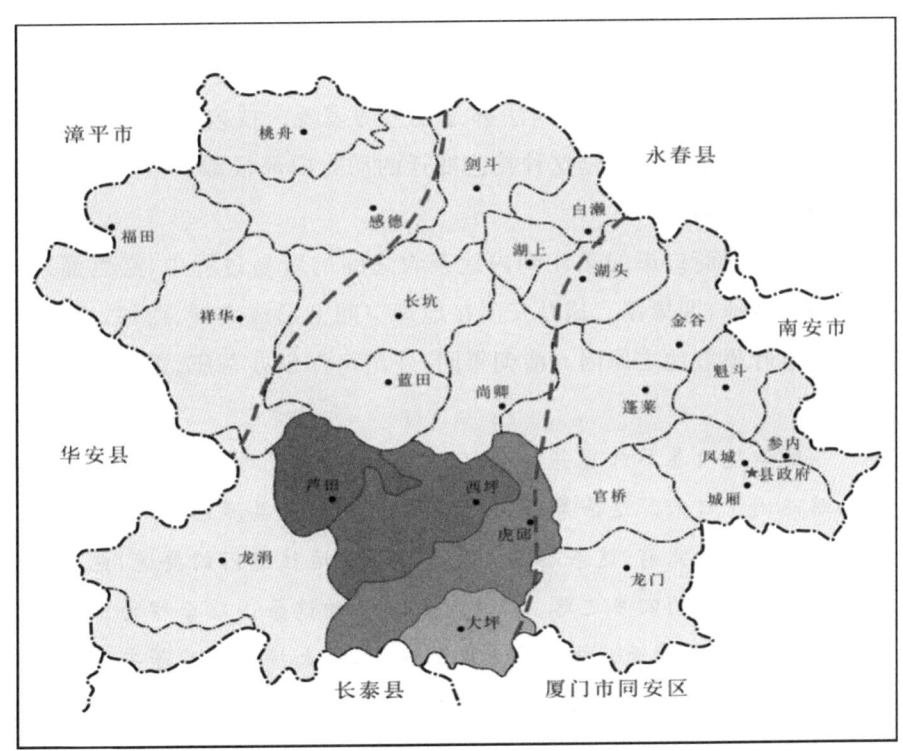

安溪县行政区划图

吴文斌制图

(三)技艺与竞争

安溪素有内外安溪之分。这个分法是按照地形地貌之差异,以湖头盆地西缘的五阆山至龙门的跌死虎岭为界限。但根据本研究的分析可知,技艺的几次变迁都在安溪的地理空间上形成了新的观念分类。一次是在南安溪的四个集镇之间形成品种竞争(图中标明区块的部分),第二次是在南安溪与北安溪之间形成拉力(图中标明虚线的部分)。南安溪四个集镇的竞争对应的是铁观音、黄金桂、毛蟹、梅占的品种竞争;南北安溪的竞争对应的恰恰是清香型铁观音与浓香型铁观音的竞争。

可以说,茶之能指,要么是品种的所指,要么是制法的所指。

种法的逻辑追求的是"纯种",制法的逻辑追求的是"半发酵"。《技术标准》所推广的"短穗扦插"式的繁育方法以及标准公式化的制作方法,不为茶农们全然接受。因为在"法"内尚有劳动实践中所积累的经验,即便被归纳总结,还是与实际的操作存在距离。另一方面,"法"有巫术性,不可操纵又神秘的一面。无论种法,或是制法都是技艺的表现。技艺因而是具有双重性的。技艺的双重性无疑是这种技艺变迁的动力内部根源。但其变迁的外部动因也来自贸易。

在这个由通商口岸的茶庄到内地茶农之间的贸易过程中,必然涌现众多的贸易集散地,即集镇。这是安溪在地理空间上形成大坪、西坪、虎邱、芦田最早的茶叶集散地之原因。清朝年间,外出南洋创办茶庄、茶行的多是出自该区域。

  随着厦门港茶叶贸易的兴起,从安溪大坪乡到厦门同安县的一条山路热闹了起来。这条茶路从大坪出发,到同安县城后,有船直通厦门港。新中国成立前,这条路不仅是安溪茶叶运往厦门的要道,也是许多海外安溪侨亲的回乡之路。从大坪到同安的这条山路全程约三四十公里,往返一般要两天。当时有专职的挑夫,从大坪将茶叶等安溪特产挑到同安,回程时则挑食盐等日用百货……有民谚说:"阮厝月是柴梳,恁厝月是门底。"意思是月牙时出门,到月圆才能到达目的地。"①

  此外,还有一条从西坪尧阳经虎邱、龙门到同安的茶路……新中国成立前,新加坡"高建发"茶行从安溪出口茶就走这条路。②

可见,在安溪茶史中,南安溪的集镇是在这两条茶路的基础上涌现出来的,他们具有各自的海外贸易历史,而又分别对应相应的家族,如下表所表明的:

乡镇	西坪镇	虎邱镇	大坪镇
品种	铁观音	黄旦	毛蟹
宗族	王姓、魏姓	林姓、高姓	张姓

---

① 谢文哲,《铁观音:一棵伟大植物的传奇》,北京:世界图书出版社,2010年,第50页。
② 谢文哲,《铁观音:一棵伟大植物的传奇》,北京:世界图书出版社,2010年,第51页。

这是南北安溪得以形成的过去历史,但却在当代构成了南北安溪在技术上的诸多争端,以及"新老茶区"的观念之分。而北安溪之所以在技艺上发生创新也是为了适应内销市场的需求,从而在制法上作出与老茶区南安溪的区隔,这种区隔就如同我们在斗茶场景中所见的竞争性区隔一般,再一次以嵌入茶这一造物的方式显现出来。由此可见,只有同时理解技艺变迁的内在动因,与外在动因两个方面,才能把握住这种在地理上彰显出来的竞争性区隔的根源,才能理解这种竞争性区隔仍然在时刻的变动中,因为所斗的不是茶,所斗的是人。

五、品味、技艺与宇宙观

以上三节,我由发生在安溪茶叶经济网络上的"斗茶"场景出发,理解斗茶之中的品味、技艺、茶价之间的关系,品味与技艺是茶叶色香形的彰显,也是茶叶等级的标准,更是茶价博弈的砝码。茶之斗,可以视作是品味、技艺的竞争性争斗。进一步地探究品味、技艺竞争性争斗的背后,发现实则是社会共同体——在安溪,我引用弗里德曼等汉学人类学家的研究,称之为"宗族"的争斗。可见,斗茶不仅仅是个人的表达,而且是社会气质的彰显。这种"社会性"最凸显之处在于"斗"在地理空间的观念上的展现,这一点正是通过对技艺的变迁,即茶之种法、制法来加以说明的。当人们在斗茶场景中表达"茶"的时候,这个"茶"有的时候是品种的所指(铁观音、毛蟹、梅占、黄金桂),有的时候是制法的所指(乌龙茶、红茶、绿茶),人们实际上运用了历史的,贸易的,神话的元素来实践斗茶的前逻辑。也就是说,当人们坐在一张茶桌上开始斗茶时,已经形成了"茶"的不言而喻的共识,像是深嵌在斗茶场景之中的潜规则。本文认为,斗茶的这一更大范围共同体的人人关系之斗,是通过"南北安溪"、"传统现代"、"新老茶区"的观念表现出来的,而这部分内容恰恰是宇宙观所探讨的核心。在这一章中,我将运用神话、诗歌、历史的内容来充分展现安溪茶的宇宙观运行逻辑,并再次回到微小的"斗茶"场景中理解这一真实的身体实践是如何具有历史延续性的。无论在穿行世界的观念,还是浓缩于斗茶中的品味之争,都是茶在其中起着作用。覆盖在茶之上的多样性折射着这个世界的多样性——所谓真假茶或正味茶的论争,乃是这一论点的良好例证。

(一)神话、诗歌与历史

1.历史、诗歌中的茶

安溪县自后周显德二年(955年)建县至今,曾于宋、明、清三朝编修过七部县志,但历经沧桑,大都失散,仅存三部,分别是嘉靖版、康熙版及乾隆版。除了三本古县志之外,另一本新中国成立以来最早的一部安溪县志修于1994年1月,由安溪县地方志编纂委员会编,新华出版社1994年出版。以上四本县志是研究安溪茶史的基本参考资料。在最早的嘉靖年版(1522年)的县志上,将茶归为《货品》:

> 《瑞章总论》:"茶,乃南方嘉木,叶如栀子,花如白蔷薇,实如棕榈子。土产建州、北苑、先春、龙焙,洪州双井、蒙顶、石花,皆茶之极品者也。紫为上,绿次之;笋为上,芽次之。社前采者为佳,寒食、谷雨采者次之。备见陆羽《茶经》。"安溪茶产常乐、崇善等里,货卖甚多。①

常乐里是今日剑斗、白濑乡,而崇善里则是蓬莱、金谷、魁斗镇。这一区域的茶叶之所以售卖甚多,我推测与当时自北由常乐里建口渡,至下林渡,至龙兴里源口渡及县治西北的吴埔渡的水路开通有关。这条水脉是由安溪县的北部向东南方向汇流至县城。这条水脉还承担着运送感德铁矿、常乐覆鼎的功能,因此在历史上承担售卖茶叶的可能性也不小。

在康熙版的县志上,记录了一段近50年之后万历年间的一段郡人何乔远(明代著名方志史家)的评论:

> 草有金樱子为良药,元朝取之以充贡焉。茶名于清水,又名于圣泉。②

清水,顾名思义,是清水岩。圣泉,是今天位于安溪县官桥镇的圣泉岩。

---

① (明)林有年主撰:嘉靖《安溪县志》,凌文斌、苏旺太、王伯兰、林园点校,安溪县志工作委员会整理,香港:国际华文出版社,2002年。

② 谢辰荃主修:康熙《安溪县志》,凌文斌、王伯兰、李启厚点校,安溪县志工作委员会整理。

在这本康熙《安溪县志》之中,有关于圣泉岩的记录:

> 在驷马山左。岩最高,登巅远眺,可望郡中清源山。产茶甚佳,而亦绝少。岩后有泉出石中,清甘不竭,祷雨有应。宋裴道人游憩石旁数月于此。①

这本县志的《风俗人物之一》中的《土产》中对茶的描述与嘉靖年间几乎一致,只是删去了"安溪茶产常乐、崇善等里,货卖甚多。"这一句。可知康熙年间,名于世间的茶主要来源于清水岩和圣泉岩等僧道所培植,质优量少。作为市场交易的茶,并没有进入清朝官吏的视野中。接着,在第三本古县志清朝乾隆年间,对茶的记录更是言简意赅:

> 茶,亦曰茗,即也。龙涓、崇信出者多,惟凤山、清水岩得名,然少鬻于市。②

在这本县志之中,龙涓里和崇信里值得分别是如今的龙涓乡、西坪镇以及芦田镇。

对三本县志关于茶的记录的分析,可知:(1)安溪的茶业历史很早开始,而且茶叶售卖与交通有密切的关系。明朝嘉靖年间的常乐里与崇善里之所以有售茶记录,大概是因为水路原因。而当时这条水路主要承担的运输任务是铁矿和覆鼎。(2)明朝后期,清水岩、圣泉岩等寺庙开始在安溪的茶史中崭露头角。茶叶与佛教、道教的历史关系可自此溯源。清水岩至今仍种有"甜茶",味道甘甜醇厚,回味无穷,且数量极少,若移植他处,能够存活,却失去甘甜口味。所以,能够得清水岩上的一泡甜茶,常被视作是受到了清水祖师极大的恩惠。除此之外,清水岩还产过一种"神曲"茶:

> 除了清香型、浓香型铁观音、陈年铁观音之外,安溪还有一种可以治病的"神曲",又称为"百草神",是一种茶饼,制作技术据传为清水祖师所创,后来在清水岩寺的主持间代代相传……"神曲"可治疗肚胀、消化不良、上吐下泻、脾胃虚弱等疾病,且耐于保存……早年一些蓬莱人

---

① 谢辰荃主修:康熙《安溪县志》,凌文斌、王伯兰、李启厚点校,安溪县志工作委员会整理。

② 庄成主修:乾隆《安溪县志》,安溪县地方志编纂委员会整理,厦门:厦门大学出版社,2012年。

出样谋生还会带伤"神曲",一为防病,二来也借清水祖师的灵光护身。

因此,安溪除了我们前三章所勾勒出的品种、乌龙茶之外,还有与寺庙茶。它往往还原了茶成为茶的前世——即它作为茶的前世,发挥药用的功效,同时与祖师普度众生的信仰联系在一起,成为乡情、恩情的寄托物。(3)清朝康熙年间,龙涓里、崇信里产茶较多,而名于世的茶仍是清水岩的寺庙茶。从明朝年间的北部安溪之常乐里、崇善里转向南部安溪之龙涓里、崇信里,我猜测这其中的变化或许也有交通要道有关联。商贸茶的历史踪迹可以在县志的历史记载里追溯到仅有的几条蛛丝马迹,然而却可以启发我们去思考这其中的历史延续性与历史变迁。

另有,清代《泉州府志·物产》中记载释超全(阮旻锡)所写的《安溪茶歌》曰:

> 安溪之山郁嵯峨,其阴长湿生丛茶。居人清明采嫩叶,为价甚贱供万家。迩来武夷漳人制,紫白二毫粟粒芽。西洋番舶岁来买,王钱不论凭官牙。溪茶遂仿岩茶样,先炒后焙不争差。真伪混杂人聩聩,世道如此良可嗟。吾哀肺病日增加,蔗浆茗饮当餐霞。仙山道人久不至,井坑香涧路途赊。江天极目浮云遮,且向闲庭扫落花。朝夕几焙茗香迷,无暇为君辨正邪。①

在这首茶歌中,有两条至关重要的信息有助于我们理解安溪近代茶业的历史。(1)释超全生活在17世纪中后期,因此,《茶歌》所表达的社会事实大致发生在这个时间段。(2)在17世纪中后期,安溪茶农仿制武夷岩茶,先炒后焙,工艺相差无几,"真伪混杂"。很多茶学家引用《安溪茶歌》来佐证"乌龙茶制作技术起源于武夷山"的说法。但另一说是安溪人在明末清初创制乌龙茶后,乌龙茶的优良品种和制作技术向闽北传播,民国《建瓯县志》称:乌龙茶叶厚而色浓,味重而远,凡高旷之地种植皆宜,其种传自泉州安溪县②;另有书载,崇安的乌龙于道光年间由安溪人詹金圃先生移建瓯而再移往者。③ 安溪茶与武夷茶,这条闽南乌龙与闽北乌龙,注定要相互交缠,演绎

---

① 怀荫布撰:《泉州府志·物产》,乾隆刊本,第9页。
② 安溪县地方志编纂委员会编:《安溪县志》,北京:新华出版社,1994年,第124页。
③ 引自罗杨未刊"安溪茶史梳理"报告。

出更多传奇。

安溪茶与武夷茶的争斗是茶之观念的又一次"斗"。它在"斗"的层次性上超越了清香型、浓香型的茶品,也超越了铁观音、毛蟹、梅占、黄金蛋的品种。这一竞争性争斗并不是为了寻找到历史的"真实",而恰恰是为了在历史、诗歌与神话的交织中显现一种变动的真实性,这种变动的真实性如张静红、肖坤冰所探讨的茶之本真性一样,是"关系史"的抒写,我将之称为宇宙观的部分。

2. 神话叙事中的茶

(1)品种的神话

品种的竞争与清香型、浓香型的竞争都在安溪地界之内形成了地理观念上的区隔。与此相应的也是丰富生动的神话竞争,这些神话的竞争都在内部转喻了与其对外贸易历史有关的家族或宗族,并且利用神话的姻亲关系转喻了它们彼此之间的竞争性关系。

乡镇	西坪镇	虎邱镇	大坪镇
品种	铁观音	黄旦	毛蟹
宗族	王姓、魏姓	林姓、高姓	张姓
神话	贸易世家		

在西坪铁观音的品种起源神话中,存在两说:一说是魏氏的,西坪尧阳松林头魏氏老茶农魏荫勤于种茶,又信奉观音,每日晨昏必在观音佛祖前敬奉清茶一杯,数十年不辍。后来观音感念他的诚心,于是托梦给魏荫,告知了其铁观音在石坑之中。第二天魏荫醒来荷锄去找茶树,果然有一株内芽紫红,异于他种。另一说是王氏的,讲的是西坪尧阳南岩仕人王仕让出人湖广黄州府蕲州通判,乾隆六年,王奉诏赴京,以茶馈赠朝中好友,几经周转转赠内廷,乾隆帝饮后,赐名铁观音。这两个品种起源神话都发生在安溪外销贸易史重要的起点:西坪尧阳。在谢文哲的《伟大植物》中,"'尧阳'茶行为西平镇尧阳村人王淑景于20世纪初开设,王淑景之子王文斗后来江茶叶生

意扩展到了香港。现在,王氏家族后代仍在香港、台湾经营'尧阳'茶行。"①大坪毛蟹记录在案的品种起源,与萍州村的张姓有关,而黄金桂的起源传说则明确提到"后来,茶商林金泰将黄旦运销东南亚各国,供不应求。"②

品种起源神话不仅揭示了其与历史中的那些贸易宗族世家之间的关系,而且品种之间还具有明显的姻亲关系,在这些神话表达的亲属关系结构中,西坪镇是其中比较关键的环节。以黄金桂的神话为例:

> 相传,清咸丰十年(1860)安溪罗岩灶坑村(今虎邱乡美庄村),有个青年叫林梓琴,娶西坪珠洋村女子王淡为妻。当地风俗,结婚一个月,新娘回娘家"对月换花",返回婆家时,新娘带回的礼物中要有一种东西"带青"(即植物幼苗),以象征世代相传,子孙兴旺。王氏"带青"之物,即为两株小茶苗,种在祖祠旁园地里。经夫妻双双培育,长得枝繁叶茂。采制成茶,色如"黄金",奇香似"桂",左邻右舍争相品尝,啧啧称赞,特以王淡名字谐音命名为黄旦。后来,茶商林金泰将黄旦运销东南亚各国,供不应求。为进一步提高黄旦的身价,并根据黄旦的特征,又名黄金桂。③

在这个神话叙事里,罗岩村的林姓娶了西坪镇的王姓。新品种是由建立姻亲关系的"带青"习俗带来的。带青,象征的是世代相传,子孙兴旺。新品种由姻亲关系传入,又由夫妻关系培育长大,最后以嫁入罗岩村的西坪镇女子王淡的名字命名新品种——这是黄金桂品种起源的叙事逻辑。

除了姻亲关系外,芦田镇的梅占传说还以同宗关系表述了其与西坪尧阳的关系:

> 清道光元年(1821年)前后,芦田有一株茶树,树高叶长,但不知其名。有一天,西坪尧阳王氏前往芦田拜祖,芦田人特意考问王氏那株茶叫何名?王氏不知,一时答不上来,抬头偶见门上有"梅占百花魁"联句,遂巧取"梅占"为其茶名。

芦田在这个神话叙事里,是西坪尧阳的祖先,暗示了西坪尧阳人是从芦

---

① 谢文哲:《铁观音:一棵伟大植物的传奇》,北京:世界图书出版社,2010年,第45页。
② 安溪县地方志编纂委员会编:《安溪县志》,北京:新华出版社,1994年,第227页。
③ 安溪县地方志编纂委员会编:《安溪县志》,北京:新华社出版社,1994年,第227页。

田迁移过去的。芦田人虽扮演了拷问王氏的角色,但是最后还是接受了王氏的机智回答,以其所答的"梅占"来命名该品种。这很可能暗示了西坪尧阳王氏在茶品种上具有较高的权威。这一神话结构与罗岩村的黄金桂的神话结构类似,都以亲属关系的方式暗示了新品种起源于西坪王氏的关系。

(2)技术起源的神话

在安溪,乌龙茶采制工艺的发现主要有两种传说。一个故事是,一天,苏龙(或乌龙)上山采茶打猎,采完茶叶的他猛然看见一头山獐从不远的地方跑过,他腰系茶篓,手持猎枪追赶山獐,最终打中山獐,回到家中宰杀,忙碌之中竟忘了采回来的茶还未炒制,直到第二天才想起来,却发现其茶青叶边变红,叶质柔软润滑,有一股奇异的香味。后来他终于明白是茶青在茶篓中经过抖动,叶缘撞来撞去才会形成红边,有了红边所制作的茶叶才能形成天然花香味。①

这个技术起源讲的主要是,乌龙将军在打猎中追赶山獐而将错就错,发明乌龙茶制茶技艺的故事。这个故事揭示了乌龙茶的精髓——半发酵,是如何在乌龙将军的神话故事里成型的。这个神话逻辑与武夷山的杨伯公神话类似。

在武夷山,杨伯公被封为武夷茶神,也被奉为制茶祖师。在肖坤冰看来,"(杨伯公)其'发明'做青工艺的过程与前文茶农的口述大致相同,也是挑茶叶行走在山路中无意中产生了'摇青'、'倒青'现象……只是将这一过程加诸在了一个具体的,但又虚无缥缈的传说的人物杨太伯身上。"②因此,在武夷山与安溪的神话叙事内部,阐释了相同的叙事逻辑,只是通过置换主人公的形式,改变了故事的结构。在这两个神话内容都复制了做青的乌龙茶制作技艺的要义。但是肖坤冰忽略的是,除了这一方面的揭示之外,这两个神话也以"意外"或"将错就错"的叙事结构,揭示了技艺变迁的不可测的、巫术的一面。这里的神话故事所折射的技艺内涵与上文王奕荣所讲的霞村

---

① 王铭铭、罗杨、翟淑平、孙静、黄雅雯:《安溪铁观音人文状况调查报告》,《文化学刊》2014年第2期,第71页。

② 肖坤冰:《茶叶的流动:闽北山区的物质、空间与历史叙事(1644—1949)》,北京:北京大学出版社,2013年,第111页。

夫妇的故事相互映证。

但是,另一方面让我们回到铁观音品种起源神话的内部,来窥探作为正统茶史边缘的安溪如何隐喻自己在17世纪之前的茶叶历史——也就是我从三本最早版本的县志中所勾勒的茶史。在明朝罢贡茶之前,闽北是中国最早有记录的大规模生产贡茶——北苑团茶的地点。闽南在那个时代显然没有荣幸挤入贡茶的行列,但是闽南闽北的人口迁移、文化传播从未停止。因此,有没有可能在闽南当代的神话中暗含了对这段历史的转喻,而它恰恰以闽北、闽南茶的技术起源的争斗的方式显现出来呢?魏氏的观音托梦说,与王氏的乾隆赐名说,都在神话结构上暗示了茶与王权(观音或者乾隆)之间的关系。在赫尔姆斯(Mary Helms)看来,任何手工艺品都与王权对遥远之地的想象有关。[①]这或许解释了安溪茶在当代的神话传说中转喻了与闽北茶在前现代史中的竞争关系,或许为我们以神话来进行更广阔的宇宙观思考提供了一点启发。

(二)回到"斗茶"

本文先从闽南茶叶经济网络的出发,构架了安溪的茶叶经济网络如何在茶季通过斗茶来实现茶价、品味、技艺的多重展演,接着基于对斗茶的深描理解了斗茶的逻辑。在斗茶之中,不仅是个人的彰显,而且是其所在的社会共同体的彰显。当个人在表达品味的时候,实际上是运用了一整套技艺的宇宙观来表达他所在的社会共同体的历史的、贸易的、神话的观念。因此,我们虽从微小的斗茶场景出发,但只有通过理解其背后的宇宙观,才能再次回到斗茶中理解,为什么是"这个茶,而不是那个茶"的品味更高?

斗茶的逻辑是否是闽南文化圈的独特发明?它在中国历史文化中有没有某种历史延续性?本文在这一节追溯了《斗茶图》及以往对《斗茶图》的研究,认为,虽然器具在变、规则在变、标准在变、品味在变,但或许斗茶的某种精神性是一致的,这样去理解斗茶,才能有所突破地把斗茶的研究不仅仅视为一种"民俗"研究。最后,本节将要回到茶叶经济网络上来,理解茶价和品

---

① Mary Helms, *Craft and Kingly Idea*, Texas: University of Texas Press, 1993. p. 8.

味的复杂关系中还有另一复杂的,新近发明的技艺起着关键作用,这一技艺的发明导致了中国茶业长期的"真假茶"之争。这一讨论无疑是再次印证技艺所具有的社会学方面的涵义,而不仅仅是技术学的问题。

1.《斗茶图》

"斗茶"并不是闽南文化区的独特发明。"斗茶",历史就有记载,但向来作为风俗被研究。著名的《斗茶图》为元代著名书画家赵孟𫖯所作。这幅画被视作饮茶史上珍贵史料。《斗茶图》共绘四位人物,皆男性,每人身边都放置着几幅茶担子,盛有茶具、茶炉。其中一位脚穿草鞋,袒胸露臂,手捧茶碗,正夸耀自己茶品的优异,左侧一男子,卷着衣袖,正提壶持碗,往茶碗中注入茶汤,对面两人聚精会神,听其讲述,自己也跃跃欲试,似乎在发表自己的斗茶意愿。①

赵孟𫖯　斗茶图

刘松年　茗园赌市图

斗茶,唐代称为"茗战",宋代称为"斗茶"。斗茶赢家可作御茶进贡,献茶人也能升官发财。宋代不止权贵豪门斗茶,连皇帝徽宗赵佶也嗜茶如命。②斗茶历史悠久,但对斗茶的研究文献大多集中从书画研究或历史研究的角度来探讨它的风俗意义或是历史价值,反映当时社会生活的市民性。

---

① 李璐璐:《斗茶图》,《农业考古》,1991年7月,第41~42页。
② 柯冬英:《宋代斗茶初探》,《茶叶》2005年第2期,第121页。

又因为斗茶历史起源于"北苑贡茶",所以很多当代学者认为斗茶风俗有一个从统治阶级向俗民阶级过渡的历史过程——由此,斗茶也成为阶级区分的佐证。但是,在安溪实地调查的经验教导我,这个结论下得过于简单。透过赵孟頫的笔调重临"斗茶"的场景——茶具、茶炉摆放一边,坦胸露臂的男子正在阐发着他的"品味",其他男子仔细倾听,跃跃欲试准备辩驳,这正是品味、技艺的集中展演!

古有宋代刘松年、元代赵孟頫将"斗茶"场景凝固成画作为人鉴赏,今有安溪茶人将"斗茶"场景著成技术教材供人翻阅。那活生生的,热闹的"斗茶"既不是俗民性的反映,也不是中央对地方的权威控制,更不是资本主义对小农社区的经济席卷,而是嵌入安溪人日常生活的活生生的实践。

"唐代建立贡茶制度,湖州紫笋茶与常州阳羡茶同被列为贡茶,于是每年早春时节,两州刺史都要在顾渚山举办盛大茶宴,邀请社会名流品尝,审定当年的贡茶品质。"①自唐代起,便有士绅为品鉴贡茶而斗茶,因此对"斗茶"进行深描的重要性在于:我们虽无法真正重临宋代的斗茶现场,但是某种精神性却是共通的。只有确信这一点,人类学的民族志或许才有意义和价值。

表5 各朝代的"斗茶"

唐代	宋代	元代
陆羽《茶经》	蔡襄《茶录》、赵佶《大观茶论》	无
烹煮法	点茶法	未考证
"境会"②	刘松年《茗园赌市图》	赵孟頫《斗茶图》

2. 从茶价到品味

(1)隐匿的"拼配"

让我们首先回到文章开头——品味与茶价博弈的场景中。当聪明的拼

---

① 谢文哲:《铁观音:一棵伟大植物的传奇》,北京:世界图书出版社,2010年,第145页。
② 白居易《夜闻贾常州崔湖州茶山境会想羡欢宴因寄此诗》中"紫笋齐尝各斗新"中的"斗新"已具斗茶的某些特点。"境会"就是品尝茶叶质量的鉴定会,唐代为了确保贡茶能够按时保质量送到京城,常在产地举办"境会"斗茶。

茶师拼出了1000元/斤的赛珍珠,他为企业获得了巨大的经济收益,稳定的口味成为赛珍珠驰骋市场的关键。这看似是商业传奇的行为却凝结了技艺的智慧,可是如此精道的技艺是如何起源的呢?

21世纪的铁观音技术学(毋宁说市场专家)专家们教导我们说,在精制环节,为了提供稳定口感,应当对茶叶进行适当的拼配。但最早的拼配技艺,却并不是一开始就出现在精制环节之中,吴觉农称它为"混合法"。

> 欧美人饮茶皆加糖或牛奶,以此饮过,不再冲泡,故喜浓茶,而以茶中所有"水浸物"一次能泡出者为上品。因此之故,国内认为下品之碎茶类茶反能在欧美畅销,故外销茶应注意味之浓厚,水浸物易于跑出。内销茶则不然,国人饮茶不喜浓厚,且以茶叶能冲泡多次者为上品。由此可知商品性质,应随各地习俗而异,但此种习俗非永久不变。茶商如预保持其市场上之永久地位,对此非有熟悉认识不可。华茶在国际市场过去已有相当之地位,但因制造方法之不能随市场嗜好而转移,以致固有市场渐被印度锡兰等茶所掠夺。欲谋恢复华茶之固有市场,则茶之色、香、味品质常须保持一定标准,但茶之品质,往往因地方、气候、制造方法、贮藏时间、以及包装优劣等而异,甚而已合标准之茶叶,因消费者所用之水软硬不同,而致茶之色、香、味亦因此而异。从事茶业者,对于消费者之习惯固应明了,而处于产地之情形,茶农之制作法,消费者所用之水性,亦应作精密之调查方法可作混合法之根据。①

在1937年的茶业专家吴觉农看来,拼配能够使茶之色香味品质保持一定标准,从而有利于贸易竞争。既有为茶叶的大宗交易地位没落的伤感,也在字里行间流露着复兴茶业的强国梦。因此,"混合法"是为今之计。

可是,吴觉农虽大胆以贸易竞争强国,争取市场和消费者为由,提出了"混合"法。但是,他又不得不小心谨慎措辞地对"混合法"进行了一番解释。

> "混合"一词,在我国商业上,尚属创见,骤闻之下,不但消费者意味商业上一种不法手段,即一般守旧忠实之商人,恐亦认为不道德行为。因此混合法虽属一种合法之商业手段,难免不受消费者及一部分商人

---

① 吴觉农、范和钧:《中国茶业问题》,上海:商务印书馆,1937年,第127页。

之反对。混合之意义,上已述其更改。此处尚有详述之必要。查混合法之使用,并非如虚伪商人之所以鱼目混珠,希图蒙蔽消费者于暂时。如杭州市上之绿茶,不问其为余杭产或临安产均冒牌狮子峰、翁家山或云木妻产之龙井。又如上海一般红茶,均称为祁门红茶,实则混有湖红后其他红茶,甚有非祁红,而冒称祁门红茶者。类似词宗欺骗行为,可称之谓商业上之不道德行为。混合法系按一定标准,将品质不同之茶叶互相混合,另立商标或牌号,不冒任何名义,此为及正当之商业行为,兹将混合之优点及混合方法分述于后。①

在这一番解释之中,可见他对商业道德的"重新阐释"。首先,要区分混合法与不道德的商业行为,也就是说,混合法不是造"假茶"。所谓假茶,是那些混杂了其他地域茶品,却谎称是名品的茶。比如祁门红茶便应是祁门所产之茶,而不应混杂湖南红茶。接着,他界定出了混合法的"合法"性:按照一定标准混合茶品之后,另立商标或牌号。

那么很可能,我们在茶都交易市场看到的"从品味到茶价",只是茶价确立的第一步。在这一步中,评茶师所具备的"拼配"技艺是在20世纪30年代随着精制工艺与粗制工艺的分离而逐步涌现的。这样的商业道德争辩最终因新技艺的产生而终结。而如今安溪的真假茶之辩与历史上的那次混合法的道德之辩如出一辙。

有意思的是,如前文我们在谈茶价混乱的时候所见,陈文山等安溪茶人对市场上众多品牌的混乱十分不满,认为"安溪铁观音是大家的",自2004年起安溪县的精英们所起草的一系列标准,无非也是在形塑着"安溪铁观音"的品牌——他们对临县华安、长泰的茶假冒安溪铁观音非常气愤。

安溪茶叶自1985年开放流通之后再次出现的"真假茶"之争,无疑是商品化带来的又一次道德论辩。这种"真假茶"的论辩看似是对品种的极端重视,但实则无疑是繁育这一技艺发明并逐渐成熟之后才涌现的。若没有繁育技艺的发明,人们还处在播种茶籽来栽培茶苗的阶段,我猜想,"品种"的观念一定不会如此深入人心,而引发"真假茶"论证。吴觉农的那个时代,面

---

① 吴觉农、范和钧:《中国茶业问题》,上海:商务印书馆,1937年,第128页。

对着西方诸国的殖民地茶业兴起,拼配技艺便创制出来,以便满足大宗贸易的需求。可是,任何技艺都不是人们想象中那么轻而易举地"社会化"的,它必然要为人们旧传统的道德所指责,因此真假茶的论争的实质是社会性的。技艺的留存、发明绝不是一个简单的技术学问题。

拼配、繁育技艺都是为了满足贸易需求而创制的,可以说它们都是应商品化之趋势而生。在这近百年的历史中,另一个商品化的明显特征就在于,对于机械的敏感,这一点可以从这样的例子出发来看——从事明清经济史研究的傅衣凌在他的书中提到一个广州茶号"江门黄永记茶庄"的例子:

> 创办于道光八年(1828年)的广东江门黄永记茶庄,发展到1900年已成为一家中等规模的茶庄,外销港澳、美洲茶叶30万斤,内销10多万斤。茶庄所雇佣工人多是族里兄弟、亲戚,或者至少是乡亲。这对黄永记可是一举两得,一是工钱可以少付1/3,一般比别的茶庄工人工资少30%。二是乡族关系,雇佣的工人如不卖力或不听话,就可以通过宗族关系去加以约束。

> 在生产技术上,不大愿意采用机器生产,一般都保存大量的手工劳动。如江门黄永记茶庄,听说日本用机器加工茶叶,效率比手工操作高二三倍,本来打算效仿。并准备向日商订购一部晒茶机。随后,向香港华美茶庄打听茶机效果,据说机器效能虽大,但用机器操作,茶碎过多,合算起来,虽然可少付些工资,但正茶产量少了,认为不合算。同时又考虑到使用机器要花一笔维修费,就把机器制茶计划搁置起来。①

傅衣凌认为正是这种宗族主义、追逐短期利益的狭隘特点阻碍了资本主义萌芽的发展。在傅衣凌的历史结构框架中,宗族主义和拒斥使用机械都是"封建主义""小农思维"的表现。

到底是技术的变革诱使茶号的产生,还是帝国政策的转变促成外贸的需求,导致技术的变革?纠结于这两端的因果作用链,我们只会陷入新一轮的分类概念的纠缠之中。但是,至少这段历史提醒我们,在19世纪安溪茶叶经济网络形成的过程中,莅临资本主义风潮浪尖上的并不是在福建茶山

---

① 傅衣凌:《明清社会经济变迁论》,北京:人民出版社,1989年,第191页。

里的粗制工艺,而恰恰是茶叶加工技术,也就是精制工艺。清朝茶号的出现意味着茶叶加工技术由一变二,也提醒我们注意:各种技艺正是在历史过程中涌现的。

精制工艺中最重要的环节是"拼配",将各地品质参差不齐的茶叶通过拼配师的身体技艺拼配出外观良好,品质稳定的,适合大宗贸易的茶品,形成茶叶品牌,如傅衣凌所列举的"黄永记",可以说,拼配技艺是随着近代茶品牌兴起而涌现的技艺。这就愈加佐证了技艺具有重要的社会学方面(道德的争论),而不仅仅是技术学的问题。

(2)老茶人的江湖

如今在安溪的茶叶经济中左右着品味、技艺之争的这群老茶人,他们是道德的倡导者,亦是道德的护卫者——他们赋予了真假茶道德的涵义。在茶叶经济中,这群老茶人具有品味的卡里斯马,因而人们无论是品茗大会、茶王赛,还是小规模的村落斗茶,都会邀请老茶人们现身说法。在我所深描的"斗茶"场景中,苏老无疑是老茶人中的一员。在我的调查中发现,安溪的地方社会中,有四位老茶人地位比较高,具有品味的卡里斯马。根据调查,可以推断这四位老茶人的卡里斯马的来源:

第一,他们在访谈中纷纷谈到自己是安溪首批获得国家级评茶师身份的人。这场资格赛指的是,2002年在杭州举办的全国第一批高级评茶师考试。这四位老茶人是当时通过比赛的仅四人。

第二,他们都在1985年茶叶流通改革之前,从事茶叶采购、研究、管理等工作。有的是在茶叶公司工作,有的是在国营茶厂任职,总之这些工作为政府部门制定符合国家标准的"品味"。他们的品味训练或是标准大多源自当时。

第三,在茶叶市场开放之后,老茶人依据自己的品味,形成区隔性的竞争关系,而在他们的背后如今都有数个茶叶企业。他们的品味遂成为指导性的品味引领企业的发展,而企业的发展状况反过来也会影响他们品味的卡里斯马。

品味的竞争、道德的争辩无非都在老茶人的江湖里。他们的品味与茶叶经济运行密切相关,是茶叶经济的品味卡里斯马的来源。他们在面对铁观音危机的时候滑向了不同的救赎之路。有的隐匿逍遥,无为而治,有的主张技术救市,有的则是积极推广乡镇的茶事活动。在真假铁观音的道德争辩中,他们在确认"应该怎么做"上具有权威。有的人选择运用有限的政治权力来影响大众,有的则是著述立言,推广技术讲座。可是,只要他们出现在"斗茶"的场景中,一旦表达他们的品味,实际上就是在彰显他们的道德权威,表达"应该怎么做"。

六、结　　论

(一) 斗之以礼

我由安溪的"斗茶"场景入手,展现了品味之争。在斗茶中,人们以喝这一真实的身体实践将品味、茶价、技艺融合于其中,斗茶既有开放的,流动的一面也有封闭的一面。它的开放的、流动的一面指的是一旦局外人通过受教化而获得品味的提升,那么他便得以进入内行的聚会,以他的品味影响局内人。它的封闭性意味着人们之所以能够形成一个斗茶场景,让品味尽情在其中进行展演,是因为基于共识。这个共识在本文的研究中,主要指的是技艺带来的宇宙观方面,涵括了不同的地方共同体的历史的、贸易的、宗族的、神话的内容。

这个共识首先是种法的,然后是制法的。种法的、制法上的共识与茶之为茶的能指与所指有关。当我们称为茶的时候,有的时候以品种来命名,有的时候以制法来命名。品种指的是,铁观音、黄金桂、梅占、毛蟹、大叶乌龙等等。品种这一共识诞生于种植过程中繁育技艺的发明,品种的观念还在安溪的地理空间上形塑了一个多个集镇彼此竞争的关系。这个竞争性关系是以每个共同体有一套政治的、贸易的、神话的叙事来表现的。

制法指的是乌龙茶、红茶、绿茶等等发酵程度不同的茶类。这也是由技艺的差别带来的。对于乌龙茶来说,半发酵这一技艺就是其制法的核心。而由于半发酵的不稳定性,使得安溪在地理空间上形塑了一个南北安溪之间彼此竞争的关系。这个竞争关系也拥有一套政治、贸易及神话的叙事。这种地方社会的内部共同体之间的竞争关系,既没有因为单方面的政治原因促成,也没有因为单方面的经济要素促成,更没有因为各自的神话结构促成。

他们的分与合恰恰是不同的层次中展开的。

格尔兹的"斗鸡"与闽南人的"斗茶"都亲临了一场物之争斗。这样的竞争性展演在很多社会场景中都可以被发现,比如老北京的斗蛐蛐,贵州的斗鸟等等。"斗"不仅是一个微小的场景,而且是更大的社会结构在其中的展演。同时,它的边界是流动的,不稳定的。我们看似是观看一场物之斗,实际上是整个社会结构、宇宙观都嵌入在了这个微小的斗茶场景中,以物之斗的形式展演了出来。仪式研究要么关注社会结构的功能,要么关注文化的展演,却极少着力在人与物的关系问题上。格尔兹的"斗鸡"对于仪式研究是重要的学术遗产,透过"斗鸡"实现的是个人与社会的双重展演。格尔兹虽未对巴厘岛人关于鸡的饲养之法,训练之法多加详述,但是斗,却是巴厘岛男性雄性之风的展演。他们可能不仅是在斗的微小场景中处理特定的人人关系,而且在更大范围的共同体之间区分自我与他者的关系。巴厘岛的状况是怎样的?我们不清楚,但是从安溪的"斗茶"出发,我们所见的是它在更大范围的共同体之间所形成的张力。

可我们不能忘记的是,在巴厘岛人的"斗鸡"中,存在一种格尔兹称之为"深层游戏"的逻辑。也就是说,"两只都来自外面的公鸡相斗,两只没有任何特殊群体支持的公鸡或其背后的群体未以某种清楚的方式相互关联的公鸡相斗。如果你让这样的鸡互斗、那么比赛就会是非常浅层的,赌注数额会很低,而整个事件会变得非常乏味,除了直接发起人和两个上瘾的赌棍以外没有人会对此感兴趣。"[①]

斗鸡,有浅层与深层之分。斗茶,也有浅层与深层之别——这就是所谓的"他们的分与合恰恰在不同的层次中展开"。

在村里的斗茶、在交易集镇的斗茶、在县城的斗茶、在泉州的斗茶、在北京、上海的斗茶,就是在深浅不同层次上的茶之斗。之所以深浅层次不同是与地缘、亲缘关系的亲疏有关的。越是没有"关系"的场景,它的激烈程度越低,越是"关系"亲密的场景,它的激烈程度越高。以此可以判断,斗茶虽然

---

① 克利福德·格尔兹著,纳日碧力戈等译:《文化的解释》,上海:上海人民出版社,1999年,第516页。

在闽南茶叶经济网络的各个节点上上演,但是其激烈程度却不相似,这是斗茶内在逻辑运作的结果,更是不同层次的共同体竞争性关系的展演。可以说,我们恰恰是透过活生生的斗茶场景中亲临了安溪的茶之历史、神话、贸易的品味与技艺之旅。

(二)种之以法 制之以法

在面对种法之争的时候,南安溪的四个集镇关系紧张,各自的叙事逻辑会为了应对这个层次的争斗而进行政治的、贸易的及神话的"编织"。在面对制法之争的时候,南安溪的四个集镇又迅速团结在一起,共同来应对北安溪的技术逻辑,于是叙事的材料"编织"又会随之发生变化。问题的关键是,是什么动力促成了竞争性展演的发生呢?他们如此分分合合背后动因是什么呢?

答案又恰恰在技艺之中。无论是种法,还是制法,它们都是一种技艺,是人对自然界的"劳作"。在劳作的过程中,有时候创造了新的(或更纯的)品种,有时候创造了清香型(或浓香型)铁观音,同时形塑并改变了自己的生计方式与观念。

在创造新的品种过程中,人们既基于日常劳作经验的积累,而且还依靠一些不可预测的、神秘的方面。比如陈双算依靠动物来判断种性的纯度。在创造新的铁观音类型过程中,依然如此。比如"看天做青"、"死去活来"。技艺具有这样的二重性,一方面是日常的实证的归纳性的经验,另一方面是带有神秘色彩的巫术。只有当技艺的二重性合二为一,才可能是制茶巅峰时刻的来临——既寻到了纯种,又制成了好茶。什么时刻是技艺二重性的合一呢?

当陈双算把自己想象成动物的时刻,当做茶师傅在做青房里把自己变为茶叶的时刻。这个时刻犹如穿越回了亚马逊流域的土著人在森林奔跑追赶猎物的时刻——只有把自己想象成猎物,才能完成捕猎。这是捕猎技艺的最高境界!

因此,不是技术,而恰恰是技艺带来了这种竞争性展演的动力。技艺是零散的,非系统化的,非科学的,非理性的,原始人的知识,而技术是系统的,逻辑的,理性的,科学的,现代人的知识。技术派所推崇的《技术标准》拒斥

了技艺的二重性,没有给技艺留有任何创造的空间。《技术》将农民同质化地想象成了没有能动性,只需要服从和遵守标准的对象。

技艺与技术是安溪茶业观念争斗的焦点,两者的争辩最直接反映在地方社会对"手工与机械"的争论之中。

毫无疑问,近代以来机械的出现解决了劳动力紧缺的问题,给生产活动带来了效率与产量。这是手工无法比拟的。但是机械对现代生活的形塑绝不是这么简单。"的确,从一开始,机器体系所完成的最有深远意义的征服并不于某台设备本身。因为一种设备总是会很快过时;也不在于它生产的产品——产品总是很快被消费掉了。最具深远意义的影响在于通过机械体系所创造的、机械体系本身所体现的全新的生活方式。"[1]所以,毛茶制作工序中炒青机对炒锅的替代,摇青机对手摇筛篇的替代,这些还并不是机械征服传统世界的全部意义。机械带来的新的生活方式与理念已经对铁观音制作技艺的传承产生了影响。粗制作坊中的有些制茶师尽管声称自己仍坚持全手工制作铁观音,但显然,粗制作坊里的风扇送来徐徐凉风赶走午后的炎热,电灯送来照明的灯火提供夜晚做青的条件。甚至连我们自己的身体也无法彻底从机械化的现代生活中脱离出来。事实是,我们早已浸润在总体的现代的生活世界之中。因此,我们无法回避机械,就如同无法回避我们是现代人的事实。

在本雅明看来,艺术品的"灵韵"即在于"原真性"(echtheit),"原作的即时即地地组成了它的原真性"[2],也可以说是"独一无二性"。机械带来的复制产品使得工艺内在的"灵韵"[3]被消耗并最终消失。但是另一方面,机械改变了大众与艺术的关系,使得艺术品能够从生产线上大批量生产而来到大众面前,因而机械也具有民主性。这是现代生活的两个不同侧面,折射在安溪铁观音上依旧具有说服力。铁观音从80年代的特供品演变成今日普通百姓入门待客的大众消费品,不得不承认机械在其中扮演了举足轻重的

---

[1] 刘易斯·芒福德著,陈允明、王克仁、李华山译:《技术与文明》,北京:中国建筑工业出版社,2009年,第283页。

[2] 本雅明著,王才勇译:《机械复制时代的艺术品》,杭州:浙江摄影出版社,1993年。

[3] 本雅明著,王才勇译:《机械复制时代的艺术品》,杭州:浙江摄影出版社,1993年。

角色。

　　理解了以上两点的意义在于,承认机械作为"物"本身是没有过错的,是不该被过度指责的。将铁观音危机单纯诉诸于机械,只能片面扩大危机的内涵而忽视了现代性生活的当下事实。安溪茶的制作流程现实环境已无法逃避机械。因为我们实在无法在任何一个空间、任何一个工序中,观察到两者中的任何一个的独立存在。机械与手艺的在场性正是对铁观音茶性的回应。两者对立冲突的争论应当是伪命题。之所以要指出技艺的双重性就是为了避免用机械与手艺的二分法来简单看待铁观音制作手艺的现实与问题。

　　另一方面,承认机械的在场,并不意味着对机械与手艺的价值持相同相等的看法,也不意味着需要消极面对已被机械入侵的现代生活。因为这本就是现代人需要面对的生活世界与议题。或许,机械与手工在根本上是一致的。也就是说,机械也有表现为巫术的一面。一部合格的备受人们推崇的机械,必定是符合手工规律的,讲究手工原则的,向往"自然天成"、"浑然天成"的。在访谈安溪茶叶科研所的时候,他们提到与机械公司的互哺模式:茶科所以成熟丰富的手艺经验著称,他们为机械公司的机械产品提供试验性调试,提出修改意见;机械公司则通过机械的制造进一步推动茶科所前沿手艺研究的进展。这样的互哺模式进一步佐证了机械与手工的殊途同归。再者,安溪近几年来之所以反对某种机的声音此起彼伏,根本原因就是认为这种机械破坏了铁观音的茶性。如何在这两种声音之中找到平衡呢?我的建议是复兴茶叶科研所的职能,推动民间手工经验的整理与积累,使得机械公司与"手工经验"之间实现互哺。重视传统手工技艺的陈木根也赞同这样的见解:

　　　　对于揉捻机,张天福老先生历经四十多次论证会,历经三年时间,才证明这个机械真正实现了机器代替了工艺,后来又发展成用电力代替,转速可以调节,人人都可以用。①

　　可见,手工与机械并非割裂般对立的,它们可以通过某些方式实现贯

---

① 基于2013年7月对陈木根的访谈。

通。如果从地方政府的行政机构来看,我赞成茶叶科研所的"反哺"思路,这可能是平衡各方分歧的声音的一个良策,也同样符合技艺的逻辑。

最后,通过探讨机械,我们强调手工是艺术。艺术是美。美需要被尊崇。正如本雅明所说,艺术的"灵韵"是独一无二的。我们不妨将安溪铁观音制作看作是一项艺术,把经过精湛制作的铁观音看作是一件艺术品。那么它具有机械复制品所没有的"地方性"。机械固然可以通过大批量生产获取效益,但却无法复制在地的乡土气质,因为后者恰恰是包含习惯、传统、风物的整体呈现,而且即便是"好"的机械永远相较于这种手工而具有滞后性。机械的绘制、编码、构件、制作,调试必须以手工的经验为准绳。

综上所述,茶的种植、制作,并不是一个技术学的问题,而是一个文化的问题。"斗茶"场景中所确认的"是这个茶,而不是那个茶",也不是一个品味的问题,而是一个文化的问题。这个文化的问题,是以阐释学的路径才得以剖析的。因此,它使得斗茶从一个个人的品味竞争中脱离出来,展现为一个共同体的竞争形态,并以贸易的、历史、神话的叙事铺展开来。这个共同体的竞争形态在本文的研究中始终与技艺的宇宙观密切相连。技艺的变与不变,在场与不在场,涉及共同体的竞争,涉及社区的生计方式,甚至涉及真假茶的道德论争,这些无疑都佐证了人—物的关系问题时时在映照着一个整体主义的社会学的问题——恰如王铭铭等人提出的"人文关系"概念所扩展的一种新的社会学范畴。[①]

倘徉在茶的世界里,我们是需要时刻具有谦卑之心的。茶叶所映照出的整体主义的社会,时刻在提醒我们,品味迷信、技术迷信都是短暂的历史瞬间。人们通过种植、制作使得茶之形态发生多种变化,人们也通过种植、制作茶来表达自己的世界观。茶看似千变万化,实则是人及世界的千变万化,茶却未变。当我们在茶席中,举起茶杯,轻啜茶之滋味的时候,当茶之滋味通过喉舌吞咽入胃的时候,当清幽之气再次回喉的时候,茶之"真实"已在那一刻显现。我们实在不必在各种纷繁复杂的品位、技术之争中获得一席之地,为某一方摇旗呐喊,我们实在不必为这种激烈的、变动不居的竞争性争得面红耳赤,因为,只有喝茶的这个时刻,才是全部意义实现的真实的时

---

① 王铭铭:《民族志:一种广义人文关系学的界定》,《学术月刊》2015 年第 3 期。

刻。明代徐同气在载于光绪《沔阳州志》卷十一《艺文》的《茶经序》[①]中写道：

客曰："引经以绳茶，可乎？"曰："凡经者，可例百世，而不可绳一时者也。孔子作《春秋》，七十子惟口授传其旨，故《经》曰：'茶之臧否，存之口诀。'则书之所载，犹其粗者也。抑取其文而已。"

客曰："文则美矣，何取于茶乎？"曰："茶何所不取乎？神农取其悦志，周公取其解酲，华佗取其益意，壶居士取其羽化，巴东人取其不眠，而不可概于经也。陆子之经，陡子之文也。"

可见，中国古人早就洞察了茶之经要。

◎ 作者简介：孙静，北京大学人类学专业博士研究生

---

① 转引自张宏庸：《茶艺》，台北：幼狮文化事业公司，1987年，第136页。